Stefan Zweig

Der Kampf mit dem Dämon

Hölderlin – Kleist - Nietzsche

„Zweig bemüht sich um biographisch-psychologische Deutungen der drei Autoren Kleist, Hölderlin und Nietzsche und entdeckt dabei eine gewisse „dämonische“ Besessenheit, eine ruhelose Getriebenheit, bei allen drei Denkern: Kleist, der Dramatiker der immer und immer wieder auf seine Themen Tod und Moral zu sprechen kommt; Hölderlin, der Workaholic und Nietzsche ... nun ja, Nietzsche eben, der Philosoph des Nihilismus. Zweig erkennt, dass die großen Drei gewissermaßen im Dienste der Weiterentwicklung ihres Denkens bereit sind ihren eigenen Bedürfnisse zurückzustellen – heute würde man sagen: Sie verließen ihre Komfortzone.“ *Redaktion Gröls-Verlag* (Edition I Werke der Weltliteratur)

Redaktionelle Hinweise und Impressum

Das vorliegende Werk wurde zugunsten der Authentizität sehr zurückhaltend bearbeitet. So wurden etwa ursprüngliche Rechtschreibfehler regelmäßig *nicht* behoben, denn kleine Unvollkommenheiten machen das Buch – wie im Übrigen den Menschen – erst authentisch. Mitunter wurden jedoch zum Beispiel Absätze behutsam neu getrennt, um den Lesefluss zu erleichtern.

Wir sind bemüht, ein ansprechendes Produkt zu gestalten, welches angemessenen Ansprüchen an das Preis/Leistungsverhältnis und vernünftigen Qualitätserwartungen gerecht wird. Um die Texte zu rekonstruieren, werden antiquarische Bücher von leistungsfähigen Lesegeräten gescannt und dann durch eine Software lesbar gemacht. Der so entstandene Text wird von Menschen gegen eine Aufwandsentschädigung gegengelesen und korrigiert – Hierbei können gelegentlich Fehler auftreten. Wenn Sie ebenfalls antiquarische Texte einreichen möchten, wenden Sie sich für weitere Informationen gerne an

www.groels.de

Informieren Sie sich dort auch gerne über die anderen Werke aus unserer

Edition | Bedeutende Werke der Weltliteratur

Sie werden es mit 92,087 %iger Wahrscheinlichkeit nicht bereuen.

Die Deutsche Nationalbibliothek verzeichnet dieses Werk in der Deutschen Nationalbibliografie.

Verleger: Marcel Hermann-Josef Gröls, Poelchaukamp 20, 22301 Hamburg.
Externer Dienstleister für Distribution und Herstellung: BoD, In de Tarpen 42, 22848 Norderstedt

Inhalt

Vorwort

> Je schwerer sich ein Erdensohn befreit,
> Je mächt'ger rührt er unsre Menschlichkeit.
>
> *Conrad Ferdinand Meyer*

In dem vorliegenden Werke sind wie in der vorangegangenen Trilogie „*Drei Meister*“ abermals drei Dichterbildnisse im Sinn einer inneren Gemeinschaft vereinigt; aber diese innere Einheit soll nicht mehr sein als eine Begegnung im Gleichnis. Ich suche keine Formeln des Geistigen, sondern ich gestalte Formen des Geistes. Und wenn ich in meinen Büchern immer mehrere solcher Bilder bewußt zusammenrücke, so geschieht dies einzig in der Art eines Malers, der seinen Werken gerne den richtigen Raum sucht, wo Licht und Gegenlicht wirkend gegeneinanderströmen und durch Pendants die erst verborgene, nun aber offenbare Analogie des Typus in Erscheinung tritt. Vergleich scheint mir immer ein förderndes, ja ein gestaltendes Element, und ich liebe ihn als Methode, weil er ohne Gewaltsamkeit angewendet werden kann. Er bereichert in gleichem Maße, als die Formel verarmt, er erhöht alle Werte, indem er Erhellungen durch unerwartete Reflexe schafft und eine Tiefe des Raums wie einen Rahmen um das abgelöste Bildnis stellt. Dieses plastische Geheimnis kannte schon der früheste Porträtist des Wortes, Plutarch, und in seinen „Vergleichenden Lebensdarstellungen“ bildet er immer gleichzeitig einen griechischen und römischen Charakter in analoger Darstellung, damit hinter der Persönlichkeit ihr geistiger Schlagschatten, der Typus, besser deutlich werde. Ein Ähnliches wie der erlauchte Ahnherr im Biographisch-Historischen versuche ich im geistig nachbarlichen Element, im Literarisch-Charakterologischen zu erreichen, und diese zwei Bände sollen nur die ersten einer werdenden Reihe sein, die ich „*Die Baumeister der Welt, eine Typologie des Geistes*“ nennen will. Nichts liegt mir aber ferner, als damit ein starres System in die Welt des Genius einkonstruieren zu wollen. Psychologe aus Leidenschaft, Gestalter aus gestaltendem Willen, treibe ich meine Bildnerkunst nur, wohin sie mich treibt, nur den Gestalten entgegen, denen ich mich zutiefst verbunden fühle. So ist schon von innen her jeder Komplettierung eine Grenze gesetzt, und ich bedaure diese Einschränkung durchaus nicht, denn das notwendige Fragmentarische erschreckt nur den, der an Systeme im Schöpferischen glaubt und hochmütig vermeint, die Welt des Geistes, die unendliche, rund auszirkeln zu können: mich aber lockt an diesem weiten Plan gerade die Zwiefalt, daß er an Unendliches rührt und sich doch keine Grenzen stellt. Und so baue ich, langsam und leidenschaftlich zugleich, mit meinen selbst noch neugierigen Händen den durch Zufall begonnenen Bau weiter hinauf in das kleine Himmelstück Zeit, das unsicher über unserem Leben hängt.

Die drei heroischen Gestalten Hölderlins, Kleistens und Nietzsches haben eine sinnfällige Gemeinsamkeit schon im äußern Lebensschicksal: sie stehen gleichsam unter demselben horoskopischen Aspekt. Alle drei werden sie von einer übermächtigen, gewissermaßen überweltlichen Macht aus ihrem eigenen warmen Sein in einen vernichtenden Zyklon der Leidenschaft gejagt und enden vorzeitig in einer furchtbaren Verstörung des Geistes, einer tödlichen Trunkenheit der Sinne, in Wahnsinn oder Selbstmord. Unverbunden mit der Zeit, unverstanden von ihrer Generation, schießen sie meteorisch mit kurzem strahlenden Licht in die Nacht ihrer Sendung. Sie selbst wissen nicht um ihren Weg, um ihren Sinn, weil sie nur vom Unendlichen her in Unendliches fahren: kaum streifen sie in jähem Sturz und Aufstieg ihres Seins an die wirkliche Welt. Etwas Außermenschliches wirkt in ihnen, eine Gewalt über der eigenen Gewalt, der sie sich vollkommen verfallen fühlen: sie gehorchen nicht (schreckhaft erkennen sie es in den wenigen wachen Minuten ihres Ich) dem eigenen Willen, sondern sind Hörige, sind (im zwiefachen Sinne des Worts) Besessene einer höheren Macht, der dämonischen.

Dämonisch: das Wort ist durch so viele Sinne und Deutungen gewandert, seit es aus der mythisch-religiösen Uranschauung der Antike bis in unsere Tage kam, daß es not tut, ihm eine persönliche Deutung aufzuprägen. Dämonisch nenne ich die ursprünglich und wesenhaft jedem Menschen eingeborene Unruhe, die ihn aus sich selbst heraus, über sich selbst hinaus ins Unendliche, ins Elementarische treibt, gleichsam als hätte die Natur von ihrem einstigen Chaos ein unveräußerliches unruhiges Teil in jeder einzelnen Seele zurückgelassen, das mit Spannung und Leidenschaft zurück will in das übermenschliche, übersinnliche Element. Der Dämon verkörpert in uns den Gärungsstoff, das aufquellende, quälende, spannende Ferment, das zu allem Gefährlichen, zu Übermaß, Ekstase, Selbstentäußerung, Selbstvernichtung das sonst ruhige Sein drängt; in den meisten, in den mittleren Menschen wird nun dieser kostbargefährliche Teil der Seele bald aufgesogen und aufgezehrt; nur in seltenen Sekunden, in den Krisen der Pubertät, in den Augenblicken, da aus Liebe oder Zeugungsdrang der innere Kosmos in Wallung gerät, durchwaltet dies Heraus-aus-dem-Leibe, dies Überschwengliche und Selbstentäußernde ahnungsvoll selbst die bürgerlich banale Existenz. Sonst aber ersticken die gemessenen Menschen in sich den faustischen Drang, sie chloroformieren ihn mit Moral, betäuben ihn mit Arbeit, dämmen ihn mit Ordnung: der Bürger ist immer Urfeind des Chaotischen, nicht nur in der Welt, sondern auch in sich selbst. Im höheren Menschen aber, besonders im produktiven, waltet die Unruhe schöpferisch fort als ein Ungenügen an den Werken des Tages, sie schafft ihm jenes „höhere Herz, das sich quält" (Dostojewski), jenen fragenden Geist, der über sich selbst hinaus eine Sehnsucht dem Kosmos entgegenstreckt. Alles, was uns über unser Eigenwesen, unsere persönlichen Interessen spürerisch, abenteuerlich ins Gefährliche der Frage hinaustreibt, danken wir dem dämonischen Teile unseres Selbst. Aber dieser Dämon ist nur insolange eine freundlich fördernde Macht, als wir ihn bewältigen, als er uns dient zur Spannung und Steigerung: seine Gefahr beginnt, wo diese heilsame Spannung zu Überspannung wird, wo die Seele dem aufrührerischen Trieb, dem Vulkanismus des Dämonischen, verfällt. Denn der Dämon kann seine Heimat, sein Element, die Unendlichkeit, nur dadurch erreichen, daß er mitleidslos das Endliche, das Irdische, also den Leib, in dem er wohnhaft weilt, zerstört: er hebt an mit Erweiterung, aber drängt zur Zersprengung. Darum füllt er Menschen, die ihn nicht rechtzeitig zu bändigen wissen, erfüllt er die dämonischen Naturen mit fürchterlicher Unruhe, reißt ihnen das Steuer ihres Willens übermächtig aus den Händen, daß sie, willenlos Getriebene, nun in dem Sturm und gegen die Klippen ihres Schicksals taumeln. Immer ist Lebensunruhe das erste Wetterzeichen des Dämonischen, Unruhe des Blutes, Unruhe der Nerven, Unruhe des Geistes (weshalb man auch jene Frauen die dämonischen nennt, die Unruhe, Schicksal, Verstörung um sich verbreiten). Immer umschwebt das Dämonische ein Gewitterhimmel von Gefahr und Gefährdung des Lebens, tragische Atmosphäre, Atem von Schicksal.

So gerät jeder geistige, jeder schöpferische Mensch unverweigerlich in den Kampf mit seinem Dämon, und immer ist es ein Heldenkampf, immer ein Liebeskampf: der herrlichste der Menschheit. Manche erliegen seinem hitzigen Andrängen wie das Weib dem Manne, sie lassen sich vergewaltigen von seiner übermächtigen Kraft, sie fühlen sich selig durchdrungen und überströmt vom fruchtbaren Element. Manche bändigen ihn und zwingen seinem heißen zuckenden Wesen ihren kalten, entschlossenen, zielhaften Manneswillen auf: durch ein Leben hin währt oft eine solche feindlich-glühende, liebevoll-ringende Umschlingung. Im Künstler nun und in seinem Werke wird dieses großartige Ringen gleichsam bildhaft: bis in den letzten Nerv seines Schaffens zittert der heiße Atem, die sinnliche Vibration der Brautnacht des Geistes mit seinem ewigen Verführer. Nur im Schöpfer vermag sich das Dämonische aus dem Schatten des Gefühles in Sprache und Licht zu ringen, und am deutlichsten erkennen wir seine leidenschaftlichen Züge in jenen, die ihm erliegen, im Typus des vom Dämon hinabgerissenen Dichters, für den ich hier die Gestalten Hölderlins, Kleistens und

Nietzsches als die sinnvollsten der deutschen Welt gewählt habe. Denn wenn der Dämon selbstherrlich in einem Dichter waltet, ersteht in flammenhaft aufschießender Steigerung auch ein besonderer Typus der Kunst: Rauschkunst, exaltiertes, fieberhaftes Schaffen, spasmische, überwallende Aufschwünge des Geistes, Krampf und Explosion, Orgiasmus und Trunkenheit, die μανια der Griechen, die heilige Raserei, die sonst nur dem Prophetischen, dem Pythischen innewohnt. Das Maßlose, das Superlativistische ist immer das erste untrügbare Merkzeichen dieser Kunst, das ewige Sich-überbieten-wollen in ein Letztes hinein, in jene Unendlichkeit, der das Dämonische als in seine urweltliche Natur heimatlich entgegendrängt. Hölderlin, Kleist und Nietzsche sind von diesem promethidischen Geschlecht, das feurig die Grenzen des Lebens durchstößt, rebellisch die Formen durchdringt und im Übermaß der Ekstase sich selbst vernichtet: aus ihrem Auge flackert sichtbar der fremde fiebrige Blick des Dämons, und er spricht von ihrer Lippe. Ja, er spricht sogar, da diese Lippe schon stumm und ihr Geist erloschen ist, noch aus ihrem zerstörten Leib: nirgends wird der furchtbare Gast ihres Wesens sinnlich wahrnehmbarer, als da ihre Seele, von übermächtiger Spannung auseinandergequält, zerreißt und man nun wie durch einen Spalt hinabsieht bis in das innerste Geklüft, wo der Dämon haust. Gerade im Untergang ihres Geistes wird die sonst bluthaft verborgene dämonische Macht in allen dreien plötzlich plastisch offenbar.

Um diese geheimnisvolle Wesenheit des vom Dämon übermannten Dichters, um das Dämonische selbst ganz deutlich zu machen, habe ich, getreu meiner Methode des Vergleichs, unsichtbar einen Gegenspieler den drei tragischen Helden entgegengestellt. Aber der wahre Widerpart des dämonisch beflügelten Dichters ist durchaus nicht etwa der undämonische: es gibt keine große Kunst ohne Dämonie, ohne das der Urmusik der Welt entflüsterte Wort. Niemand hat dies gültiger bezeugt als der Erzfeind alles Dämonischen, der auch im Leben Kleisten und Hölderlin hart abwehrend gegenüberstand, als Goethe, da er zu Eckermann über das Dämonische sagt: „Jede Produktivität höchster Art, jedes bedeutende Aperçu ... steht in niemandes Gewalt und ist über aller irdischen Macht erhaben." Es gibt keine große Kunst ohne das Inspirative, und alles Inspirative strömt wieder aus einem unbewußten Jenseits, einem Wissen über der eigenen Wachheit. Als den wahren Widerpart des exaltativen, des von seinem Überschwang sich selbst entrissenen Dichters, des göttlich Maßlosen, sehe ich den Herrn seines Maßes, den Dichter, der die ihm verliehene dämonische Macht mit dem irdisch ihm verliehenen Willen bändigt und zielhaft macht. Denn das Dämonische, zwar die herrlichste Kraft und Urmutter aller Schöpfung, ist vollkommen richtungslos: es zielt einzig ins Unendliche, in das Chaos zurück, dem es entstammt. Und eine hohe, gewiß nicht geringere Kunst als die der Dämonischen entsteht, wenn ein Künstler diese Urmacht menschlich meistert, wenn er ihr Maß im Irdischen und Richtung nach seinem Willen gibt, wenn er die Poesie im Sinne Goethes „kommandiert“ und das „Inkommensurable“ in gestalteten Geist verwandelt. Wenn er Herr des Dämons wird und nicht sein Knecht.

Goethe: damit ist nun schon der Name für den polaren Typus ausgesprochen, dessen Gegenwart sinnbildlich diesBuch durchwaltet. Goethe war nicht nur als Naturforscher, als Geologe „Gegner aller Vulkanität“ – auch in der Kunst hat er das Evolutive über das Eruptive gestellt und alles Gewaltsam-Krampfhafte, alles Vulkanische, kurz, alles Dämonische mit einer bei ihm seltenen und geradezu erbitterten Entschiedenheit bekämpft. Und durch nichts mehr als durch diese Erbitterung der Abwehr verrät er, daß auch ihm der Kampf mit dem Dämon das entscheidende Existenzproblem seiner Kunst gewesen ist. Denn nur wer dem Dämon inmitten seines Lebens begegnet, wer ihm schauernd ins medusische Auge gesehen, wer ihn erfahren in seiner ganzen Gefahr, nur der kann ihn dermaßen als fürchterlichen Feind empfinden. Irgendwo im Dickicht seiner Jugend muß Goethe dem Gefährlichen einmal Stirn an Stirn zu einer Entscheidung über Leben und Tod gegenübergestanden haben – Werther bezeugt es, in dem er Kleistens und Tassos, in dem er Hölderlins und Nietzsches Schicksal prophetisch von sich fortgestaltet hat! Und von dieser schreckhaften Begegnung her ist Goethe ein ganzes Leben lang eine erbitterte Ehrfurcht, eine unverhohlene Furcht vor der tödlichen Kraft seines großen Gegners geblieben. Mit magischem Blick erkennt er den Blutfeind in jeder Gestalt und Verwandlung: in Beethovens Musik, in Kleistens Penthesilea, in Shakespeares Tragödien (die er schließlich nicht mehr aufzuschlagen vermag: „es würde mich zerstören“), und je mehr sein Sinn auf Gestaltung und Selbsterhaltung gerichtet ist, um so sorglicher, um so ängstlicher weicht er ihm aus. Er weiß, wie es endet, wenn man sich dem Dämon hingibt, darum wehrt er sich, darum warnt er vergeblich die andern: Goethe verbraucht ebensoviel heroische Kraft, um sich zu erhalten, wie die Dämonischen, um sich zu verschwenden. Auch ihm geht es in diesem Ringen um eine höchste Freiheit: er kämpft um sein Maß wider das Maßlose, um seine Vollendung, indes jene einzig um die Unendlichkeit. Nur in diesem Sinne habe ich, nicht in dem einer (im Leben zwar vorhandenen) Rivalität, Goethes Gestalt gegen die drei Dichter und Diener des Dämons gestellt: ich glaubte einer großen Gegenstimme zu bedürfen, damit nicht das Exaltative, das Hymnische, das Titanische, das ich in Kleist, Hölderlin und Nietzsche darstellend verehre, als die einzige oder als die sublimste Kunst im Sinne eines Werts erscheine. Gerade ihr Widerspiel will mir als geistiges Polaritätsproblem höchsten Ranges erscheinen: so mag es nicht überflüssig sein, wenn ich diese immanente Antithese in einigen ihrer Beziehungen übersichtlich abwandle. Denn beinahe mathematisch formelhaft setzt sich diese Kontrastierung aus der umfassenden Form bis in die kleinsten Episoden ihres sinnlichen Lebens fort: nur der Vergleich zwischen Goethe und den dämonischen Widerpartnern gibt, als ein Vergleich der höchsten Wertformen des Geistes, Licht bis in die Tiefe des Problems.

Was zunächst an Hölderlin, Kleist und Nietzsche sinnfällig wird, ist ihre Unverbundenheit mit der Welt. Wen der Dämon in der Faust hat, den reißt er vom Wirklichen los. Keiner der drei hat Weib und Kind (ebensowenig wie ihre Blutsbrüder Beethoven und Michelangelo), keiner Haus und Habe, keiner dauernden Beruf, gesichertes Amt. Sie sind nomadische Naturen, Vaganten in der Welt, Außenseiter, Sonderbare, Mißachtete, und leben eine vollkommen anonyme Existenz. Sie besitzen nichts im Irdischen: weder Kleist, noch Hölderlin, noch Nietzsche haben jemals ein eigenes Bett gehabt, nichts ist ihnen zu eigen, sie sitzen auf gemietetem Sessel und schreiben an gemietetem Tisch und wandern von einem fremden Zimmer in ein anderes. Nirgends sind sie verwurzelt, selbst Eros vermag nicht dauernd zu binden, die sich dem eifersüchtigen Dämon vergattet haben. Ihre Freundschaften werden brüchig, ihre Stellungen zerstieben, ihr Werk bleibt ohne Ertrag: immer stehen sie im Leeren und schaffen ins Leere. So hat ihre Existenz etwas Meteorisches, etwas von unruhig kreisenden, stürzenden Sternen, indes jener Goethes eine klare, geschlossene Bahn zieht. Goethe wurzelt fest und immer tiefer, immer breiter greifen seine Wurzeln aus. Er hat Weib und Kind und Enkel, Frauen umblühen sein Leben, eine kleine, aber sichere Zahl von Freunden umsteht jede seiner Stunden. Er wohnt im weiten, wohlhabenden Haus, das sich mit Sammlungen und Seltenheiten füllt, er wohnt im warmen, schützenden Ruhm, der mehr als ein halbes Jahrhundert seinen Namen umfängt. Er hat Amt und Würde, ist Geheimrat und Exzellenz, alle Orden der Erde blitzen von seiner breiten Brust. Bei ihm wächst die irdische Schwerkraft im Maße wie bei jenen die geistige Flugkraft, und so wird sein Wesen immer seßhafter, sicherer mit den Jahren (indes jene immer flüchtiger, immer unsteter werden und wie gejagte Tiere über die Erde rennen). Wo er steht, ist das Zentrum seines Ich und zugleich der geistige Mittelpunkt der Nation: von festem Punkte, ruhend-tätig umfaßt er die Welt, und seine Verbundenheit reicht weit hinweg über die Menschen, sie greift hinab zu Pflanze, Tier und Stein und vermählt sich schöpferisch dem Element.

So steht der Herr des Dämons am Ende seines Lebens mächtig im Sein (indes jene zerrissen werden wie Dionysos von der eigenen Meute). Goethes Existenz ist eine einzige strategische Weltgewinnung, während jene in heldischen, aber niemals planhaften Kämpfen abgedrängt werden von der Erde und ins Unendliche flüchten. Sie müssen sich gewaltsam über das Irdische hinausreißen, um dem Überweltlichen vereint zu sein – Goethe braucht nicht mit einem Schritt die Erde zu verlassen, um die Unendlichkeit zu erreichen: langsam, geduldig zieht er sie an sich. Seine Methode ist derart eine durchaus kapitalistische: er legt jedes Jahr ein gemessenes Teil an Erfahrung als geistigen Gewinn sparend zurück, den er am Jahresende als sorgfältiger Kaufmann dann ordnend in seinen „Tagebüchern" und „Annalen" registriert, sein Leben trägt Zins wie der Acker die Frucht. Jene aber wirtschaften wie Spieler, immer werfen sie, in einer herrlichen Gleichgültigkeit gegen die Welt ihr ganzes Sein, ihre ganze Existenz auf eine Karte, Unendliches gewinnend, Unendliches verlierend – das Langsame, das Sparbüchsenhafte des Gewinns ist dem Dämon verhaßt. Erfahrungen, die einem Goethe das Wesenhafte des Daseins bedeuten, haben für sie keinen Wert: so lernen sie nichts an ihren Leiden als verstärktes Gefühl und gehen als Schwärmer, als heilig Fremde sich selber verloren. Goethe aber ist der ständig Lernende, das Buch des Lebens für ihn eine unablässig aufgeschlagene Aufgabe, die gewissenhaft, Zeile um Zeile, mit Fleiß und Ausdauer bewältigt werden will: ewig fühlt er sich schülerhaft, und spät erst wagt er das geheimnisvolle Wort:

Leben hab ich gelernt, fristet mir, Götter, die Zeit.

Sie aber finden das Leben weder erlernbar noch lernenswert: ihre Ahnung höheren Seins ist ihnen mehr als alle Apperzeption und sinnliche Erfahrung. Was ihnen der Genius nicht schenkt, ist ihnen nicht gegeben. Nur von seiner strahlenden Fülle nehmen sie ihr Teil, nur von innen, von dem auf gehitzten Gefühl lassen sie sich steigern und spannen. So wird Feuer ihr Element, Flamme ihr Tun, und dies Feurige, das sie erhebt, zehrt ihnen das ganze Leben weg. Kleist, Hölderlin, Nietzsche sind verlassener, erdfremder, einsamer am Ende ihres Daseins als am Anbeginn, indes bei Goethe zu jeder Stunde der letzte Augenblick der reichste ist. Nur der Dämon in ihnen wird stärker, nur das Unendliche durchwaltet sie mehr: Es ist Armut an Leben in ihrer Schönheit und Schönheit in ihrer Armut an Glück.

Aus dieser durchaus polaren Einstellung ins Leben ergibt sich bei innerster Verwandtschaft im Genius ihr verschiedenes Wertverhältnis zur Wirklichkeit. Jede dämonische Natur verachtet die Realität als eine Unzulänglichkeit, sie bleiben – Hölderlin, Kleist, Nietzsche, jeder in einer andern Weise – Rebellen, Aufrührer und Empörer gegen die bestehende Ordnung. Lieber zerbrechen sie, als daß sie nachgeben; bis ins Tödliche, bis in die Vernichtung treiben sie ihre unbeirrbare Intransigenz. Dadurch werden sie (prachtvolle) tragische Charaktere, ihr Leben eine Tragödie. Goethe dagegen – wie deutlich war er über sich selbst! – vertraut Zelter an, er fühle sich nicht zum Tragiker geboren, „weil seine Natur konziliant sei". Er will nicht wie jene den ewigen Krieg, er will – als „erhaltende und verträgliche Kraft", die er ist – Ausgleich und Harmonie. Er unterordnet sich mit einem Gefühl, das man nicht anders als Frommheit nennen kann, dem Leben als der höheren, der höchsten Macht, die er in allen Formen und Phasen verehrt („wie es auch sei, das Leben, es ist gut"). Nichts nun ist diesen Gequälten, Gejagten, Getriebenen, den vom Dämon durch die Welt Gerissenen fremder, als der Wirklichkeit solch hohen Wert oder überhaupt irgendeinen zu geben: sie kennen nur die Unendlichkeit, und als einzigen Weg, sie zu erreichen, die Kunst. Darum stellen sie die Kunst über das Leben, die Dichtung über die Realität, sie hämmern sich wie Michelangelo durch die tausend Steinblöcke blindwütig, finsterglühend, in immer fanatischerer Leidenschaft durch den dunklen Stollen ihres Daseins dem funkelnden Gestein entgegen, das sie tief unten in ihren Träumen fühlen, indes Goethe (wie Leonardo) die Kunst nur als einen Teil, als eine der tausend schönen Formen des Lebens fühlt, die ihm teuer ist wie die Wissenschaft, wie die Philosophie, aber doch nur Teil, ein kleiner wirkender Teil seines Lebens. Darum werden die Formen der Dämonischen immer intensiver, jene Goethes immer extensiver. Sie verwandeln ihr Wesen immer mehr in eine großartige Einseitigkeit, eine radikale Unbedingtheit, Goethe das seine in eine immer umfassendere Universalität.

Durch diese Liebe zum Dasein zielt alles beim antidämonischen Goethe auf Sicherheit, auf weise Selbsterhaltung. Durch diese Verachtung des realen Daseins drängt alles bei den Dämonischen zu Spiel, zu Gefahr, zu gewaltsamer Selbsterweiterung und endet in Selbstvernichtung. Wie bei Goethe alle Kräfte zentripetal, also vom Äußern zum Mittelpunkt hin sich sammeln, so wirkt bei jenen der Machtdrang zentrifugal, aus dem innern Kreis des Lebens herausdrängend und ihn unvermeidlich zerreißend. Und dies Ausfließen – dies Überfließenwollen ins Gestaltlose, in den Weltraum, sublimiert sich am sichtlichsten in ihrer Neigung zur Musik. Dort vermögen sie ganz uferlos, ganz formlos sich auszuströmen in ihr Element: gerade im Untergang geraten Hölderlin und Nietzsche, ja sogar der harte Kleist in ihre Magie. Verstand löst sich vollkommen in Ekstase, die Sprache in den Rhythmus: immer (auch bei Lenau) umbrandet Musik den Einsturz des dämonischen Geistes. Goethe dagegen hat eine „vorsichtige Haltung" zur Musik: er fürchtet ihre verlockende Kraft, den Willen ins Wesenlose abzuziehen, und dämmt sie in seinen starken Stunden (selbst Beethoven) gewaltsam zurück: nur in der Stunde der Schwachheit, der Krankheit, der Liebe ist er ihr offen. Sein wahres Element aber ist Zeichnung, ist Plastik, alles was feste Formen bietet, was

Schranken stellt gegen das Vage, das Gestaltlose, alles was das Zerfließen, Zergehen, Entströmen der Materie hemmt. Lieben jene das, was entbindet, in eine Freiheit führt, ins Chaos des Gefühls zurück, so greift sein wissender Selbstbewahrungstrieb nach allem, was die Stabilität des Individuums fördert, nach Ordnung, Norm, Form und Gesetz.

Mit hundert Gleichnissen könnte man diesen fruchtbaren Gegensatz zwischen dem Herrn und den Dienern des Dämons noch abwandeln: ich wähle nur noch das geometrische als das immer deutlichste. Goethes Lebensformel bildet den Kreis: geschlossene Linie, volle Rundung und Umfassung des Daseins, ewige Rückkehr in sich selbst, gleiche Distanz zum Unendlichen vom unverrückbaren Zentrum, allseitiges Wachstum von innen her. Darum gibt es in seiner Existenz auch keinen eigentlichen Kulminationspunkt, keine Spitze der Produktion – zu allen Zeiten, nach allen Seiten wächst sein Wesen gleich rund und voll dem Unendlichen entgegen. Die Form der Dämonischen dagegen deutet die Parabel: rascher, schwunghafter Aufstieg in einer einzigen Richtung, in der Richtung gegen das Obere, Unendliche empor, steile Kurve und jäher Absturz. Ihr Höhepunkt ist (dichterisch und als Lebensmoment) knapp vor dem Niederbruch: ja, er fließt mit ihm geheimnisvoll zusammen. Darum ist auch der Dämonischen, ist Hölderlins, ist Kleistens, ist Nietzsches Untergang integrierender Bestandteil ihres Schicksals. Erst er vollendet ihr Seelenbildnis, so wie der Niederfall der Parabel die geometrische Figur. Goethes Tod dagegen ist nur ein unmerkbares Partikel im vollendeten Kreise, er gibt dem Lebensbild nichts Wesentliches dazu. Tatsächlich stirbt er auch nicht wie jene einen mystischen, einen heroisch-legendären Tod, sondern einen Bettod, einen Patriarchentod (dem vergebens die Volkslegende durch eine Erfindung: Mehr Licht! etwas Weissagendes, Symbolisches zulegen wollte). Ein solches Leben hat nur ein Ende, weil es in sich erfüllt war: jenes der Dämonischen einen Untergang, ein loderndes Schicksal. Der Tod entgilt ihnen für Armut des Daseins und gibt ihrem Sterben noch mystische Macht: wer das Leben als Tragödie lebt, hat das Sterben eines Helden.

Leidenschaftliche Hingabe bis zur Auflösung ins Elementare, leidenschaftliche Bewahrung im Sinne der Selbstgestaltung – beide Formen des Kampfes mit dem Dämon fordern aber höchsten Heroismus des Herzens, beide schenken sie herrliche Siege im Geist. Die Goethische Lebenserfüllung und der Dämonischen schöpferischer Untergang – beide bewältigen sie, aber jeder Typus in einem anders bildnerischen Sinn, die gleiche, die einzige Aufgabe des geistigen Individuums: an das Dasein unermeßliche Forderungen zu stellen. Wenn ich ihre Charaktere hier widereinander stellte, geschah es nur, um das Zwiefache ihrer Schönheit im Sinnbild zu verdeutlichen, nicht aber, um eine Entscheidung herauszufordern, und am wenigsten, um jene noch umgängliche und durchaus banale klinische Deutung zu fördern, als ob Goethe die Gesundheit darstelle, und jene die Krankheit, Goethe das Normale, und jene das Pathologische. Das Wort ›pathologisch‹ gilt nur im Unproduktiven, in der niedern Welt: denn Krankheit, die Unvergängliches schafft, ist keine Krankheit mehr, sondern eine Form der Übergesundheit, der höchsten Gesundheit. Und wenn das Dämonische auch am äußersten Rande des Lebens steht und sich schon darüber hinaus beugt ins Unbetretbare und Unbetretene, so ist es doch immanente Substanz des Menschlichen und durchaus innen im Kreise der Natur. Denn auch sie selbst, die Natur, sie, die seit Jahrtausenden dem Saatkorn seine Zeit des Wachstums unveränderlich zuzählt und dem Kind im Mutterleib seine Frist, auch sie, das Urbild aller Gesetze, kennt solche dämonische Augenblicke, auch sie hat Ausbrüche und Überschwänge, wo sie – im Gewitter, in den Zyklonen, in den Kataklysmen – ihre Kräfte gefährlich spannt und bis ins Äußerste der Selbstvernichtung treibt. Auch sie unterbricht manchmal – selten freilich, so selten, wie solche dämonische Menschen der Menschheit erscheinen! – ihren geruhigen Gang, aber nur dann, nur aus ihrem Übermaß werden wir erst ihres vollen Maßes gewahr. Nur das Seltene erweitert unsern Sinn, nur am Schauer vor neuer Gewalt wächst unser Gefühl. Immer ist darum das Außerordentliche das Maß aller Größe. Und immer – auch in den verwirrendsten und gefährlichsten Gestaltungen – bleibt das Schöpferische Wert über allen Werten, Sinn über unsern Sinnen.

Salzburg 1925

Hölderlin

Denn schwer erkennt der
Sterbliche die Reinen

Der Tod des Empedokles

Die heilige Schar

... es würde Nacht und kalt
Auf Erden und in Not verzehrte sich
Die Seele, sendeten zuzeiten nicht
Die guten Götter solche Jünglinge,
Der Menschen welkend Leben zu erfrischen.

Der Tod des Empedokles

Das neue, das neunzehnte Jahrhundert liebt seine Jugend nicht. Ein glühendes Geschlecht ist entstanden: feurig und kühn drängt es von allen Windrichtungen zugleich aus den aufgelockerten Schollen Europas der Morgenröte neuer Freiheit entgegen. Die Fanfare der Revolution hat diese Jünglinge erweckt, ein seliger Frühling des Geistes, eine neue Gläubigkeit entbrennt ihnen die Seele. Das Unmögliche scheint plötzlich nah geworden, die Macht und die Herrlichkeit der Erde jedem Verwegenen zur Beute, seit ein Dreiundzwanzigjähriger, seit Camille Desmoulins mit einer einzigen kühnen Geste die Bastille zerbrach, seit der knabenhaft schlanke Advokat aus Arras, Robespierre, Könige und Kaiser zittern läßt, seit der kleine Leutnant aus Korsika, Bonaparte, mit dem Degen die Grenzen Europas nach seinem Gutdünken zieht und die herrlichste Krone der Welt mit Abenteurerhänden faßt. Nun ist ihre Stunde, die Stunde der Jugend gekommen: wie das erste zarte Grün nach dem Frühlingsregen schießt sie plötzlich auf, diese heroische Saat heller, begeisterter Jünglinge. In allen Ländern heben sie sich zugleich empor, den Blick zu den Sternen, und stürmen über die Schwelle des neuen Jahrhunderts, als in ihr eigenstes Reich. Das achtzehnte Jahrhundert, so fühlen sie, hat den Greisen und Weisen gehört, Voltaire und Rousseau, Leibniz und Kant, Haydn und Wieland, den Langsamen und Geduldigen, den Großen und Gelehrten: nun aber gilt Jugend und Kühnheit, Leidenschaft und Ungeduld.

Mächtig schwillt sie empor, die aufstürmende Woge: nie sah Europa seit den Tagen der Renaissance einen reineren Aufschwall des Geistes, ein schöneres Geschlecht.

Aber das neue Jahrhundert liebt diese seine kühne Jugend nicht, es hat Furcht vor ihrer Fülle, einen argwöhnischen Schauer vor ihrem Überschwang. Und mit eiserner Sense mäht es unbarmherzig die eigene Frühlingssaat. Zu Hunderttausenden malmt die Mutigsten der Napoleonische Krieg, fünfzehn Jahre lang zerstampft seine mörderische Völkermühle die Edelsten, die Kühnsten, die Freudigsten aller Nationen, und die Erde Frankreichs, Deutschlands, Italiens bis hinüber zu den Schneefeldern Rußlands und den Wüsten Ägyptens ist gedüngt und getränkt von ihrem pochenden Blut. Aber als wollte sie nicht bloß die Jugend allein, die wehrhafte, sondern den Geist der Jugend selbst ertöten, so hält diese selbstmörderische Wut nicht inne bei den Kriegerischen, bei den Soldaten: auch gegen die Träumer und Sänger, die halbe Knaben noch, die Schwelle des Jahrhunderts überschritten haben, auch gegen die Epheben des Geistes, gegen die seligen Sänger, gegen die heiligsten Gestalten hebt die Vernichtung das Beil. Nie ward in ähnlich kurzer Zeit eine ähnlich herrliche Hekatombe von Dichtern, von Künstlern geopfert als um jene Zeitwende, die Schiller, ahnungslos des eigenen nahen Geschicks, noch mit rauschendem Hymnus gegrüßt. Nie hielt das Schicksal verhängnisvollere Lese reiner und früh verklärter Gestalten. Nie netzte den Altar der Götter so viel göttliches Blut.

Vielfältig ist ihr Tod, aber allen verfrüht, allen in der Stunde innerlichster Erhebung verhängt. Den ersten, André Chénier, diesen jungen Apoll, in dem Frankreich ein neues Griechentum wiedergeboren war, schleppt der letzte Karren des Terrors zur Guillotine: ein Tag noch, ein einziger Tag, die Nacht vom achten zum neunten Thermidor, und er wäre gerettet vom Blutblock und zurückgegeben seinem antikisch reinen Gesang. Aber das Schicksal will ihn nicht sparen, nicht ihn und nicht die anderen: mit zornigem Willen fällt es wie eine Hydra immer ein ganzes Geschlecht. England ist nach Jahrhunderten wieder ein lyrischer Genius geboren, ein elegischer schwärmerischer Jüngling, John Keats, dieser selige Künder des Alls: mit siebenundzwanzig Jahren reißt ihm das Verhängnis den letzten Atem aus der klingenden Brust. Ein Bruder des Geistes beugt sich über sein Grab, Shelley, den sich die Natur zum Boten ihrer schönsten Geheimnisse erlesen: ergriffen stimmt er dem Bruder im Geiste das herrlichste Totenlied an, das je ein Dichter dem andern gedichtet, die Elegie „ Adonais“ –, aber ein paar Jahre nur, und ein sinnloser Sturm wirft seine eigene Leiche an den tyrrhenischen Strand. Lord Byron, sein Freund, Goethes geliebtester Erbe, eilt her und entzündet dem Toten, wie Achill seinem Patroklos, den Scheiterhaufen am südlichen Meer: in

Flammen fährt Shelleys sterbliche Hülle in den Himmel Italiens empor –, aber er selbst, Lord Byron, verbrennt wenige Jahre später im Fieber zu Missolunghi. Ein Jahrzehnt nur, und die edelste lyrische Blüte, die Frankreich, die England gegeben war, ist vernichtet. Aber auch Deutschlands jungem Geschlecht wird diese harte Hand nicht gelinder: Novalis, der mystisch fromm bis ins letzte Geheimnis der Natur gedrungen, löscht allzufrüh aus, vertropfend wie ein Kerzenlicht in dunkler Zelle, Kleist zerschmettert sich den Schädel in jäher Verzweiflung, Raimund folgt ihm bald in gleich gewaltsamen Tod, Georg Büchner rafft als Vierundzwanzigjährigen ein Nervenfieber hinweg. Wilhelm Hauff, den phantasievollsten Erzähler, dies unaufgeblühte Genie, scharren sie als Fünfundzwanzigjährigen ein, und Schubert, die liedgewordene Seele aller dieser Sänger, strömt vorzeitig aus in letzter Melodie. Mit allen Keulen und Giften der Krankheit, mit Selbstmord und Fremdmord rotten sie es aus, das junge Geschlecht: Leopardi, der edel-traurige, welkt in düsterm Siechtum, Bellini, der Sänger der „Norma", stirbt in magischem Beginn, Gribojedof, den hellsten Geist des erwachenden Rußlands, erdolcht in Tiflis ein Perser. Seinem Leichenwagen begegnet zufällig im Kaukasus Alexander Puschkin, dies neue Genie Rußlands, sein geistiges Morgenrot. Doch er hat nicht lange Zeit, den Frühgesunkenen zu beklagen, ein paar Jahre nur, und die Kugel trifft ihn tödlich im Duell. Keiner von allen erreicht das vierzigste Jahr, die wenigsten unter ihnen das dreißigste: so wird der rauschendste lyrische Frühling, den Europa jemals gekannt, über Nacht geknickt, zerschmettert und versprengt die heilige Schar der Jünglinge, die in allen Sprachen zugleich den Hymnus der Natur und der seligen Welt gesungen. Einsam wie Merlin im verzauberten Wald, unbewußt der Zeit, halb schon vergessen, halb schon Legende, sitzt Goethe, der weise und greise, in Weimar: nur von diesen uralten Lippen formt sich noch in seltener Stunde orphischer Gesang. Ahne und Erbe zugleich des neuen Geschlechts, das er staunend überlebt, wahrt er in eherner Urne das klingende Feuer.

Einer nur, ein einziger von der heiligen Schar, der reinste von allen, weilt noch lange auf der entgötterten Erde, Hölderlin, doch an ihm hat das Schicksal am seltsamsten getan. Noch blüht ihm die Lippe, noch tastet sein alternder Leib sich über die deutsche Erde, noch gehen seine Blicke blau vom Fenster hinüber in die geliebte Landschaft des Neckars, noch darf er die Lider frommen Blicks zum „Vater Äther", zum ewigen Himmel hin aufschlagen: doch sein Sinn ist nicht mehr wach, sondern verwölkt in einen unendlichen Traum. Wie Tiresias, den Seher, haben die eifersüchtigen Götter den, der sie belauschte, nicht getötet, sondern ihm nur den Geist geblendet. Ein Schleier ist um seine Worte und seine Seele gedunkelt: verworrenen Sinns lebt der „in himmlische Gefangenschaft Verkaufte" noch dumpfe Jahrzehnte dahin, der Welt wie sich selbst verloren, und nur der Rhythmus, die dumpfe klingende Welle stürzt in zerstäubten, zerquellenden Lauten von seinem zuckenden Mund. Um ihn blühen und welken seine geliebten Frühlinge, er zählt sie nicht mehr. Um ihn sinken und sterben die Menschen, er weiß es nicht mehr. Schiller und Goethe und Kant und Napoleon, die Götter seiner Jugend, sind ihm längst vorausgegangen, brausende Bahnen durchqueren sein erträumtes Germanien, Städte ballen, Länder heben sich auf – nichts von alldem erreicht sein versonnenes Herz. Allmählich beginnt das Haar ihm zu grauen, ein scheuer, gespenstiger Schatten einstiger Lieblichkeit, tappt er hin durch die Straßen Tübingens, verspottet von den Kindern, verhöhnt von den Studenten, die hinter der tragischen Larve den abgestorbenen Geist nicht ahnen, und längst denkt kein Lebender seiner mehr. Einmal, in der Mitte des neuen Jahrhunderts, hört die Bettina, daß er (einst von ihr wie ein Gott gegrüßt) sein „Schlangenleben" noch führe in des braven Tischlers Haus und erschrickt wie vor einem Hadesentsandten – so fremd hängt er hinüber in die Zeit, so ausgeklungen tönt sein Name, so vergessen ist seine Herrlichkeit. Und wie er sich dann eines Tages leise hinlegt und stirbt, rührt dies stille Sinken nicht stärkeren Laut in der deutschen Welt als eines herbstlichen Blattes schwankes Zubodenschweben. Handwerker tragen ihn in verschabtem Gewand hin zu der Grube, die Tausende seiner geschriebenen Blätter werden vertan oder lässig bewahrt und stauben dann jahrzehntelang in Bibliotheken. Ungelesen, unempfangen bleibt für ein ganzes Geschlecht die heroische Botschaft dieses Letzten, dieses Reinsten der heiligen Schar.

Wie eine griechische Statue im Schoße der Erde, so verbirgt sich Hölderlins geistiges Bild im Schutt des Vergessens, jahre-, jahrzehntelang. Aber wie endlich liebevolle Mühe den Torso aus dem Dunkel gräbt, fühlt mit Erschauern ein neues Geschlecht die unzerstörbare Reinheit dieser marmornen Jünglingsgestalt. In herrlichen Maßen, der letzte Ephebe deutschen Griechentums, steht sein Bildnis wieder auf, Begeisterung blüht heute wie einst auf seiner singenden Lippe. Alle Frühlinge, die er verkündet, scheinen gleichsam verewigt in seiner einzigen Gestalt: und mit der strahlenden Stirne des Erleuchteten tritt er aus dem Dunkel wie aus einer geheimnisvollen Heimat zurück in unsere Zeit.

Kindheit

Aus stillem Hause senden die Götter oft
Auf kurze Zeit zu Fremden die Lieblinge,

Damit, erinnert, sich am edlen
Bilde der Sterblichen Herz erfreue.

Das Hölderlin-Haus steht in Lauffen, einem altertümlich-klösterlichen Dörfchen am Neckar, ein paar Wegstunden nur von Schillers Heimat. Diese ländlich-schwäbische Welt ist Deutschlands mildeste Landschaft, sein Italien: die Alpen drücken nicht mehr rauh heran und sind doch ahnend nah, silbernen Bogens strömen Flüsse durch Rebengelände, Heiterkeit des Volkes mindert die Herbe des alemannischen Stammes und löst sie gern in Gesang. Die Erde ist reich ohne Üppigkeit, die Natur lind, doch ohne Freigebigkeit: handwerkliches Geschäft gattet sich fast übergangslos der bäuerlichen Welt. Die Dichtung der Idylle hat dort ihre Heimat, wo die Natur den Menschen leicht befriedet, und selbst der in tiefste Düsternis getriebene Dichter denkt der verlorenen Landschaft mit gemildertem Sinne:

Engel des Vaterlands! O ihr, vor denen das Auge,
Sei's auch stark, und das Knie bricht dem vereinzelten Mann,
Daß er sich halten muß an die Freund' und bitten die Teuern,
Daß sie tragen mit ihm all die beglückende Last,
Habt, o Gütige, Dank!

Wie sanft, wie elegisch-zärtlich wird des Schwermütigen Überschwang, wenn er dies Schwaben singt, diesen seinen Himmel unter den ewigen Himmeln, wie beruhigt flutet der Aufschwall ekstatischen Gefühls zu ebenmäßigem Rhythmus zurück, wenn er an diese Erinnerungen rührt! Aus der Heimat geflüchtet, verraten von seinem Griechenland, zernichtet in seinen Hoffnungen, baut er aus zärtlichem Gedenken immer wieder dies eine Bild der kindlichen Welt:

Seliges Land! Kein Hügel in dir wächst ohne den Weinstock,
Nieder ins schwellende Gras regnet im Herbst das Obst.
Fröhlich baden im Strome den Fuß die glühenden Berge,
Kränze von Zweigen und Moos kühlen ihr sonniges Haupt.
Und, wie die Kinder hinauf zur Schulter des herrlichen Ahnherrn,
Steigen am dunklen Gebirg Festen und Hütten hinauf.

Ein Leben lang sehnt er sich in diese Heimat als in den Himmel seines Herzens zurück: die Kindheit ist Hölderlins wahrste, wachste und glücklichste Zeit.

Sanfte Natur hegt ihn ein, sanfte Frauen ziehen ihn auf: kein Vater ist (verhängnisvollerweise) da, ihn Zucht und Härte zu lehren, nicht wie bei Goethe zwingt früh pedantisch-zuchtvoller Sinn dem Werdenden das Gefühl der Verantwortung auf. Nur Frommheit lehrt ihn die Großmutter und die mildere Mutter, und früh schon flüchtet der träumerische Sinn in die erste Unendlichkeit jeder Jugend: in die Musik. Aber die Idylle hat vorzeitig ihr Ende. Mit vierzehn Jahren kommt der Empfindsame als Alumnus in die Klosterschule von Denkendorf, dann in das Kloster von Maulbronn, als Achtzehnjähriger in das Tübinger Stift, das er erst Ende 1792 verläßt – ein ganzes Jahrzehnt fast wird diese freiselige Natur hinter Mauern gesperrt, in klösterliches Gelaß, in drückende Menschengemeinsamkeit. Der Kontrast ist zu vehement, um nicht schmerzhaft, ja zerstörend zu wirken: aus der Ungezwungenheit freier sinnender Spiele an Ufer und Feld, aus der Weichlichkeit fraulich-mütterlicher Behütung preßt man ihn in das mönchisch schwarze Kleid, klösterliche Zucht schraubt ihn an einzelne Stunden mechanisch geordneter Tätigkeit. Für Hölderlin werden die Klosterschuljahre, was für Kleist die Kadettenjahre: Zurückdrängung des Gefühls ins Sensitive, Vorbereitung und Überreizung stärkster innerer Spannung, Widerstand gegen die reale Welt. Etwas in seinem Innern wird damals für immer verwundet und geknickt: „Ich will Dir sagen", schreibt er ein Jahrzehnt später, „ich habe einen Ansatz von meinen Knabenjahren, von meinem damaligen Herzen, der ist mir noch der liebste – das war eine wächserne Weichheit ... aber eben dieser Teil meines Herzens wurde am ärgsten mißhandelt, solange ich im Kloster war." Wie er das schwere Tor des Stifts hinter sich schließt, ist der edelste, der geheimste Trieb seines Lebensglaubens schon vorzeitig angekränkelt und halb verwelkt, bevor er hinaustritt in die Sonne des freien Tages. Und schon schwebt um seine noch klare Jünglingsstirn – freilich ein dünner floriger Hauch nur – jene leise Melancholie des Verlorenseins in die Welt, die dann immer dunkler und dichter mit den Jahren die Seele umdämmert und schließlich den Blick für jede Freudigkeit verschattet.

Hier also, so früh schon, im Zwielicht der Kindheit, in den entscheidenden Formungsjahren beginnt jener unheilbare Riß in Hölderlins Innern, jene unbarmherzige Zäsur zwischen der Welt und seiner eigenen Welt. Und dieser Riß narbt niemals mehr zu: ewig bleibt ihm das Gefühl des in die Fremde verstoßenen Kindes, ewig diese Sehnsucht nach einer früh verlorenen seligen Heimat. Unablässig empfindet sich der ewig Unmündige aus den Himmeln – seiner Jugend, erster Ahnung, unbekannter Vorwelt – gewaltsam auf die harte Erde, in eine ihm widerstrebende Sphäre herabgeschleudert; und von jener ersten harten Begegnung mit der Realität an schwärt in seiner verwundeten Seele das Gefühl der Weltfeindschaft. Hölderlin bleibt ein vom Leben Unbelehrbarer, und alles, was er an

Scheinfreude und Ernüchterung, an Glück und Enttäuschung gelegentlich gewinnt, vermag die unabänderlich festgelegte abwehrende Haltung gegen die Wirklichkeit nicht mehr zu beeinflussen. „Ach, die Welt hat meinen Geist von früher Jugend an in sich zurückgescheucht", schreibt er einmal an Neuffer, und tatsächlich kommt er nie mehr mit ihr in eine Bindung und Beziehung, er wird paradigmatisch das, was die Psychologie einen „introverten Typus" nennt, einer jener Charaktere, die sich mißtrauisch gegen alle äußere Anregung abgesperrt halten und nur von innen heraus, aus den urtümlich eingepflanzten Keimen ihre geistige Gestaltung entwickeln. Die Hälfte seiner Gedichte variiert von nun an nur dasselbe Motiv, den unlösbaren Gegensatz von gläubiger, sorgloser Kindheit und dem feindseligen, illusionslosen, praktischen Leben, der „zeitlichen Existenz" im Gegensatz zum geistigen Sein. Ein Zwanzigjähriger, überschreibt er schon trauernd ein Gedicht „Einst und Jetzt", und im Hymnus „An die Natur" rauscht dann strophisch gebunden diese, seine ewige Erlebnismelodie herrlich hervor:

Da ich noch um deinen Schleier spielte,
Noch an dir wie eine Blüte hing,
Noch dein Herz in jedem Laute fühlte,
Der mein zärtlichbebend Herz umfing.
Da ich noch mit Glauben und mit Sehnen
Reich, wie du, vor deinem Bilde stand,
Deine Stelle noch für meine Tränen,
Eine Welt für meine Liebe fand;

Da zur Sonne noch mein Herz sich wandte,
Als vernähme seine Töne sie,
Und die Sterne seine Brüder nannte
Und den Frühling Gottes Melodie,
Da im Hauche, der den Hain bewegte,
Noch dein Geist, dein Geist der Freude sich
In des Herzens stiller Welle regte,
Da umfingen goldne Tage mich.

Aber diesem Hymnus auf die Kindheit antwortet schon in düsterem Moll die Lebensfeindschaft des früh Enttäuschten:

Tot ist nun, die mich erzog und stillte,
Tot ist nun die jugendliche Welt,

Diese Brust, die einst ein Himmel füllte,
Tot und dürftig wie ein Stoppelfeld;
Ach! es singt der Frühling meinen Sorgen
Noch, wie einst, ein freundlich tröstend Lied,
Aber hin ist meines Lebens Morgen,
Meines Herzens Frühling ist verblüht.

Ewig muß die liebste Liebe darben,
Was wir lieben, ist ein Schatten nur,
Da der Jugend goldne Träume starben,
Starb für mich die freundliche Natur;
Das erfuhrst du nicht in frohen Tagen,
Daß so ferne dir die Heimat liegt,
Armes Herz, du wirst sie nie erfragen,
Wenn dir nicht ein Traum von ihr genügt.

In diesen Strophen (die sich in unzählbaren Varianten durch sein ganzes Werk wiederholen) ist Hölderlins romantische Lebenseinstellung schon vollkommen fixiert: der ewig zurückgewandte Blick auf die „Zauberwolke, in die der gute Geist meiner Kindheit mich hüllte, daß ich nicht zu früh das Kleinliche und Barbarische der Welt sah, die mich umgab". Schon der Unmündige sperrt sich gegen jeden Zustrom von Erlebnis feindlich ab: Zurück und Empor sind die einzigen Zielrichtungen seiner Seele, niemals zielt sein Wille ins Leben hinein, immer darüber hinaus. Wie Quecksilber gegen Feuer und Wasser, wehrt sich sein Eigenelement gegen alle Bindung und Verschmelzung. Darum umgürtet ihn schicksalhaft eine unbesiegliche Einsamkeit.

Hölderlins Entwicklung ist im eigentlichen abgeschlossen, als er die Schule verläßt. Er hat sich noch gesteigert im Sinne der Intensität, nicht aber entfaltet im Sinne der Aufnahme, der stofflich-sinnlichen Bereicherung. Er wollte nichts lernen, nichts annehmen von der ihm widersinnigen Sphäre des Alltags; sein unvergleichlicher Instinkt für Reinheit verbot ihm Vermengung mit dem gemischten Stoff des Lebens. Damit wird er aber zugleich – im höchsten Sinne – Frevler gegen das Weltgesetz und sein Schicksal im antiken Geist Entsühnung einer Hybris, einer heldisch heiligen Überhebung. Denn das Gesetz des Lebens heißt Vermengung, es duldet kein Außensein in seinem ewigen Kreislauf: wer sich weigert, in diese warme Flut einzutauchen, der verdurstet am Strande; wer nicht teilnimmt, dessen Leben ist bestimmt, ein ewiges Außen zu bleiben, tragische Einsamkeit. Hölderlins Anspruch, nur der Kunst und nicht dem Dasein, nur den Göttern und nicht den Menschen zu dienen, enthält – ich wiederhole, im höchsten, im transzendentalen Sinne – wie jener seines Empedokles eine irreale, eine überhebliche Forderung. Denn bloß den Göttern ist es gegönnt, ganz im Reinen, im Ungemengten zu walten, und so wird es nur notwendige Rache, wenn sich das Leben an seinem Verächter mit den niedersten Kräften, mit der gemeinen Notdurft des Brotes rächt, wenn es gerade den, der ihm in keiner Form dienen will, immer wieder in die kleinlichsten Formen der Knechtschaft zurückstößt. Eben darum, weil Hölderlin nicht teilen will, wird ihm alles genommen; weil sein Geist nicht sich fesseln lassen will, fällt sein Leben in Hörigkeit. Hölderlins Schönheit ist gleichzeitig Hölderlins tragische Schuld: aus Gläubigkeit an die obere, die höhere Welt wird er Empörer gegen die untere, die irdische, der er nicht anders zu entfliehen vermag als auf der Schwinge seines Gedichts. Und erst als der Unbelehrbare den Sinn seines Schicksals erkennt – den heldischen Untergang –, bemeistert er sein Schicksal; nur eine kurze Spanne zwischen Aufgang und Untergang der Sonne gehört ihm zu, aber diese Landschaft einer Jugend ist heroisch: Felsgebirg des trotzigen Geistes, von schäumender Woge der Unendlichkeit umrauscht, seliges Segel im Sturm verloren und feurige Wolkenfahrt.

Bildnis in Tübingen

Der Menschen Worte verstand ich nie.
Im Arme der Götter wuchs ich groß.

Wie flüchtiger Sonnenblick zwischen lastendem Gewölk glänzt in dem einzig erhaltenen Frühbild Hölderlins Gestalt: ein schlanker Jüngling, das blonde Haar in weicher Welle zurückwogend von klarer, morgendlich strahlender Stirn. Klar auch die Lippe und frauenhaft weich die Wange (die man sich leicht errötend denken mag von rasch aufwogender Glut), hell das Auge unter den schön geschwungenen schwarzen Brauen, nirgends nistet in diesem zarten Antlitz ein heimlicher Zug, der auf Härte deutete oder auf Hochmut, eher eine mädchenhafte Schüchternheit, eine verborgen-zärtliche Woge des Gefühls. „Anstand und Artigkeit" rühmt ihm ja auch Schiller von der ersten Begegnung her nach, und wohl kann man sich den schmalhüftigen blonden Jüngling im ernsten Habit des protestantischen Magisters vorstellen, wie er im schwarzen ärmellosen Kleid mit der weißen Halskrause sinnend die Klostergänge durchschreitet. Wie ein Musiker sieht er aus, ein wenig einem Frühbild des jungen Mozart ähnlich, und so schildern ihn auch die Stubengenossen am liebsten. „Er spielte die Violine – seine regelmäßige Gesichtsbildung, der sanfte Ausdruck seines Gesichts, sein schöner

Wuchs, sein sorgfältiger reinlicher Anzug und jener unverkennbare Ausdruck des Höheren in seinem ganzen Wesen sind mir immer gegenwärtig geblieben." Man kann sich auf diese weiche Lippe kein derbes Wort, in dies schwärmende Auge keine unreine Gier, in diese edelgeschwungene Stirn keinen niederen Gedanken denken, freilich auch keine rechte Heiterkeit in die aristokratisch zarte Verhaltenheit dieser Züge, und so, ganz in sich verborgen, scheu in sich zurückgedrängt, schildern ihn auch seine Gefährten: daß er niemals mindrer Geselligkeit sich mengte, nur im Refektorium mit Freunden schwärmerisch die Verse Ossians, Klopstocks und Schillers liest oder in Musik seinen sehnenden Überschwang entlastet. Ohne stolz zu sein, schafft er um sich eine unmerkbare Distanz: wenn er schlank, aufrecht, gleichsam einem Höheren, Unsichtbaren entgegen aus der Zelle unter die anderen tritt, ist ihnen, „als schritte Apoll durch den Saal". Selbst den Amusischen, den kleinen Pfarrerssohn und späteren Pfarrer, der dies Wort verzeichnet, gemahnt Hölderlins Wesen unbewußt an Hellas, an die heimliche griechische Heimat.

Aber einen Augenblick nur tritt so hell, gleichsam umleuchtet von einem Sonnenstrahl des geistigen Morgens, sein Antlitz aus dem Gewölk seines Schicksals, göttlich aus Göttlichem hervor. Aus den Mannesjahren ist uns kein Bildnis mehr überliefert, gleichsam als wollte das Schicksal uns Hölderlin nur in seiner Blüte zeigen, einzig das strahlende Antlitz des ewigen Jünglings uns kennen lassen, niemals den Mann (der er niemals wahrhaftig geworden), und schließlich wieder – ein halbes Jahrhundert später – die ausgehöhlte, vertrocknete Larve des kindgewordenen Greises. Jene „Artigkeit", die Schiller an ihm als auffällig rühmt, erstarrt bald zu krampfigem Zwang, die Schüchternheit zu misanthropischer Menschenängstlichkeit: im abgeschabten Hauslehrerrock, der letzte bei Tisch und nahe schon der bezahlten Livree der Diener, muß er die servile Geste des Niedergedrückten erlernen: scheu, verängstigt, gequält und der Macht seines Geistes nur ohnmächtig leidend bewußt, verliert er bald den freien klingenden Gang, in dem sein Rhythmus wie über Wolken hinschreitet, und auch innen bricht die Schwebe, das seelische Gleichgewicht. Hölderlin wird früh mißtrauisch und verwundbar, „ein Wort, ein flüchtiges, konnte ihn beleidigen", das Mißliche seiner Stellung macht ihn unsicher und treibt seinen verwundeten, ohnmächtigen Ehrgeiz in die verschlossene Brust zurück. Immer mehr lernt er sein inneres Antlitz vor der Brutalität des geistigen Pöbels zu verbergen, dem er zu dienen genötigt ist, und allmählich wächst ihm diese dienernde Maske hinein in Fleisch und Blut. Erst der Wahnsinn, der wie jede Leidenschaft alles Verschwiegene heraustreibt, macht die innere Verzerrung gräßlich offenbar: jene Servilität, hinter der er als

Hauslehrer seine eigene Welt verbarg, ist krankhafte Manie der Selbstentwürdigung geworden, jene grauenvolle Geste, die jeden Fremden mit knicksenden, übertreibenden Verbeugungen unzählige Male begrüßt und ihn (immer voll Angst eines Erkanntseins) mit Titeln „Eure Heiligkeit! Eure Exzellenz! Eure Gnaden!“ sprudelnd überhäuft. Auch das Antlitz sinkt müde und ohne Spannung in sich selbst zurück, allmählich verdüstert sich das Auge, das einst so schwärmerisch nach oben gebückt: manchmal zuckt schon grell und gefährlich über den Lidern der Blitz des Dämons, dem seine Seele verfallen ist. Schließlich ermüdet auch in den Jahren der Vergessenheit die hohe Gestalt, sie beugt sich – furchtbares Symbol! – dem drückenden Haupte nachsinkend vornüber, und wie dann fünfzig Jahre später, ein halbes Jahrhundert nach dem Jünglingsbilde, eine Bleistiftzeichnung den „in himmlische Gefangenschaft Verkauften“ zum erstenmal wieder sinnlich zeigt, sehen wir erschüttert jenen Hölderlin von einst als hageren zahnlosen Greis, der am Stocke vorwärts tappt und mit feierlich erhobener Hand Verse ins Leere, in eine fühllose Welt spricht. Nur das natürliche Ebenmaß der Züge spottet der inneren Zerstörung, und die Stirne bleibt noch im Sturze des Geistes gewölbt: wie eine Statue blank unter dem Dickicht des grauverwirrten Haares hält sie eine ewige Reinheit unverstellt dem erschütterten Blicke entgegen. Schaudernd schauen die seltenen Besucher auf die gespenstische Larve Scardanellis und suchen vergebens in ihr den Künder des Schicksals zu erkennen, der die Schönheit und gefährlichen Schauer der Mächte ehrfürchtig wie keiner verkündet. Aber der ist „ferne, nicht mehr dabei“. Nur der Schatten Hölderlins tappt noch im Dunkel vierzig Jahre über die Erde: der Dichter selbst ist weggetragen von den Göttern im Bildnis des ewigen Jünglings. Seine Schönheit strahlt rein bewahrt und alterslos in anderer Sphäre weiter: in dem unzerbrechlichen Spiegel seines Gesanges.

Mission des Dichters

An das Göttliche glauben
Die allein, die es selber sind.

Die Schule war für Hölderlin Kerker gewesen: voll Unruhe und doch voll leiser, ahnender Angst tritt er nun der Welt, der ihm ewig fremden, entgegen. Was an äußerer Wissenschaft zu lehren war, hat er im Tübinger Stift empfangen, er bemeistert vollkommen die alten Sprachen, Hebräisch, Griechisch, Latein; mit Hegel und Schelling, den Stubengenossen, hat er emsig Philosophie getrieben, und durch Siegel und Brief wird ihm außerdem bezeugt, daß er im Theologischen nicht müßig gewesen, daß er „studia theologica magno cum successu tractavit. Orationem sacram recte elaboratam decenter recitavit". Er kann also schon gut protestantisch predigen, und ein Vikariat mit Beffchen und Barett wären dem Studiosus gewiß. Der Wunsch der Mutter ist erfüllt, die Bahn steht offen zu bürgerlichem oder geistlichem Beruf, zu Kanzel oder Katheder.

Aber Hölderlins Herz fragt von der ersten Stunde an niemals nach einem weltlichen oder geistlichen Berufe: er weiß nur von seiner Berufung, von seiner Mission höherer Verkündung. In der Schulstube schon hat er – „literarum elegantiarum assiduus cultor", wie das Zeugnis barock floskelt – Gedichte geschrieben, elegisch-nachahmende zuerst, dann feurig dem Klopstockschen Schwunge nachtastende und schließlich jene „Hymnen an die Ideale der Menschheit" in Schillers rauschendem Rhythmus. Ein Roman „Hyperion" ist begonnen: von der ersten Stunde wendet der Schwärmer entschlossen das Steuer seines Lebens dem Unendlichen zu, dem unerreichbaren Strande, an dem es zerschellen soll. Nichts kann ihn beirren, diesem unsichtbaren Ruf mit selbstzerstörender Treue zu folgen.

Von vornherein lehnt Hölderlin jedes Kompromiß des Berufes, jede Berührung mit der Vulgarität eines praktischen Erwerbs ab, er weigert sich, „in Unwürdigkeit zu vergehen", zwischen die Prosaik einer bürgerlichen Stellung und die Erhobenheit des innern Berufes irgendeine noch so schmale Brücke zu bauen:

Beruf ist mirs,
Zu rühmen Höhers, darum gab die
Sprache der Gott und den Dank ins Herz mir

verkündet er stolz. Er will rein bleiben im Willen und geschlossen in seiner Wesensform. Er will nicht die „zerstörende" Wirklichkeit, sondern sucht ewig die reine Welt, sucht mit Shelley

some world
Where music and moonlight and feeling
Are one

wo nicht Kompromisse nötig sind und Vermengungen mit dem Niedrigen, wo der Geist rein im reinen, ungemischten Element sich behaupten darf. In dieser fanatischen Unerschütterlichkeit, in dieser großartigen Inkonzilianz gegenüber der realen Existenz offenbart sich, stärker als in jedem einzelnen Gedicht, Hölderlins herrlicher Heroismus: er weiß von allem Anbeginn, daß er mit solchem Anspruch auf jede Sicherung, auf Haus und Heim, auf alle Bürgerlichkeit verzichtet, er weiß, daß es leicht wäre, „glücklich zu sein mit seichtem Herzen", er weiß, daß er ewig „ein Laie in der Freude bleiben muß". Aber er will sein Leben nicht als ein braves Geborgensein, sondern als ein dichterisches Schicksal: starr den Blick nach oben gerichtet, unbeugsam die Seele im dürftigen Leibe, entbehrungsvoll den Leib im ärmlichen Gewand tritt er vor den unsichtbaren Altar, dem er Priester wird und Opfer zugleich.

Dieser Wille, nur an das Ganze des Lebens mit ganzer Seele sich hinzugeben, ist Hölderlins, ist dieses zarten, demütigen Jünglings wahrste und wirksamste Kraft. Er weiß, daß Dichtung nicht mit einem Teil, einem abgelösten und flüchtigen des Herzens und des Geistes, das Unendliche erreicht werden kann: wer das Göttliche verkünden will, muß sich ihm weihen, muß sich ihm opfern. Hölderlins Auffassung von der Poesie ist eine sakrale: der Wahre, der Berufene muß alles darbringen, was die Erde den andern zuteilt, für die Gnade, dem Göttlichen nahe sein zu dürfen, er muß, der Diener der Elemente, selbst unter ihnen wohnen in der heiligen Ungewißheit und der läuternden Gefahr. Von erster Stunde erfaßt Hölderlins Sinn die Notwendigkeit des Unbedingten: noch ehe er das Stift verläßt, ist er entschlossen, nicht Pfarrer zu werden, niemals dauernd an irdische Existenz sich zu binden, sondern einzig „Hüter der heiligen Flamme" zu sein. Er weiß nicht den Weg, aber er kennt sein Ziel. Und aller Fährlichkeiten seiner Lebensschwäche mit wunderbarer Stärke des Geistes bewußt, ruft er sich selbst seligsten Trost zu:

Sind denn dir nicht verwandt alle Lebendigen,
Nährt die Parze denn nicht selber im Dienste dich?
Drum, so wandle nur wehrlos
Fort durchs Leben, und fürchte nichts!
Was geschiehet, es sei alles gesegnet dir.

Und so tritt er entschlossen unter den Himmel seines Schicksals.

Aus dieser Entschlossenheit zur reinen Selbstbewahrung wächst Hölderlins selbstgewolltes Schicksal und Verhängnis. Tragik und innere Lebensnot wird ihm aber dadurch frühzeitig zugeteilt, daß er diesen heroischen Kampf zunächst nicht gegen die Gegenwelt seines Hasses, gegen die brutale Welt also, durchkämpfen muß, sondern – dem Fühlenden furchtbarste Herzensnot – gerade gegen seine liebsten und die ihn am meisten liebenden Menschen. Die wahren Widerparte seines heroischen Willens im Kampf um das Leben als Dichtung sind die zärtlich ihn liebende, die zärtlich geliebte Familie, Mutter und Großmutter, seine nächsten Menschen, die er in ihren Gefühlen nicht verwunden mag und doch früher oder später schmerzhaft zu enttäuschen genötigt ist: wie immer hat das Heldenhafte eines Menschen keinen gefährlicheren Widersacher als gerade die zärtlich Wohlmeinenden, die innig Gutmütigen, die alle Spannung gütlich beschwichtigen wollen und das „heilige Feuer" mit sorglichem Atem niederdrücken zur häuslichen Herdflamme. Und dies ist nun herrlich rührend zu sehen, wie – fortiter in re, suaviter in modo – unerschütterlich im Tiefsten und doch sanft in den Formen, dieser Demütige seine geliebten Menschen ein ganzes Jahrzehnt lang mit Ausflüchten hinhält, sie tröstet und sich dankbar entschuldigt, daß er ihren liebsten Wunsch – Pfarrer zu werden – nicht erfüllt. Ein unbeschreibliches Heldentum des Schweigens und des Schonens ist in diesem unsichtbaren Kampf, denn was ihn zutiefst beseelt und stählt, seine dichterische Berufung, hält Hölderlin keusch, ja schüchtern verborgen. Er spricht von seinen Versen immer nur als von „poetischen Versuchen", und das Äußerste, was er der Mutter an Erfolg verheißt, klingt nicht stolzer, als „er hoffe, doch einmal sich ihrer Gesinnung würdig zu zeigen". Niemals pocht er auf seine Versuche, seine Erfolge, im Gegenteil, immer deutet er an, daß er erst am Anbeginn sei. „Ich bin mir tief bewußt, daß die Sache, der ich lebe, edel, und daß sie heilsam für die Menschen ist, sobald sie zu einer rechten Äußerung und Ausbildung gebracht ist." Aber die Mutter und Großmutter fühlen von ferne hinter den demütigen Worten immer nur die Tatsache, daß er ohne Haus und Stellung leer und fremd in der Welt sinnlosen Phantasmen nachtreibt. Die beiden Witwen, sie sitzen tagein und tagaus in ihrer kleinen Stube in Nürtingen, sie haben jahre- und jahrelang die kleinen Silberstücke an Speise und Kleidung und Kienspan gespart, um den geweckten Knaben studieren lassen zu können. Beglückt lesen sie seine ehrerbietigen Briefe von der Schule, freuen sich mit ihm an Fortschritt und Belobung, teilen seinen Stolz auf die ersten gedruckten Verse. Und sie hoffen, da er sein Studium beendigt, werde er bald Vikar sein, eine Frau nehmen, ein sanftes blondes Mädchen, und sie werden kommen und stolz zuhören dürfen, wie er in irgendeinem schwäbischen Städtchen sonntags das Wort Gottes von der Kanzel spricht. Aber Hölderlin weiß, daß er diesen Traum zerstören muß, nur schlägt er ihn nicht hart entzwei in den teuren Händen – sanft, doch eindringlich schiebt er alle Mahnung an diese Möglichkeit zurück. Er weiß, daß er vor ihnen trotz aller Liebe im Verdacht eines Müßiggängers steht, und versucht ihnen seinen Beruf zu erklären, schreibt ihnen, „daß er in einer solchen Muße nicht müßig gehe, auch nicht auf Kosten anderer nur einen gelegenen Zustand bereite". Immer betont er in feierlichster Form gegen ihren Verdacht den Ernst und die Sittlichkeit seines Tuns: „Glauben Sie mir", schreibt er der Mutter respektvoll, „daß ich mein Verhältnis zu Ihnen nicht leichtnehme und daß es mir oft Unruhe genug schafft, wenn ich meinen Lebensplan mit allen Ihren Wünschen zu vereinen suche." Er trachtet sie zu überzeugen, daß er „den Menschen mit meinem jetzigen Geschäfte ebenso diene wie mit dem Predigeramte", und weiß doch im Tiefsten, daß er sie niemals überzeugen kann. „Es ist kein Eigensinn", stöhnt er aus tiefstem Herzen, „was mir meine Natur und meine jetzige Lage bestimmt. Es ist meine Natur und mein Schicksal, und dies sind die einzigen Mächte, denen man den Gehorsam niemals aufkündigen darf." Doch auch die alten einsamen Frauen verlassen ihn nicht: seufzend senden sie dem Unbelehrbaren ihr Erspartes, waschen ihm Hemden und stricken ihm Socken: viele heimliche Tränen und Sorgen sind eingewebt in jedes Gewand. Aber wie Jahr und Jahr vergeht, ihr Kind immer auf Wanderschaft und gelegentlichem Beruf umgetrieben, für ihre Augen sich ins Wesenlose verliert, pochen sie wieder leise – auch in ihnen ist die zarte nachdrängende Art des Kindes – bei ihm mit dem alten Wunsche nochmals an. Sie wollen ihn seiner poetischen Liebhaberei nicht entfremden, deuten sie ganz scheu an, aber er könnte sie doch mit einer Pfarre vereinen: vorahnend bieten sie ihm des tiefverwandten Mörike Resignation und Idyllik, Teilung des Lebens an die Welt und die Dichtung. Aber hier ist an Hölderlins Urmacht gerührt, an den Glauben an die Unteilbarkeit des priesterlichen Dienstes, und wie ein Banner entrollt er die geheimste Überzeugung: „Es hat mancher", schreibt er der Mutter auf ihre Mahnung, „der wohl stärker war als ich, versucht, ein großer Geschäftsmann oder Gelehrter im Amt und dabei Dichter zu sein. Aber immer hat er am Ende eines dem andern aufgeopfert, und das war in keinem Falle gut ... denn wenn er sein Amt aufopferte, so handelte er unehrlich an andern, und wenn er seine Kunst aufopferte, so sündigte er gegen seine von Gott gegebene natürliche Aufgabe, und das ist so gut Sünde und noch mehr, als wenn man gegen seinen Körper sündigt." Doch dieser geheimnisvollgroßartigen Sicherheit der Sendung antwortet niemals der bescheidenste Erfolg; Hölderlin wird fünfundzwanzig, wird dreißig Jahre, und noch immer muß er, kümmerlicher Magister und Freischlucker an fremden Tischen, wie ein Knabe ihnen danken für das gesendete „Wämmesle", die Schnupftücher und die Socken, immer noch den leisen, von Jahr zu Jahr immer schmerzlicheren Vorwurf der Enttäuschten hören. Er hört ihn in Qual und stöhnt verzweifelt auf zur Mutter: „Ich wollte, Sie hätten einmal Ruhe von mir", aber immer muß er wieder an die einzige Tür pochen, die ihm in der feindlichen Welt offensteht, und immer wieder sie beschwören: „Haben Sie doch Geduld mit mir." Schließlich sinkt er nieder an der

Schwelle als zertrümmertes Wrack. Sein Kampf um das Leben in Idealität hat ihm das Leben gekostet.

Dieses Heldentum Hölderlins ist darum so unsagbar herrlich, weil es ohne Stolz ist, ohne Siegesvertrauen: er fühlt nur die Sendung, den unsichtbaren Ruf, er glaubt an die Berufung, nicht an den Erfolg. Niemals fühlt er, der unendlich Verwundbare, sich als der hürnene Siegfried, an dem alle Speere des Schicksals zerschellen müssen, niemals sieht er sich als den Siegreichen, Erfolgreichen. Man verwechsle darum nicht Hölderlins namenlose Gläubigkeit an die Dichtung als den höchsten Sinn des Lebens mit einer eigenen, also persönlichen Gewißheit als Dichter: so fanatisch er der Mission vertraute, so demütig fromm war er im Hinblick auf die eigene Begabung. Nichts ist ihm fremder als das männliche, fast krankhafte Selbstvertrauen etwa Nietzsches, der sich als Lebensspruch das Wort gesetzt: Pauci mihi satis, unus mihi satis, nullus mihi satis – ein flüchtiges Wort kann ihn entmutigen, eine Ablehnung Schillers ihn Monate verstören. Wie ein Knabe, ein Schuljunge beugt er sich vor den ärmlichsten Versdichtern, vor einem Conz, einem Neuffer – aber unter dieser persönlichen Bescheidenheit, dieser äußersten Weichheit des Wesens, steht stahlhart der Wille zur Dichtung, die Dienstwilligkeit zum Opfergang. „O Lieber", schreibt er an einen Freund, „wann wird man unter uns erkennen, daß die höchste Kraft in ihrer Äußerung zugleich die bescheidenste ist und daß das Göttliche, wenn es hervorgeht, nie ohne eine gewisse Demut und Trauer sein kann." Sein Heldentum ist nicht das eines Kriegers, Heldentum der Gewalt, sondern ein Heldentum des Märtyrers, die freudige Bereitschaft, zu leiden für ein Unsichtbares und sich zerstören zu lassen für seinen Glauben, für seine Idee.

„Sei's, wie dir dünket, o Schicksal" – mit diesem Wort beugt sich der Unbeugsame fromm vor seinem selbstgeschaffenen Verhängnis. Und ich weiß keine höhere Form des Heroismus auf Erden als diese einzige, die nicht befleckt ist vom Blute und vom gemeinen Gieren nach Macht: der edelste Mut des Geistes ist immer ein Heldentum ohne Brutalität, nicht der sinnlose Widerstand, sondern die wehrlose Hingabe an die übermächtige und als heilig erkannte Notwendigkeit.

Der Mythus der Dichtung

Menschen haben es nicht gelehrt,
Mich trieb, unendlich liebend, ein heilig Herz
Unendlichem entgegen.

Kein deutscher Dichter hat jemals so sehr an die Dichtung und ihren göttlichen Ursprung geglaubt wie Hölderlin. So sonderbar es klingt, dieser zarte protestantische Pfarreraspirant aus Schwaben hat eine absolute antikische Einstellung zum Unsichtbaren, zu den Mächten, er glaubt viel gläubiger an den „Vater Äther" und das waltende Schicksal als seine Altersbrüder, als Novalis und Brentano an ihren Christus: Poesie ist ihm, was jenen das Evangelium, Aufschließung der letzten Wahrheit, das trunkene Geheimnis, Hostie und Wein, das den Leib, den allzu irdischen, glühend dem Unendlichen weiht und verbindet. Selbst für Goethe ist Dichtung doch bloß ein Teil des Lebens, für Hölderlin unbedingt der Sinn des Lebens, jenem eine bloß persönliche Notwendigkeit, ihm aber überpersönliche, eine religiöse Notwendigkeit. In der Poesie erkennt er fürchtig den Atem des Göttlichen, die einzige Harmonie, in der sich der urewige Zwiespalt des Seins für selige Augenblicke löst und entspannt. Wie der Äther das Zwischenreich zwischen Himmel und Erde, so füllt die Dichtung die Kluft zwischen dem Oben und Unten des Geistes, zwischen den Göttern und den Menschen. Die Dichtung – ich wiederhole es – ist für Hölderlin nicht nur wie jenen eine musikalische Zutat des Lebens, bloß ein Schmuckhaftes am geistigen Leib der Menschheit, sondern das höchste Zweckhafte und Sinnvolle, das alles erhaltende und gestaltende Prinzip: ihr sein Leben zu weihen, darum die einzig wertvolle und würdige Opfertat. Aus dieser Größe der Anschauung allein erklärt sich die Größe von Hölderlins Heldentum.

Unablässig hat Hölderlin diesen Mythus des Dichters in seinem Gedicht gebildet: und er muß nachgebildet werden, um die Leidenschaft seiner Verantwortlichkeit zu verstehen. Für ihn, den Frommgläubigen der „Mächte", ist die Welt ganz im griechischen, im platonischen Sinne zwiegeteilt. Oben „wandeln die Himmlischen selig im Licht", unnahbar und doch anteilnehmend. Unten wieder ruht und werkt die dumpfe Masse der Sterblichen in der sinnlosen Tretmühle täglichen Tuns:

Es wandelt in Nacht, es wohnt, wie im Orkus,
Ohne Göttliches unser Geschlecht. Ans eigene Treiben
Sind sie geschmiedet allein, und sich in der tosenden Werkstatt
Höret jeglicher nur, und viel arbeiten die Wilden
Mit gewaltigem Arm, rastlos, doch immer und immer
Unfruchtbar, wie die Furien, bleibt die Mühe den Armen.

Wie in dem Goetheschen Diwan-Gedicht zerfällt die Welt in Nacht und Licht, ehe die Morgenröte „sich der Qual erbarmt", ehe ein Mittler beider Sphären erscheint. Denn dieser Kosmos bliebe zwiefache Einsamkeit, Einsamkeit der Götter und Einsamkeit der Menschen, erstünde nicht zwischen ihnen flüchtig-seliges Band, spiegelte nicht die höhere die niedere Welt und diese wieder die erhobene. Auch die Götter oben, die „selig wandernden im Licht", sind nicht glücklich, sie fühlen sich nicht, solange sie nicht gefühlt werden:

Immer bedürfen ja, wie Heroen den Kranz, die geweihten
Elemente zum Ruhme das Herz der fühlenden Menschen.

So drängt das Unten zum Oben, das Obere zum Untern, Geist zum Leben und Leben empor in den Geist: alle Dinge der unsterblichen Natur sind ohne Sinn, solange sie nicht von Sterblichen erkannt, solange sie nicht irdisch geliebt werden. Die Rose wird erst wahrhaft zur Rose, wenn sie ein Blick schauend in sich trinkt, die Abendröte erst Herrlichkeit, wenn sie in der Retina eines Menschenauges widerleuchtet. Wie der Mensch das Göttliche, um nicht zu vergehen, ebenso braucht das Göttliche, um wahrhaft zu sein, den Menschen. So schafft er sich Zeugen seiner Macht, den Mund, der ihm lobsinge, den Dichter, der ihn erst wahrhaft zum Gotte macht. Diese Uridee der Hölderlinschen Anschauung mag – wie fast alle seine poetischen Ideen – Entlehnung sein, eine Anleihe bei dem „kolossalischen Geiste" Schillers. Aber wie geweitet ist die kalte Schillersche Erkenntnis:

Freundlos war der große Weltenmeister,
Fühlte Mangel – darum schuf er Geister,
Sel'ge Spiegel seiner Seligkeit

zu Hölderlins orphischer Vision von des Dichters Erweckung:

Und unaussprechlich wär und einsam
In seinem Dunkel umsonst, der doch
Der Zeichen genug und Wetterflammen
Und Fluten in seiner Macht,
Wie Gedanken hat, der heilige Vater,
Und nirgend fand er wahr sich unter den Lebenden wieder,
Wenn zum Gesange ein Herz nicht hätt' die Gemeinde.

Nicht also aus einer Trauer, einer müßigen Langeweile wie bei jenem erschafft sich das Göttliche den Dichter – immer waltet bei Schiller noch die Idee der Kunst als irgendeines erhabenen „Spiels" –, sondern aus einer Notwendigkeit: es *ist* nicht ohne den Dichter, das Göttliche, es *wird* erst durch ihn. Dichtung – hier tastet man an den Urkern des Hölderlinschen Ideenkreises – ist eine Weltnotwendigkeit, sie ist nicht bloß eine Kreation innerhalb des Kosmos, sondern die Erschaffung des Kosmos selbst. Die Götter senden nicht aus Spieltrieb den Dichter, sondern aus Notwendigkeit: sie brauchen ihn, den „Gesandten des strömenden Worts":

Es haben aber an eigner
Unsterblichkeit die Götter genug, und bedürfen
Die Himmlischen eines Dings,
So sind's Heroen und Menschen
Und Sterbliche sonst. Denn weil
Die Seligsten nichts fühlen von selbst,
Muß wohl, wenn solches zu sagen
Erlaubt ist, in der Götter Namen
Teilnehmend fühlen ein andrer,
Den brauchen sie.

Sie brauchen ihn, die Götter, und ebenso brauchen die Menschen die Dichter, die

heiligen Gefäße,
Worin der Wein des Lebens, der Geist
Der Helden sich aufbewahrt.

In ihnen fließt beides zusammen, das Obere und das Untere, sie lösen den Zwieklang in die notwendige Harmonie, ins Gemeinsame, denn

Des gemeinsamen Geistes Gedanken sind
Still endend in der Seele des Dichters.

So tritt, erlesen und verflucht, zwischen Einsamkeit und Einsamkeit diese irdisch gezeugte, göttlich durchdrungene Gestalt des Dichters, berufen, das Göttliche göttlich zu schauen und es den Irdischen im irdischen Bildnis fühlsam zu machen. Von den Menschen kommt er, von den Göttern ist er gefordert: sein Dasein ist eine Mission, er ist die klingende Stufe, auf der „treppenweise das Himmlische niedersteigt". Im Dichter erlebt die dumpfe Menschheit symbolisch das Göttliche: wie im Mysterium des Kelches und der Hostie genießen sie in seinem Wort Leib und Blut der Unendlichkeit. Darum das unsichtbare Priesterband um seine Stirne und das unverbrüchliche Gelöbnis der Reinheit. Dieser Mythus des Dichters ist der geistige Mittelpunkt von Hölderlins Welt: durch sein ganzes Werk hindurch hat er niemals diese Unerschütterlichkeit des Glaubens an die kultische Mission der Dichtung verloren, daher auch das absolut Sakrale, das Feierhafte seiner ethischen Haltung. Wer „Stimme der Götter" ist, „Verkünder des Helden" oder (wie er ein andermal sagt) „Zunge des Volkes" sein will, braucht die Erhobenheit der Rede, die Erhöhtheit der Haltung, die Reinheit des Gottverkünders, der spricht von unsichtbaren Tempelstufen zu einer unsichtbaren Vielzahl, zu einem Traumvolk, zueiner Traumnation, die erst aus der irdischen entstehen soll, denn „was bleibt, stiften die Dichter". Seit die Götter schweigen, sprechen sie in ihrem Namen und Geist, Bildner des Ewigen im irdischen Tagwerk. – Darum rauschen auch seine Verse feierlich gehoben wie priesterliches Kleid und sind schmucklos weißgewandet. Darum spricht er selbst im Gedicht gleichsam höhere Sprache. Und diese hohe Bewußtheit der Sendung oder vielmehr des Gesendetseins hat Hölderlin an den Erfahrungen der Jahre nicht verlernt: nur eins ist in seinem Mythus ihm allmählich dunkler, verhängter und tragischer bewußt geworden, daß er die Sendung nicht wie im Frühglanz der Jugend mehr als ein bloß seliges Erwähltsein empfindet, sondern als heroisches Schicksal. Was dem Jüngling ursprünglich bloß als sanfte Begnadung erschien, erkennt der Gereifte als das schaurigschöne Hangen über dem Abgrund.

Denn sie, die uns das himmlische Feuer leihn,
Die Götter, schenken heiliges Leid uns auch.

Er erkennt: Berufensein zum Priesteramt heißt Verstoßensein vom Glück. Der Erwählte ist gezeichnet wie ein Baum im unendlichen Walde mit dem roten Zeichen für das Beil: echte Dichtung fordert ein Schicksal heraus. Nur wer das Tragisch-Heldische, das er verkündet, selbst zu erleben bereit ist, wer aus dem sichern bürgerlichen Haus hinaustritt unter das Gewitter, in dem die Götter sprechen, nur der wird zum Helden. Schon Hyperion sagt es: „Huldige dem Genius einmal, und er reißt dir alle Bande des Lebens entzwei" – aber Empedokles erst, erst der verdüsterte Hölderlin, wird des ungeheuren Fluches bewußt, den die Götter über jenen verhängen, der sie „göttlich im Göttlichen schaut":

jedoch ihr Gericht
Ist, daß sein eigenes Haus
Zerbreche der und das Liebste
Wie den Feind schellt' und sich Vater und Kind
Begrabe unter den Trümmern,
Wenn einer, wie sie, sein will und nicht
Ungleiches dulden, der Schwärmer.

Der Dichter gerät, weil er an die Urmächte, die übergewaltigen, greift, in ständige Gefahr: er ist gleichsam der Blitzableiter, wo eine einzelne aufstrebende dünne Spitze in sich den zuckenden Ausbruch der Unendlichkeit auffängt, denn er, der Mittler, muß ja „ins Lied gehüllt" den Irdischen „das himmlische Feuer reichen". In herrlicher Herausforderung tritt er, der immer Einsame, den gefährlichen Mächten entgegen, und seine atmosphärische Überfülltheit mit ihrer gedrängten Feurigkeit ist fast eine tödlich gewaltsame. Denn weder darf er die geweckte Flamme, die brennende Weissagung, in sich schweigend verschließen,

Verzehren würd' er
Und wäre gegen sich selbst,
Denn nimmer duldet
Die Gefangenschaft das himmlische Feuer –

noch darf er ganz das Unsagbare sagen: Verschweigung des Göttlichen wäre Frevel des Dichters ebenso wie die vollkommene Aussage, der restlose Verrat im Wort. Er muß das Göttliche, das Heldische ewig unter den Menschen suchen und dabei ihre Niedrigkeit erleiden, ohne darum an der Menschheit zu verzweifeln, er muß die Götter rühmen und als Herrliche verkünden, die ihn, den Verkünder, einsam lassen in seinem Elend der Erde. Aber Rede und Schweigen, beides wird ihm zur heiligen Not: die Geweihten sind gezeichnet. Hölderlin hat also volle Bewußtheit seines tragischen Geschicks: wie bei Kleist und Nietzsche überhöht das tragische Untergangsgefühl schon früh sein Leben und wirft den Schatten deutsam um ein Jahrzehnt voraus. Aber dieser zarte, schmächtige Pastorenenkel Hölderlin hat wie jener Pastorensohn, wie Nietzsche, den antiken Mut, ja die promethidenhafte Lust, sich mit dem Unendlichen zu messen. Niemals versuchte er das Dämonisch-Überflutende seines Wesens, wie Goethe, zu dämmen, zu exorzisieren oder zu zügeln: während Goethe ewig auf der Flucht vor seinem Schicksal ist, um den ungeheuren Schatz des Lebens zu retten, den er sich anvertraut fühlt, tritt eherner Seele und doch ungerüstet Hölderlin mit keiner anderen Waffe als seiner Reinheit dem Gewitter entgegen. Furchtlos und fromm zugleich (dieser herrliche Zwieklang seines Wesens durchklingt sein ganzes Schicksal wie jedes Gedicht) erhebt er die Stimme zum Hymnus, um all die Brüder und Märtyrer der Dichtungen an den heiligen Glauben zu mahnen, an das Heldentum der höchsten Verantwortung, an das Heldentum ihrer Mission:

Wir sollen unsern Adel nicht verleugnen,
Den Trieb in uns, das Ungebildete
Zu bilden nach dem Göttlichen in uns.

Der Preis, der ungeheure, will nicht heimlich durch Kleinheit der Gesinnung, durch Sparsamkeit mit dem täglichen Glück hinterzogen sein. Dichtung ist Herausforderung an das Schicksal. Frommheit und Kühnheit zugleich: wer mit den Himmeln Zwiesprache hält, darf ihre Blitze nicht scheuen und das unausweichliche Fatum:

Doch uns gebührt es, unter Gottes Gewittern,
Ihr Dichter! mit entblößtem Haupte zu stehen,
Des Vaters Strahl, ihn selbst, mit eigner Hand
Zu fassen und dem Volk, ins Lied
Gehüllt, die himmlische Gabe zu reichen.
Denn sind nur reinen Herzens,
Wie Kinder, wir, sind schuldlos unsere Hände,
Des Vaters Strahl, der reine, versenget es nicht.
Und tieferschüttert, eines Gottes Leiden
Mitleidend, bleibt das ewige Herz doch fest.

Phaeton oder die Begeisterung

O Begeisterung, so finden
Wir in Dir ein selig Grab,
Tief in deine Wogen schwinden
Still frohlockend, wir hinab,
Bis der Höre Ruf wir hören
Und, mit neuem Stolz erwacht,
Wie die Sterne, wiederkehren
In des Lebens kurze Nacht.

Für eine so heroische Mission, wie sie dem Dichter im Hölderlinschen Mythos zugedacht ist, bringt der jugendliche Schwärmer eigentlich – warum es künstlich verleugnen? – nur geringe poetische Begabung mit. Nichts in der geistigen Haltung noch im dichterischen Duktus des Vierundzwanzigjährigen kündigt Eigenpersönlichkeit deutsam an: die Formen seiner ersten Gedichte, ja selbst einzelne Bilder, Symbole und selbst Worte sind in beinahe unerlaubter Ähnlichkeit den Meistern seiner Tübinger Schulzeit entlehnt, den Oden Klopstocks, den tönend hinrauschenden Hymnen Schillers, der deutschen Prosodik Ossians. Seine dichterischen Motive sind arm, nur die jugendliche Feurigkeit, mit der er sie in immer gesteigerten Variationen wiederholt, täuscht über die Enge seines geistigen Horizontes hinweg. Seine Phantasie wiederum schwelgt in einer vagen und doch gestaltlosen Welt: die Götter, der Parnaß, die Heimat bilden dort den ewigen Traumkreis, selbst die Worte, die Epitheta „himmlisch, göttlich" kehren in bedenklicher Monotonie wieder. Noch unentwickelter ist seine Gedanklichkeit, durchaus von Schiller und den deutschen Philosophen dependierend: erst später dunkelt aus der Tiefe der Umnachtung geheimnisvolle Spruchrede, wie eines Sehers Aussage nicht eigenen Geistes, sondern gleichsam des Weltgeistes orphische Rede. Wichtigste Elemente der Gestaltung fehlen selbst in spurhafter Andeutung: sinnlicher Blick, Humor, Menschenkenntnis, kurz alles, was vom irdischen Bezirke stammt, und da Hölderlin aus beharrlichem Instinkt jede Vermengung mit dem Leben abweist, steigert sich diese eingeborene Lebensblindheit zu einem absoluten Traumzustand, zu einer idealen Ideologie der Welt. Salz und Brot, Vielfalt und Farbe fehlen vollkommen der Substanz seines Gedichtes, das unverweigerlich ätherisch, durchsichtig, gewichtlos bleibt und dem auch die dunkelsten Jahre nur das geheimnisvoll stofflose Wesen von Wolken, etwas Wehendes, Deutsames und Ahnungsvolles geben. Auch seine Produktivität ist durchaus gering, häufig gehemmt von einer Ermattung des Gefühls, einer dumpfen Melancholie, einer Verstörung der Nerven. Neben der ursprünglichen saftvollen Fülle Goethes, in dessen Verse alle Kräfte und Säfte des Lebens keimhaft trächtig eingemischt sind, neben diesem fruchtbaren Gefilde, das von starker Hand tätig durchackert, wie ein offenes Feld Sonne und Regen, alle Elemente des Himmels in sich einsaugt, erscheint Hölderlins dichterischer Besitz durchaus arm: vielleicht ist niemals in der deutschen Geistesgeschichte aus so wenigen dichterischen Urelementen ein so großer Dichter geworden. Sein „Material" – wie man vom Sänger sagt – war unzulänglich. Sein Vortrag alles. Er war schwächer als jeder andere: ihm aber wuchs in der Seele Gewalt in die obere Welt. Seine Begabung hatte geringes spezifisches Gewicht, aber einen unendlichen Auftrieb: Hölderlins Genie ist im letzten nicht so sehr Genie der Kunst als vielmehr ein Wunder der Reinheit. Sein Genius war die Begeisterung, die unsichtbare Schwinge.

Darum ist Hölderlins ursprüngliche Begabung nicht philologisch meßbar weder im Sinne der Breite, noch in jenem der Fülle: Hölderlin ist vor allem ein Intensitätsproblem. Seine dichterische Figur erscheint (im Vergleich zu den andern mächtig und muskulös gebauten) durchaus schmächtig, er steht neben Goethe, neben Schiller, den Wissenden und Vielfältigen, den Stromhaften und Starken, so einfältig schlicht und scheinbar schwach, wie Franciscus von Assisi, der sanfte, unwissende Heilige neben den riesigen Pfeilern der Kirche, neben Thomas von Aquino, Sankt Bernhard, Loyola, neben diesen großen Baumeistern des mittelalterlichen Doms. Wie jener hat er nichts als die engelhaft klare Zärtlichkeit, als das ekstatische Brudergefühl zum Element, aber auch die eminent franciscanische, die kampflose Kraft der Begeisterung. Wie jener wird er Künstler ohne Kunst, nur durch den evangelischen Glauben an die höhere Welt, nur durch eine gleich heldenhafte Geste der Preisgabe wie jene des jungen Franciscus auf dem Marktplatz zu Assisi.

Nicht also eine partielle Kraft, eine einzelne poetische Begabung prädestiniert Hölderlin zum Dichter, sondern die Fähigkeit seiner Zusammenfassung der ganzen Seele in einen gesteigerten Zustand, jene einzige Gewalt der Erdflucht, des Sichverlierens ins Unendliche. Hölderlin dichtet nicht aus dem Blut, aus dem Samen, aus den Nerven, aus dem Sinnlichen, aus dem persönlichen, privaten Erlebnis, sondern aus einer eingeborenen spasmischen Begeisterung, einer urtümlichen Sehnsucht nach einem unerreichbaren Oben. Für ihn gibt es keinen einzelnen Anlaß des Poetischen, weil er das ganze Universum dichterisch sieht. Die ganze Welt erscheint ihm als ein ungeheures Heldengedicht, und was er von ihr schildernd ergreift, Landschaft, Strom, Mensch und Gefühl, wird sogleich unbewußt heroisiert. Der Äther ist ihm so sehr „Vater“, wie Franciscus die Sonne der „Bruder“; Quelle und Stein öffnen sich ihm wie den Griechen als atmende Lippe und gefangene Melodie. Auch das Nüchternste, das er klingenden Wortes berührt, nimmt geheimnisvoll jener platonischen Welt Wesenheit an, wird sofort transparent, zittert melodisch in einer Leuchtkraft der Sprache, die mit der sachlichen des Tages nur die Vokabeln gemein hat: ein neuer Glanz ist auf seinem Wort wie Morgentau auf einer Wiese, eine Unberührtheit von allem Menschenblick. Niemals in der deutschen Literatur war das Gedicht vor ihm oder nach ihm so durchaus flughaft, so aufgehoben über die Erde. Darum erscheinen alle Wesen darin so, wie man sie im Traume sieht, geheimnisvoll losgelöst von ihrer Schwerkraft, gleichsam als die Seelen ihres Seins: niemals hat Hölderlin (das ist seine

Größe und seine Beschränkung) die Welt sehen gelernt. Er hat sie immer nur gedichtet.

Diese großartige Fähigkeit zum innern Aufschwung ist Hölderlins eigenste und einzige Kraft; er gerät niemals hinein in das Untere, Gemengte, ins taghaft Irdische des Lebens, sondern stößt sich flughaft in eine höhere Welt (die ihm Heimat ist) empor. Er hat nicht die Wirklichkeit, aber er hat eine eigene Sphäre, sein klingendes Jenseits. Immer zielt er nach oben:

O Melodien über mir, ihr unendlichen,
Zu euch, zu euch,

immer stößt er sich wie ein Pfeil vom gespannten Bogen in das Himmlische, ins Unsichtbare empor. Daß eine solche Natur nun ständig gespannt, ja in einem gefährlichen Zustand idealischer Überspanntheit sein mußte, bezeugen schon früheste Berichte. Schiller bemerkt sofort, mehr tadelnd als bewundernd, diese Heftigkeit der Ausbrüche und bedauert den Mangel an Stetigkeit, an Gründlichkeit. Aber für Hölderlin sind jene „namenlosen Begeisterungen, wo das irdische Leben tot und die Zeit nicht mehr ist und der entfesselte Geist zum Gotte wird“, diese spasmischen Zustände der Selbstentrückung, Urelement. „Ewig Ebb und Flut“, kann er nur mit der ganzen zusammengefaßten Seelenkraft Dichter sein. Ohne Inspiration, in den sachlichen Stunden seines Lebens ist Hölderlin der ärmste, der gebundenste, der düsterste, in der Begeisterung der seligste, der freieste aller Menschen. Diese Begeisterung Hölderlins ist nun eigentlich substanzlos: ihr Inhalt ist gleichsam der Zustand selbst. Er gerät nur in Begeisterung, wenn er die Begeisterung singt. Sie ist für ihn Subjekt und Objekt zugleich, formlos, weil höchste Fülle, konturlos, weil aus dem Ewigen stammend und ins Ewige zurückfließend: selbst bei Shelley, dem ihm verwandtesten lyrischen Geist, erscheint die Begeisterung noch eher irdisch gebunden. Ihm identifiziert sie sich noch mit sozialen Idealen, mit dem Glauben an Menschenfreiheit, an eine Entwicklung der Welt. Hölderlins Begeisterung aber geht wie Rauch in den Himmel ganz ins Ephemere, sie schildert sich, indem sie sich genießt, und sie genießt sich durch Schilderung. Darum stellt Hölderlin unaufhörlich diesen einen eigenen Zustand dar, sein Gedicht ist ein unablässiger Hymnus auf die Produktivität, eine erschütternde Klage über die Sterilität, denn – „die Götter sterben, wenn die Begeisterung stirbt“. Dichtung bleibt für ihn unlösbar an Begeisterung gebunden, so wie sich Begeisterung nicht anders erlösen kann als im Gesang: darum ist sie die Erlösung des einzelnen wie der ganzen Menschheit. „O Regen vom Himmel, o Begeisterung! Du wirst den Frühling der Völker uns wiederbringen“, schwärmt schon sein

Hyperion, und sein Empedokles enthüllt nichts anderes als den unerhörten Kontrast zwischen göttlichem (also produktivem) und irdischem (also wertlosem) Gefühl. Seine ganz eigene Art der Inspiration ist deutlich abzulesen aus jenem tragischen Gedicht. Der Urzustand aller Produktivität ist das dämmernde, glücklose, leidlose Gefühl der inneren Schau, des sinnenden Traumes:

Der Unbedürftge wandelt
In seiner eignen Welt; in leiser Götterruhe geht
Er unter seinen Blumen, und es scheun
Die Lüfte sich, den Glücklichen zu stören.

Er fühlt nicht die Umwelt: nur aus ihm quillt die geheime Kraft des Auftriebs:

Ihm schweigt die Welt, und aus sich selber wächst
In steigendem Vergnügen die Begeistrung
Ihm auf, bis aus der Nacht des schöpferischen
Entzückens, wie ein Funke, der Gedanke springt.

Nicht also aus Erlebnis, aus einer Idee, aus einem Willen entzündet sich in Hölderlin der dichterische Trieb – „aus sich selber wächst" die Begeisterung. Sie entzündet sich nicht an der Reibfläche eines bestimmten Objektes: „unverhofft" „göttlich" flammt sie auf, die unbegreifliche Sekunde, da

unvergeßlich
Der unverhoffte Genius über uns,
Der schöpferische, göttlich kam, daß stumm
Der Sinn uns ward und wie vom
Strahl gerührt das Gebein erbebte.

Inspiration ist Zündung von oben, Entflammung durch den Blitz. Und nun schildert Hölderlin den eigenen herrlichen Zustand des Aufloderns, die Wegzehrung alles irdischen Erinnerns in den ekstatischen Flammen:

Hier fühlt er wie ein Gott
In seinen Elementen sich, und seine Lust
Ist himmlischer Gesang.

Die Zerstücktheit des Individuums ist aufgehoben, der „Himmel des Menschen" erreicht die Einheit des Gefühls („Eines zu sein mit Allem, das ist das Leben der

Gottheit, das ist der Himmel des Menschen", sagt sein Hyperion). Phaethon, die symbolische Gestalt seines Lebens, hat mit dem feurigen Wagen die Sterne erreicht, schon umrauscht ihn die sphärische Musik: in diesen produktiv ekstatischen Sekunden erreicht Hölderlin den Höhepunkt seiner Existenz.

Aber in dieses Seligkeitsempfinden mengt sich vorbedeutend schon das Ahnen des Sturzes, das ewige Untergangsgefühl. Er weiß, daß solcher Aufenthalt im Feurigen, dieser Blick in Gottes Geheimnis, dies Tafeln an der Unsterblichen Tisch, Sterblichen nur flüchtig gestattet ist. Schicksalswissend spricht er sein Schicksal aus:

Nur zu Zeiten erträgt göttliche Fülle der Mensch.
Traum von ihnen ist drauf das Leben.

Notwendigerweise muß – Phaethons Ende! – der rauschenden Fahrt im Sonnenwagen der Sturz in die Tiefe folgen.

Denn es scheint,
Als liebten unser ungeduldiges
Gebet die Götter nicht.

Und nun zeigt der Genius, der helle und selige, Hölderlin sein anderes Gesicht, die finstere Dunkelheit des Dämons. Hölderlin stürzt aus der Dichtung in das Leben immer zerschmettert zurück, er stürzt wie Phaethon nicht auf die Erde, in seine Heimat bloß, sondern tiefer noch hinab in ein unendliches Meer von Schwermut. Goethe, Schiller, sie alle kommen aus der Dichtung wie von einer Reise, aus einem andern Lande, ermüdet manchmal, aber doch gesammelten Sinns und heiler Seele: Hölderlin schmettert aus dem dichterischen Zustand wie aus einem Himmel hinab und bleibt verwundet, zerschlagen, ein geheimnisvoll Ausgestoßener in der Sachwelt zurück. Sein Erwachen aus dem Enthusiasmus ist immer eine Art Seelentod, der Zurückgestürzte empfindet das reale Leben sofort wieder als dumpf und gemein, „die Götter sterben, wenn die Begeisterung stirbt. Pan ist tot, wenn Psyche stirbt". Das wache Leben ist nicht lebenswert, außerhalb der Ekstase alles schal und seelenlos.

Hier also – kontrapunktisch der beispiellosen Exaltationskraft des Hölderlinschen Organismus gegenübergestellt – wurzelt jene ganz eigentümliche Melancholie Hölderlins, die nicht eigentlich Schwermut war oder eine pathologische Düsternis des Geistes. Auch sie strömt und nährt sich wie die Ekstase einzig aus sich selbst; auch sie hat wenig Zustrom vom Erlebnis (man überschätze die Diotima-Episode nicht!). Seine Schwermut ist nichts anderes als sein Reaktionszustand auf die Ekstase und notwendigerweise unproduktiv, fühlt er sich dort, aufschwingend, Unendlichem verwandt, so wird ihm im unproduktiven Zustand seine ungeheure Fremdheit zum Leben bewußt. Und so möchte ich seine Schwermut nennen: ein namenloses Fremdheitsgefühl, die Trauer eines verlorenen Engels um seine Himmel, ein kindlich klagendes Heimweh nach der unsichtbaren Heimat. Niemals versucht Hölderlin diese Schwermütigkeit über sich hinaus wie Leopardi, wie Schopenhauer, wie Byron zu einem Weltpessimismus zu dehnen („Der Menschenfeindschaft bin ich feind"), nie wagt seine Frommheit irgendeinen Teil des heiligen Alls als sinnlos zu verneinen: nur sich fühlt er fremd im realen, im praktischen Leben. Er hat keine andere wahre Sprache zu den Menschen als den Gesang: im einfachen Wort, in der Konversation kann er nichts von seinem Wesen verständlich machen; nur von oben herab wie Engelflug kann der Geist ihn überkommen. Ohne die Ekstase aber irrt er, ein „Blindgeschlagener", durch die entgötterte Welt. „Pan ist für ihn tot, wenn Psyche stirbt", das Leben ein grauer Haufen Schlacke ohne die Feuerflamme des „blühenden Geistes". Seine Trauer aber ist machtlos wider die Welt, seine Schwermut ohne Musik: Dichter des Morgenrots, bleibt er stumm in der Dämmerung.

Der ihn am nächsten kannte und ihn oft in den Tagen des verdunkelten Geistes gesehen, Waiblinger, hat ihn Phaethon genannt in einem Roman. Phaethon – so bildeten die Griechen den schönen Jüngling, der auf dem feurigen Wagen des Gesangs zu den Göttern sich schwingt. Sie lassen ihn nah heran, ein Streif von Licht klingt sein tönender Flug durch die Himmel – dann stürzen sie ihn mitleidlos ins Dunkle hinab. Die Götter strafen, die sich erkühnen, ihnen zu sehr zu nahen: sie zerschmettern ihren Leib, blenden ihren Blick und werfen die Kühnen in den Abgrund des Schicksals. Aber sie lieben die Verwegenen zugleich, die ihnen entgegenbrennen, und setzen ihren Namen dann, heiliger Ehrfurcht zum Beispiel, als reine Bildgestalt unter ihre ewigen Sterne.

Ausfahrt in die Welt

Oft schläft, wie edles Samenkorn
Das Herz der Sterblichen in toter Schale,
Bis ihre Zeit gekommen ist.

Wie in ein feindliches Land tritt Hölderlin aus der Schule in das Leben. Noch im rollenden Postwagen schreibt er – symbolisch genug! – jenen Hymnus „Das Schicksal", an die „Mutter der Heroen, die eherne Notwendigkeit". In der Stunde der Ausfahrt ist der magisch Ahnungsvolle schon gerüstet für den Untergang.

In Wahrheit ist alles für ihn auf das beste bereitet. Kein Geringerer als Schiller hat ihn, da der Vikariatskandidat den mütterlichen Wunsch, Pfarrer zu werden, unbedingt verweigert, als Hauslehrer bei Charlotte von Kalb vorgeschlagen; kaum irgendwo in den dreißig Provinzen des damaligen Deutschland kann der vierundzwanzigjährige Schwärmer ein Haus erhoffen, wo dichterischer Enthusiasmus so geehrt, nervöse Empfindlichkeit und Schüchternheit des Herzens so sehr verstanden werden könnte als bei Charlotte, die selbst eine „unverstandene Frau" war und als frühere Geliebte Jean Pauls für eine sentimentalische Natur volles Verständnis haben mußte. Der Major kommt ihm freundlich entgegen, der Knabe mit inniger Anhänglichkeit, die Morgenstunden werden ihm vollkommen für seine dichterische Produktion freigegeben, Spaziergänge und gemeinsame Ausritte lassen ihn die geliebte und lang entbehrte Natur wieder nahe empfinden, und bei Ausflügen nach Weimar und Jena führt ihn die vorsorgliche Frau in edelsten Kreis: er darf Schiller und Goethe kennenlernen. Ein vorurteilsloses Gefühl kann nicht zögern, einzugestehen, daß Hölderlin nicht besser geborgen sein konnte. Seine ersten Briefe schwellen auch über von Enthusiasmus, ja selbst von einer ungewohnten Heiterkeit: scherzend schreibt er der Mutter, „seit er keine Sorgen und Grillen mehr habe, beginne er dick zu werden", rühmt die „zuvorkommende Gefälligkeit" seiner Freunde, die des kaum begonnenen Hyperion erste Bruchstücke in Schillers Hand und damit der Öffentlichkeit übergeben. Einen Augenblick lang hat es den Anschein, als sei Hölderlin beheimatet in der Welt.

Aber bald hebt sich die dämonische Unruhe in ihm empor, jener „furchtbare Geist der Unrast", der ihn „wie Wasserflut auf Bergesgipfel" treibt. Aus den Briefen beginnt eine leichte Verdüsterung zu sprechen, Klagen über die „Abhängigkeit", und plötzlich bricht die Ursache hervor: er will fort. Hölderlin kann nicht in einem Amt, in einem Beruf, in einem Kreise leben: jede andere als eine poetische Existenz ist ihm unmöglich. Noch mag es ihm in dieser ersten Krise nicht bewußt sein, daß nur eine innere Dämonie ihm eifersüchtig jede weltliche Beziehung unhaltbar macht, noch benennt er, was die immanente Entzündlichkeit seines Triebwillens ist, mit äußeren Ursachen: diesmal ist es die Verstocktheit des Knaben, sein heimliches Laster, das er nicht bändigen kann. Man fühle daran Hölderlins ganze Unfähigkeit zum Leben: ein neunjähriger Knabe ist stärker im Willen als er. So läßt er die Stellung. Charlotte von Kalb, die im vollsten Verstehen ihn scheiden sieht, schreibt der Mutter (um sie zu trösten) die tiefere Wahrheit. „Sein

Geist kann sich zu dieser kleinlichen Mühe nicht herablassen ... oder vielmehr sein Gemüt wird zu sehr davon affiziert." Von innen heraus zerstört Hölderlin also alle ihm gebotenen Lebensformen: nichts ist darum psychologisch falscher als die umgängige sentimentale Auffassung der Biographen, Hölderlin sei überall erniedrigt und beleidigt worden. In Wahrheit versuchte man ihn immer und überall zu schonen. Aber seine Haut war zu dünn, seine Empfindsamkeit überreizt: „sein Gemüt wurde zu sehr affiziert". Was Stendhal einmal von seinem Spiegelbild Henri Brulard sagt: „Ce qui ne fait qu'effleurer les autres me blesse jusqu'au sang", gilt für ihn und alle Empfindsamen. Wirklichkeit empfand er schon an und für sich als Feindseligkeit, die Welt als Brutalität, Abhängigkeit als Knechtschaft. Nur dichterischer Zustand kann ihn glücklich machen, außerhalb dieser Sphäre vermag Hölderlins Atem nicht ruhig zu gehen, er schlägt um sich und würgt an der irdischen Luft wie ein Erstickender. „Warum bin ich denn friedlich und gut wie ein Kind, wenn ich ungestört mit süßer Muße das unschuldigste aller Geschäfte treibe?" staunt er selbst, von dem ewigen Konflikt erschreckt, mit dem ihn jede Begegnung befällt. Noch weiß er es nicht, daß seine Lebensuntüchtigkeit eine unheilbare ist, noch glaubt er, daß „Freiheit", daß „Dichtung" ihn der Welt verbinden könne. So wagt er sich in eine ungebundene Existenz: hoffnungsvoll durch begonnenes Werk versucht es Hölderlin mit der Freiheit. Freudig bezahlt er mit bitterer Entbehrung das Leben im Geiste. Im Winter verbringt er ganze Tage im Bett, um Holz zu sparen, nie gönnt er sich mehr als eine Mahlzeit des Tags, verzichtet auf Wein und Bier, auf die bescheidenste Vergnügung. Von Jena sieht er kaum mehr als Fichtes Kolleg, manchmal gönnt ihm Schiller eine Stunde bei sich, sonst wohnt er einsam in ärmlicher Bettstelle (kaum eine Kammer zu nennen). Seine Seele aber wandert mit Hyperion nach Griechenland, und er könnte sich selig nennen, wäre nicht von innen her ihm immer wieder Unrast und ewiger Aufbruch bestimmt.

Gefährliche Begegnung

Ach, wär ich nie in eure Schulen gegangen.

Hyperion

Das erste in Hölderlins Entschluß zur Freiheit ist der Gedanke an das Heroische des Lebens, der Wille, das „Große" zu suchen. Doch ehe er sich vermißt, es in der eigenen Brust zu entdecken, will er „die Großen" sehen, die Dichter, die heilige

Sphäre. Nicht Zufall treibt ihn gerade nach Weimar: dort sind Goethe und Schiller und Fichte und ihnen zur Seite wie die leuchtenden Trabanten um die Sonne Wieland, Herder, Jean Paul, die Schlegels, Deutschlands ganzer geistiger Sternenhimmel. Solche gesteigerte Atmosphäre zu atmen, sehnt sich sein allem Unpoetischen geradezu gehässiger Sinn: hier hofft er antikische Luft nektarisch einzusaugen und in dieser Agora des Geistes, in diesem Kolosseum dichterischen Ringens die eigene Kraft zu erproben.

Solchem Ringen aber will er sich erst bereiten, denn der junge Hölderlin fühlt sich geistig, fühlt sich gedanklich und im Sinne der Bildung nicht vollwertig neben Goethes umspannendem Weltblick, neben Schillers „kolossalischem", in gewaltigen Abstraktionen wirkendem Geiste. So meint er – der ewig waltende deutsche Irrtum! – sich systematisch „bilden", Philosophie in Kollegien „belegen" zu müssen. Genau wie Kleist vergewaltigt auch er seine durchaus spontane, exaltive Natur durch den zwanghaften Versuch, seine Himmel sich metaphysisch zu erläutern, seine dichterischen Pläne mit Doktrinen zu unterlegen. Ich fürchte, es ist noch niemals mit dem notwendigen Freimut ausgesprochen worden, wie verhängnisvoll damals nicht nur für Hölderlin, sondern für die ganze deutsche dichterische Produktivität die Begegnung mit Kant, die Beschäftigung mit der Metaphysik geworden ist. Und mag auch die traditionelle Literaturlehre es auch ferner noch als herrlichen Höhepunkt feiern, daß die deutschen Dichter damals Kants Ideen eilig in ihre dichterischen Bezirke aufnahmen – ein freier Blick muß endlich wagen, die verhängnisvollen Schäden dieser dogmatisch-grüblerischen Invasion festzustellen. Kant hat – ich spreche hier eine streng persönliche Überzeugung aus – die reine Produktivität der klassischen Epoche, die er mit der konstruktiven Meisterschaft seiner Gedanken überwältigte, unendlich gehemmt, der Sinnlichkeit, der Weltfreudigkeit, dem Freilauf der Phantasie bei allen Künstlern durch die Ablenkung auf einen ästhetischen Kritizismus unendlichen Abbruch getan. Er hat jeden Dichter, der sich ihm hingab, im rein Dichterischen dauerhaft gehemmt und wie könnte auch ein Nur-Gehirn, ein Nur-Geist, ein solcher gigantischer Eisblock jemals wirkliche Fauna und Flora der Phantasie befruchten, wie könnte dieser steife, lebensloseste Mensch, der sich zum Automaten des Denkens entpersönlicht hatte, von diesem Manne, der nie eine Frau berührte, nie den Umkreis seiner Provinzstadt überschritt, der jedes Zähnchen seines Tageräderwerkes um die gleiche Stunde durch fünfzig, nein durch siebzig Jahre automatisch kreisen ließ – wie könnte, so frage ich, eine solche Nichtnatur, ein dermaßen unspontaner, selbst zu einem starren System gewordener Geist (dessen Genialität eben in dieser fanatischen Konstruktivität beruht) jemals den Dichter fördern, den sinnlichen, vom heiligen Zufall des Einfalls beschwingten, von der Leidenschaft ständig ins Unbewußte getriebenen Menschen? Kants Einfluß zieht die Klassiker von ihrer ursprünglichsten Leidenschaft ab und unmerklich in einen neuen Humanismus hinein, in eine Gelehrtenpoesie. Oder ist es im letzten nicht unendlichster Blutverlust für die deutsche Dichtung gewesen, wenn Schiller, der Former der bildhaftesten deutschen Gestalten, sich ernst im Gedankenspiel abmüht, die Dichtung in Kategorien zu spalten, in naive und sentimentalische, und wenn Goethe mit den Schlegels über klassisch und romantisch dissertiert? Ohne es zu wissen, ernüchtern sich die Dichter an der Überhelle des Philosophen, an dem kalten rationalistischen Licht, das von diesem systematischen, kristallinisch gesetzhaften Geiste ausgeht, gerade wie Hölderlin nach Weimar kommt, hat Schiller schon die Rauschkraft seiner frühen, seiner dämonischen Inspiration verloren und Goethe (dessen gesunde Natur mit einem urtümlichen Feindschaftsinstinkt gegen alles systematisch Metaphysische tätig reagierte) sich mit seinem Hauptinteresse der Wissenschaft zugewandt. In welchen rationalistischen Sphären ihre Gedanken kreisten, zeugt heute noch ihr Briefwechsel, dieses herrliche Dokument vollendeten Welterfassens, aber doch unendlich eher der Briefwechsel zweier Philosophen oder Ästhetiker als dichterische Konfession: das Poetische ist in jenem Augenblick, da Hölderlin zu den Dioskuren tritt, unter der magnetischen Konstellation Kants vom Mittelpunkte abgerückt und an die Außenperipherie ihrer Persönlichkeit geschoben. Eine Epoche des klassischen Humanismus hat begonnen, nur daß, im verhängnisvollen Gegensatz zu Italien, die gewaltigsten Geister der Epoche nicht wie Dante und Petrarca und Boccaccio aus der kühlen Welt der Gelehrsamkeit in die dichterische Sphäre flüchten, sondern daß Goethe und Schiller aus ihrer göttlichen Gestaltungswelt in die kältere der Ästhetik und Wissenschaft für (unwiederbringliche) Jahre zurücktreten. So wächst auch in allen Jüngeren, die zu jenen als den Meistern aufgesehen haben, der verhängnisvolle Wahn, sie müßten „gebildet", müßten „philosophisch geschult" sein. Novalis, dieser engelhaft abstrakte Geist, Kleist, dieser schwelgerische Triebmensch, beides Naturen, denen die konkrete Geisteskälte Kants und all der Spekulativen nach ihm absolut kontrapunktisch entgegengesetzt war, werfen sich aus einem Unsicherheitsgefühl – nicht aus einem Instinkt – in das ihnen feindliche Element. Und auch Hölderlin meint, sich verpflichtet zu sein, den ästhetisch-philosophischen Jargon der Zeit zu reden, und alle Briefe aus der Jenenser Epoche sind voll von schalen Begriffsdeuteleien, von jenen rührend kindlichen Anstrengungen des Philosophierenwollens, das so sehr wider sein tieferes Wissen, sein unendliches Ahnen war. Denn Hölderlin ist geradezu der Typus eines illogischen, ja unintellektuellen Geistes, seine Gedanken, oft großartig wie

Blitze aus irgendeinem Himmel der Genialität niederzuckend, bleiben absolut paarungsunfähig, ihr magisches Chaos widerstrebt jeder Bindung und Verflechtung. Was er vom „bildenden Geiste" sagt:

Nur was blühet, erkenn ich,
Was er sinnet, erkenn ich nicht,

das deutet ahnungsvoll seine Grenze: nur die Ahnung des Werdens vermag er auszudrücken, nicht die Schemata, die Begriffe des Seins zu gestalten. Hölderlins Ideen sind Meteore – Himmelssteine und nicht Blöcke aus einem irdischen Steinbruch, mit geschliffenen Kanten zu einer starren Mauer (jedes System ist eine Mauer) zu schichten. Sie liegen frei in ihm, wie sie niederstürzen, er braucht sie nicht zu formen, nicht zu schleifen; und was Goethe einmal von Byron sagt, trifft tausendmal besser auf Hölderlin zu: „Er ist nur groß, wenn er dichtet. Wenn er reflektiert, ist er ein Kind." Dieses Kind aber setzt sich in Weimar auf Fichtens, auf Kantens Schulbank und würgt so verzweifelt mit Doktrinen, daß Schiller selbst ihn mahnen muß: „Fliehen Sie womöglich die philosophischen Stoffe, sie sind die undankbarsten ..., bleiben Sie der Sinnenwelt näher, so werden Sie weniger in Gefahr sein, die Nüchternheit in der Begeisterung zu verlieren." Und es dauert lange, bis Hölderlin die Gefahr der Nüchternheit gerade im Irrgarten der Logik erkennt, das feinste Barometer seines Wesens, die sinkende Produktion erst zeigt ihm an, daß er, der Flugmensch, in eine Atmosphäre geraten ist, die auf seine Sinne drückt. Dann erst stößt er gewaltsam die systematische Philosophie von sich: „Ich wußte lange nicht, warum das Studium der Philosophie, das sonst den hartnäckigen Fleiß, den es erfordert, mit Ruhe belohnt, warum es mich, je uneingeschränkter ich mich ihm hingab, nur um so friedloser und selbst leidenschaftlich machte. Und ich erkläre es mir jetzt daraus, daß ich in höherem Grade, als es nötig war, mich von meiner eigentümlichen Neigung entfernte."

Aber die zweite, die gefährlichere Enttäuschung kommt von den Dichtern. Boten des Überschwangs waren sie ihm von ferne erschienen, Priester, die das Herz aufhoben zum Gotte: er hoffte erhöhte Begeisterung von ihnen, von Goethe und insbesondere von Schiller, den er nächtelang im Tübinger Stift gelesen und dessen „Carlos" die „Zauberwolke seiner Jugend" gewesen. Sie sollen ihm, dem Unsicheren, geben, was einzig das Leben verklärt, Aufschwung ins Unendliche, erhöhte Feurigkeit. Aber hier beginnt der ewige Irrtum des zweiten und dritten Geschlechts zu den Meistern: sie vergessen, daß die Werke ewig jung bleiben, daß am Vollendeten die Zeit vorbeirinnt wie Wasser am Marmor, ohne sich zu trüben, daß aber die Dichtermenschen selbst inzwischen altern. Schiller ist Hofrat geworden, Goethe Geheimrat, Herder Konsistorialrat, Fichte Professor: sie sind alle schon in ihr Werk gebannt, im Leben verankert, und nichts ist dem vergeßlichen Wesen, dem Menschen, vielleicht so fremd wie die eigene Jugend. So wird das Mißverstehen schon durch die Jahre prädestiniert: Hölderlin will von ihnen Begeisterung, und sie lehren ihn Bedächtigkeit, er begehrt an ihrer Nähe stärker zu flammen, und sie dämpfen ihn zu milderem Licht. Er will Freiheit von ihnen gewinnen, die geistige Existenz, und sie mühen sich, ihm eine bürgerliche Stelle zu besorgen. Er will sich ermutigen zu dem ungeheuren Schicksalskampf, und sie bereden ihn (gutmeinendst) zu einem billigen Frieden. Er will sich heiß, und sie wollen ihn kühl: so verkennt sich bei aller geistigen Neigung und privater Sympathie das erhitzte und das erkaltete Blut in ihren Adern.

Schon die erste Begegnung mit Goethe ist symbolisch. Hölderlin besucht Schiller, trifft dort einen älteren Herrn, der kühl eine Frage an ihn richtet, die er gleichgültig beantwortet – am Abend erst erschreckend erfahrend, daß er zum erstenmal Goethe gesehen. Er hat Goethe nicht erkannt – damals nicht und im geistigen Sinn niemals – und Goethe niemals ihn: außer im Briefwechsel mit Schiller erwähnt ihn in fast vierzig Jahren Goethe nie mit einer Zeile. Und Hölderlin wiederum war so einseitig zu Schiller hingezogen, wie Kleist zu Goethe: beide zielen sie nur auf den einen der Dioskuren mit ihrer Liebe und mißachten mit der eingeborenen Ungerechtigkeit der Jugend den andern. Nicht minder verkennt Goethe wiederum Hölderlin, wenn er schreibt, es drücke sich in seinen Gedichten „ein sanftes, in Genügsamkeit sich auflösendes Streben aus", und er mißversteht Hölderlins, des Ungenügsamsten, tiefste Leidenschaft, wenn er an ihm „eine gewisse Lieblichkeit, Innigkeit, Mäßigkeit" rühmt und ihm, dem Schöpfer der deutschen Hymne, nahelegt, „besonders kleine Gedichte zu machen". Die ungeheure Witterung für das Dämonische versagt hier bei Goethe vollkommen, deshalb entbehrt seine Beziehung zu Hölderlin auch der üblichen Heftigkeit der Abwehr: es bleibt bei einer milden gleichgültigen Bonhomie, ein kühles Vorbeistreifen ohne tieferen Blick, das Hölderlin so tief verletzte, daß noch der längst in Dunkelheit Verfallene (der im Wahnsinn noch dumpf vergangene Neigung und Antipathie unterschied) sich zornig abwandte, wenn ein Besucher Goethes Namen aussprach. Er hatte die gleiche Enttäuschung erlebt wie alle deutschen Dichter der Zeit, jene Enttäuschung, die Grillparzer, gekühlter im Empfinden und gewohnter, sich zu verbergen, endlich klar formulierte: „Goethe hat sich der Wissenschaft zugewandt und forderte in einem großartigen Quietismus nur das Gemäßigte und Wirkungslose, indes in mir alle Brandfackeln der Phantasie sprühten." Selbst der Weiseste war nicht so weise, um alternd zu verstehen, daß Jugend nur ein anderes Wort ist für Überschwang.

Hölderlins Verhältnis zu Goethe ist also ein durchaus organisch unverbundenes: es hätte nur gefährlich werden können, wenn Hölderlin Goethes Ratschläge befolgt und sich zum Idyllischen, zum Bukolischen folgsam temperiert hätte: sein Widerstand gegen Goethe ist darum Selbstrettung im höchsten Sinn. Tragisch dagegen und Sturm bis hinab in die Wurzeln seines Wesens wird die Beziehung zu Schiller, denn hier muß sich der Liebende gegen den geliebtesten Menschen, das Gebilde gegen seinen Bildner, der Schüler wider den Lehrer behaupten. Die Verehrung für Schiller ist das Fundament seiner Weltbeziehung, darum droht auch seine ganze Welt mit der tiefen Erschütterung zu stürzen, die Schillers zweifelnde, laue und ängstliche Haltung in seiner empfindlichen Psyche hervorruft; aber dieses Mißverstehen Schillers und Hölderlins ist eines höchster ethischer Ordnung, an liebender Abwehr, an schmerzlichem Losreißen einzig jenem Nietzsches von Wagner gleich. Auch hier überwindet der Schüler den Meister zugunsten der Idee und wahrt lieber die höchste Treue, die zum Ideal, als jene der bloßen Gefolgschaft. In Wahrheit bleibt Hölderlin Schiller treuer als Schiller sich selbst.

Denn wohl ist Schiller in jenen Jahren noch Herr seines bildenden Sinns, noch geht rauschend jenes unvergleichliche Pathos der Rede bis in das Herz der deutschen Nation: aber dennoch hat sich die sinnliche Abkältung ins Geistige, das Entjugendlichen bei dem bresthaften, an Krankenstuhl und Stube gebundenen Dichter früher vollzogen als bei dem älteren Goethe. Nicht daß sich Schillers Enthusiasmus verflüchtigt hätte oder verkleinert – er hat sich nur theoretisiert, die aufschäumende rebellische Träumerkraft des In-Tyrannos-Schillers sich gestaltend kristallisiert in eine „Methodik des Idealismus"; aus einer Feuerseele ward eine Feuersprache, aus Gläubigkeit ein bewußter Optimismus, der dann nur einen Handgriff braucht, um als der deutsche Liberalismus bürgerlich handlich zu sein. Schiller erlebt nur noch mit dem Geiste, nicht mehr mit der „Unteilbarkeit" (die Hölderlin fordert) des ganzen Seins, der aufgebotenen Existenz. Und es muß eine seltsame Stunde für den ehrlichen klaren Mann gewesen sein, als Hölderlin zum erstenmal vor ihn tritt. Denn dieser Hölderlin ist ja sein ureigenstes Geschöpf: nicht daß er ihm bloß die Form des Verses und die geistige Orientierung dankt, sondern sein ganzes Denken ist seit Jahren ausschließlich nur von den Ideen Schillers, von seinem Glauben an die Erhöhung der Menschheit genährt.

Er ist vollkommen von ihm dichterisch gezeugt und gestaltet, so sehr sein ideelles Produkt wie die andern Schwärmerjünglinge, wie der Marquis Posa und Max Piccolomini: so erkennt er in Hölderlin seine eigene Übersteigerung, sein menschgewordenes Wort. Alles, was Schiller von dem Jüngling gefordert, Begeisterung, Reinheit, Überschwang, das ist bei Hölderlin Leben geworden, dieser junge Schwärmer *lebt das Schillersche Postulat der idealischen Forderung als Existenz*. Hölderlin lebt den Idealismus, den Schiller nur noch rhetorisch-dogmatisch fordert, er glaubt an die Götter und das Griechenland, die für Schiller längst bloß großartige dekorative Allegorien wurden, er *erfüllt* die Mission des Dichters, die jener nur schwärmend postuliert. In Hölderlin werden seine eigenen Theorien, seine Ahnungen plötzlich leibhaft sichtbar: darum dies geheime Erschrecken Schillers, als er den Jüngling, *seinen* Dichterjüngling, zum erstenmal leibhaft sieht, *sein postuliertes Ideal als lebendigen Menschen*. Er erkennt ihn sofort: „Ich fand in diesen Gedichten viel von meiner eigenen Gestalt, und es ist nicht das erste Mal, daß mich der Verfasser an mich mahnte", schreibt er an Goethe, und mit einer gewissen Rührung beugt er sich zu dem äußerlich so demütigen, innerlich aber lodernden Menschen wie in den Rückschein eigenen erloschenen Jugendfeuers. Aber gerade diese vulkanische Feurigkeit, dieser Enthusiasmus (den er dichterisch unablässig propagiert) erscheint dem gereiften Manne als gefährlich für den normalen Lebenszustand: Schiller kann an Hölderlin menschlich nicht gutheißen, was er dichterisch gefordert, den schäumenden Überschwang, das Auf-eine-Karte-Setzen der ganzen Existenz, und so muß er – tragischer Zwiespalt – seine eigene Gestalt, den idealischen Schwärmer, als lebensunfähig ablehnen. Sein profunder Blick wird sofort gewahr, daß jener Idealismus, den er von den deutschen Jünglingen gefordert, nur in einer idealischen Welt, im Drama, am Orte sei, daß aber hier, in Weimar und Jena, diese poetische Unbedingtheit, diese dämonische Nicht-Konzilianz des inneren Willens einen jungen Menschen zerstören müsse. „Er hat eine heftige Subjektivität – sein Zustand ist gefährlich, da solchen Naturen schwer beizukommen ist": wie von einer abstrusen Erscheinung spricht er von dem „Schwärmer" Hölderlin, fast genau also wie Goethe vom „pathologischen" Kleist; beide erkennen sie bei beiden sofort intuitiv den vorbrechenden Dämon, die explosive Gefahr der überhitzten und gestauten Innerlichkeit. Während Schiller aber in der Dichtung solche Heldenjünglinge lyrisch emportreibt und in ihr Übermaß selig hineinstürzen läßt, hinab in den Abgrund ihres Gefühls, sucht im realen Leben der gutmütige, freundliche Mann Hölderlin zu mäßigen.

Er bemüht sich für seine private, seine bürgerliche Existenz, verschafft ihm Stellung und seinem Werke einen Verlag – mit innerster Herzensneigung fördert ihn Schiller in geradezu väterlicher Weise. Und, um die gefährliche Spannung des Überschwangs in ihm zu lockern und zu lindern, um ihn „vernünftig zu machen", drückt er (bei aller Neigung) sanft und planmäßig auf sein Emporstreben, ohne zu ahnen, wie schon leisester Druck diesen Empfindsamen zerbrechen kann. So verwirrt sich allmählich die beiderseitige Stellung: Schiller spürt über Hölderlins Haupt mit dem tiefen Blick des Schicksalbildners das Beil der Selbstvernichtung drohen – Hölderlin fühlt sich wieder von dem „einzigen Manne, an den er seine Freiheit verloren", von Schiller, „von dem er unabwendig dependiert", wohl im äußeren Sinne gefördert, doch im tiefsten Wesen nicht verstanden. Er hatte Aufschwung erhofft, Bestärkung – „ein freundlich Wort aus eines tapferen Mannes Herzen ist wie ein geistig Wasser, das aus der Tiefe der Berge quillt und die geheime Kraft der Erde uns mitteilt in seinem kristallenen Tropfen", sagt Hyperion –; aber sie geben beide nur, Schiller und Goethe, tropfenweise und lau ihre Zustimmung. Niemals teilen sie verschwenderisch Begeisterung aus und entflammen ihm das Herz. So wird Schillers Nähe bei aller Beglückung allmählich zur Qual für Hölderlin: „Ich war immer in Versuchung, Sie zu sehen, und sah Sie immer nur, um zu fühlen, daß ich Ihnen nichts sein konnte", schreibt er ihm aus einem innern, schmerzvollen Abschied. Und endlich spricht er die Dissonanz seines Gefühls offen aus: „deswegen darf ich Ihnen wohl gestehen, daß ich zuweilen in geheimem Kampfe mit Ihrem Genius bin, um meine Freiheit gegen ihn zu retten". – Sein Tiefstes, so erkennt er, darf er ihm nicht mehr anvertrauen, der seine Gedichte bekrittelt, seine Überschwänge dämpft, der ihn klein, lau haben will, nicht „subjektivistisch und überspannt". Aus Stolz inmitten seiner Demut verbirgt er vor Schiller seine wesenhafteren Gedichte, zeigt nur das Spielhafte, das Epigrammatische seiner Produktion, denn ein Hölderlin kann sich nicht wehren, nur beugen und verbergen, das ist seine ewige Haltung. Er bleibt vor den Göttern seiner Jugend ewig auf den Knien: nie schwindet die Verehrung, die Dankbarkeit für jenen, der die „Zauberwolke seiner Jugend" gewesen und seiner Stimme den Gesang geliehen. Und Schiller beugt sich ab und zu mit gefällig förderndem Wort, und Goethe geht freundlich-gleichgültig vorbei. Aber sie lassen ihn liegen auf seinen Knien, bis ihm der Rücken bricht. So wird die ersehnte Begegnung mit den Großen zu Verhängnis und Gefahr, das freie Jahr in Weimar, von dem er Vollendung der Werke geträumt, fast vergebens vertan. Die Philosophie – dieses „Hospital für verunglückte Poeten" – hat ihn nicht gefördert, die Dichter ihn nicht erhoben: ein Torso ist Hyperion geblieben, das Drama nicht geendet und trotz äußerster Sparsamkeit seine Mittel erschöpft. Die erste Schlacht um sein Schicksal als dichterische Existenz scheint verloren, denn Hölderlin muß wieder der Mutter zur Last fallen und mit jedem Bissen Brot heimlichen Vorwurf mitwürgen. Aber in Wahrheit hat er gerade in Weimar seine größte Gefahr sieghaft bestanden: er hat sich nicht abbringen lassen von der „Unteilbarkeit der Begeisterung", nicht mäßigen und temperieren, wie jene Wohlmeinenden es wollten. Sein Genius hat sich in seinem tiefsten Element behauptet und gegen alle Klugheit der Dämon ihm eine Unbelehrbarkeit des Instinkts gegeben. So erwidert er Schillers und Goethes Bemühungen, ihn zum Idyllischen, zum Bukolischen, zum Maßvollen dauernd niederzukämpfen, nur mit wilderem Ausbruch. Der Goetheschen Mahnung an die Poesie im Euphorion:

Nur mäßig! mäßig!
Nicht ins Verwegne,
Daß Sturz und Unfall
Dir nicht begegne …
Bändige! bändige,
Eltern zuliebe,
Überlebendige,
Heftige Triebe!
Ländlich im stillen
Ziere den Plan,

diesem Ratschlag zum poetischen Quietismus, zur Idyllik, antwortet er leidenschaftlich:

Was sänftiget ihr dann, wenn in den Ketten
Der ehrnen Zeit die Seele mir entbrennt,
Was nehmt ihr mir, den nur die Kämpfe retten,
Ihr Weichlinge, mein glühend Element?

Dies „glühend Element“, die Begeisterung, in der Hölderlins Seele lebt wie der Salamander im Feuer, ist rein zurückgebracht aus der Versuchung der Klassikerkühle – schicksalstrunken wirft er, „den nur Kämpfe retten“, sich ein zweites Mal ins Leben hinaus, und

in solcher Esse wird dann
Auch alles Lautre geschmiedet.

Was ihn zerbrechen soll, härtet ihn zuvor, und was ihn härtet, zerbricht ihn.

Diotima

Die Schwächsten reißt das Schicksal doch hinaus.

Frau von Staël schreibt in ihr Tagebuch: „Francfort est une très jolie ville; on y dîne parfaitement bien, tout le monde parle le Français et s'appelle Gontard." Bei einer dieser Familien Gontard ist der gescheiterte Dichter als Magister, als Hauslehrer zum achtjährigen Knaben engagiert: hier wie in Waltershausen erscheinen seinem schwärmerischen, leicht entzündbaren Geist vorerst alle als „sehr gute und nach Verhältnis seltene Menschen", er fühlt sich wohl, soviel auch von der ursprünglichen Triebkraft schon in ihm zerstört ist. „Ich bin ohnedies wie ein alter Blumenstock", schreibt er elegisch an Neuffer, „der schon einmal mit Grund und Scherben auf die Straße gestürzt ist und seine Sprößlinge verloren und seine Wurzeln verletzt hat und nur mit Mühe in frischen Boden gesetzt und kaum durch ausgesuchte Pflege vom Verdorren gerettet." Und er weiß selbst genau um diese „Zerstörbarkeit" – sein tiefstes Wesen kann nur in idealischer, in poetischer Luft atmen, in einem imaginären Griechenland. Nicht die eine oder die andere Wirklichkeit, nicht das eine oder das andere Haus, weder Waltershausen noch Frankfurt noch Hauptwyl waren sonderlich hart gegen ihn: es genügt, daß sie Wirklichkeitssphäre waren, um für ihn zur tragischen zu werden. „The world is too brutal for me", sagt einmal sein Bruder Keats. Diese zarten Seelen vertrugen eben keine andere als eine dichterische Existenz. So drängt sich das poetische Gefühl unweigerlich gegen die einzige Gestalt in diesem Kreis, die er bei aller Nähe doch idealisch traumhaft als Botin jener „andern Welt" zu empfinden vermag, die Mutter jenes Knaben, Susanne Gontard, seine Diotima. Wirklich glänzt vom marmornen Bilde, wie eine Büste es uns überliefert, griechische Linienreinheit in diesem deutschen Antlitz, und so sieht sie Hölderlin von der ersten Stunde. „Eine Griechin, nicht wahr", flüstert er Hegel begeistert zu, als jener sie in ihrem Hause erblickt: sie stammt für ihn aus seiner eigenen, unirdischen Welt und ist, wie er, fremd und in schmerzlicher Heimsehnsucht unter die harten Menschen geraten,

Du schweigst und duldest, denn sie verstehn Dich nicht,
Du edles Leben! siehest zur Erd und schweigst
Am schönen Tag, denn ach! umsonst nur
Suchst Du die Deinen im Sonnlichte ...
Die zärtlichgroßen Seelen, die nimmer sind.

Eine Botin, eine Schwester, eine aus seiner Welt Verirrte, so sieht Hölderlin, der heilige Schwärmer, seines Brotherrn Frau: kein sinnlicher Gedanke des Besitzes mengt sich diesem Verwandtschaftsgefühl. In seltsamem Parallelismus zu Goethes Versen an Charlotte von Stein:

Ach, Du warst in abgelebten Zeiten
Meine Schwester oder meine Frau,

grüßt er Diotima als Langgeahnte, als Schwester einer magischen Präexistenz:

Diotima! Edles Leben,
Schwester, heilig mir verwandt!
Eh ich Dir die Hand gegeben,
Hab ich ferne Dich gekannt.

Hier sieht sein trunkener Überschwang zum erstenmal in der zerstückten, verdorbenen Welt den gebundenen Menschen, das „Eins und alles" – „Lieblichkeit und Hoheit und Ruh und Leben und Geist und Gemüt und Gestalt ist Ein seliges Eins in diesem Wesen", und zum erstenmal orgelt aus einem Briefe Hölderlins das Wort Glück mit unendlicher Seelengewalt empor. „Noch bin ich immer glücklich wie im ersten Moment. Es ist eine ewige fröhliche heilige Freundschaft mit einem Wesen, das sich recht in dies arme, geist- und ordnungslose Jahrhundert verirrt hat. Mein Schönheitssinn ist nun vor Störung sicher. Er orientiert sich ewig an diesem Madonnenkopfe. Mein Verstand geht in die Schule bei ihr, und mein uneinig Gemüt besänftigt, erheitert sich täglich in ihrem genügsamen Frieden."

Das nun ist die ungeheure Gewalt, die Hölderlin an dieser Frau erfährt: Beruhigung. Ein Hölderlin, der Urekstatiker, braucht nicht Glut an einer Frau zu lernen – Glück für diesen ewig Feurigen ist Entspannung, die unendliche Wohltat des Ruhendürfens. Und das ist Diotimas Gnade an ihn: Mäßigung. Sie vermag, was Schiller, was der Mutter, was niemandem gelang, den „geheimnisvollen Geist der Unrast" durch Melodie zu zähmen. Man ahnt ihre sorglich gebreitete Hand, ihre mütterlich sorgende Zärtlichkeit aus den Zeiten des Hyperion, „wenn sie immer mit Rat und freundlichen Ermahnungen versucht, ein ordentlich und fröhlich Wesen aus mir zu machen, wenn sie die düsteren Locken und das alternde Gewand und die zernagten Nägel mir verwies". Wie ein ungeduldiges Kind behütet sie ihn zärtlich, der ihre Kinder behüten soll, und diese Ruhe um ihn, diese Ruhe in ihm ist Hölderlins Seligkeit. „Du weißt ja, wie ich war", schreibt er dem vertrauten Freunde, „weißt ja, wie ich ohne Glauben lebte, wie ich so karg geworden war mit meinem Herzen, und darum so elend; könnt ich werden, wie ich jetzt bin, froh wie ein Adler, wenn mir nicht dies, dies Eine erschienen wäre?" Reiner, geweihter erscheint ihm die Welt, seit sich seine ungeheure Einsamkeit in eine Harmonie gelöst hat.

Ist nicht heilig mein Herz, schöneren Lebens voll,
Seit ich liebe?

Für einen Lebensaugenblick weicht die Wolke der Schwermut von Hölderlins Stirn:

Und ausgeglichen
Ist eine Weile das Schicksal.

Ein einziges Mal, dieses einzige Mal erreicht sein Leben für eine flüchtige Spanne die Form seines Gedichtes: die selige Schwebe.

Aber der Dämon in ihm bleibt wach, die „fürchterliche Unrast".

Seines Friedens
Blume, die zärtliche, blüht nicht lange.

Hölderlin ist aus dem Geschlecht derer, denen es nicht gestattet ist, an einer Stätte zu ruhn. Auch die Liebe „sänftigt ihn nur, um ihn wieder wilder zu machen", wie Diotima von seinem Spiegelbruder Hyperion sagt, und er selbst, der Ahnendste aller, unwissend, aber vom Geist des Vorwissens magisch berührt, weiß wohl um das Unheil, das ihm von innen entwächst. Er weiß, sie dürfen nicht weilen, „zufriedengestellt wie die liebenden Schwäne" – und seines schwarz aufwölkenden, heimlichen Unmuts Geständnis ist offenkundig in seiner „Abbitte":

Heilig Wesen! gestört hab ich die goldene
Götterruhe Dir oft, und der geheimeren,
Tiefern Schmerzen des Lebens
Hast Du manche gelernt von mir.

Das „wunderbare Sehnen dem Abgrund zu", jenes geheimnisvolle Ziehen, das die eigene Tiefe sucht, hebt unmerklich an, und allmählich gerät er in ein leises Fieber noch unbewußter Unzufriedenheit. Immer rascher verdüstert sich die tägliche Umwelt vor seinem beleidigten Blick, und wie ein Blitz aus dem gestauten Gewölk fährt aus einem Brief das Wort auf: „Ich bin zerrissen von Liebe und Haß".

Seine Empfindlichkeit spürt aufgereizt den banalen Reichtum des Hauses, der auf die Menschen seiner Umgebung wirkt „wie bei den Bauern neuer Wein", sein feindseliges Gefühl imaginiert sich Beleidigungen, bis es endlich (wie immer nachher) zu einem gefährlichen Ausbruch kommt. Was geschehen ist an jenem Tage: ob der Gatte, der ungern den schöngeistigen Umgang seiner Gattin geduldet, bloß eifersüchtig oder auch brutal geworden, bleibt Geheimnis. Offenbar ist nur, daß Hölderlins Seele gewaltsam verletzt, ja zerfetzt blieb von jener Stunde: wie vorbrechendes Blut stürzen die Strophen ihm zwischen verbissenen Zähnen heraus:

Wenn ich sterbe mit Schmach, wenn an dem Frechen nicht
Meine Seele sich rächt, wenn ich hinunter bin,
Von des Genius Feinden
Überwunden, ins feige Grab,
Dann vergiß mich, o dann rette vom Untergang
Meinen Namen auch Du, gütiges Herz! nicht mehr.

Aber er wehrt sich nicht, er rafft sich nicht mannhaft auf: wie ein ertappter Dieb läßt er sich aus dem Hause jagen, um dann nur noch an heimlich vereinbarten Tagen von Homburg aus wieder der treugebliebenen Geliebten zu nahen. Knabenhaft schwach, weibisch fast ist Hölderlins Haltung in dieser Entscheidungsstunde – er schreibt der Entrissenen schwärmerische Briefe, er dichtet sie zu Hyperions herrlicher Braut empor und schmückt sie auf beschriebenen Blättern mit allen Hyperbeln der Leidenschaft, aber er unterläßt jeden Versuch, die Lebendige, die Nahe, die Geliebte gewaltsam zu gewinnen. Nicht wie Schelling, wie Schlegel reißt er, gleichgültig gegen Geschwätz und Gefahr, die geliebte Frau aus verhaßtem Ehebund feurig hinüber in sein Leben: nie trotzt der ewig Unwehrhafte dem Schicksal, immer beugt, immer neigt er sich demütig der Übermacht, immer erklärt er sich von vornherein vom stärkeren Leben besiegt – „the world is too brutal for me". Und man müßte diese Wehrlosigkeit feige nennen und schwächlich, wäre hinter dieser Demut nicht großer Stolz und eine stille Gewalt. Denn dieser Zerstörbarste aller fühlt tief in sich ein Unzerstörbares, eine Sphäre, die unberührbar, unbeschmutzbar bleibt von allem brutalen Zugriff der Welt. „Freiheit, wer das Wort versteht – es ist ein tiefes Wort. Ich bin so innig angefochten, bin so unerhört gekränkt, bin ohne Hoffnung, ohne Ziel, bin gänzlich ehrlos, und doch ist eine Macht in mir, ein Unbezwingliches, das mein Gebein mit süßen Schauern durchdringt, sooft es rege wird in mir." Nur in diesem Wort, in diesem Wert ist Hölderlins Geheimnis: hinter der schwächlichen, zerbrechlichen, neurasthenischen Unkraft seines Leibes waltet eine höchste Sicherheit der Seele, die

Unverletzlichkeit eines Gottes. Darum hat alles Irdische im letzten Sinne keine Macht über den Machtlosen, darum gehen alle Erlebnisse nur wie Wolken in Frühlicht oder Dämmerung über den untrübbaren Spiegel seiner Seele hin. Was immer Hölderlin begegnet, vermag ihn nicht ganz zu durchdringen, auch Susanne Gontard kommt nur traumhaft als griechische Madonna an seine Sinne und schwindet wieder hin wie ein Traum, dem er wehmütig nachsinnt. Besitz und Verlust rührt nicht an sein innerstes Leben, daher die Unverwundbarkeit des Genius bei äußerster Empfindlichkeit des Menschen. Dem, der alles zu verlieren vermag, wird alles Gewinn, und das Leiden läutert sich seiner Seele zu schöpferischer Macht, „je unergründlicher ein Mensch leidet, um so unergründlicher mächtig ist er". Gerade da ihm „die ganze Seele beleidigt worden", entfaltet der Gedemütigte seine höchste Kraft, den „Dichtermut":

Sind denn Dir nicht verwandt alle Lebendigen,
Nährt die Parze denn nicht selber im Dienste Dich?
Drum, so wandle nur wehrlos
Fort durchs Leben, und fürchte nichts!
Was geschiehet, es sei alles gesegnet Dir.

Was von den Menschen kommt an Not und Unbill, vermag nichts wider den Menschen in Hölderlin. Was aber von den Göttern ihm an Schicksal gesendet wird, nimmt sein Genius groß in sein klingendes Herz.

Nachtigallengesang im Dunkeln

Des Herzens Woge schäumte nicht so schön
empor und würde Geist, wenn nicht der alte
stumme Fels, das Schicksal, ihr entgegenstände.

Wohl in solcher tragisch verdüsterten Stunde, selbst selig im einsamen Gesang, mag Hölderlin jene von tiefster Urmacht emporgetragenen Zeilen geschrieben haben: „Ich hatte es nie so ganz erfahren, jenes alte feste Schicksalswort, daß eine neue Seligkeit dem Herzen aufgeht, wenn es aushält und die Mitternacht des Grams durchduldet und daß wie Nachtigallengesang im Dunkeln göttlich erst im tiefen Leid das Lebenslied der Welt uns tönt." Nun erst härtet sich die knabenhaft-ahnende Melancholie zur tragischen Trauer, und die elegische Düsternis schwillt über in hymnische Gewalt. Die Sterne seines Lebens sind niedergesunken, Schiller und Diotima – urallein im Dunkel hebt jetzt der „Nachtigallengesang“ an, der nicht mehr vergehen wird, solange ein deutsches Wort lebt, nun erst ist Hölderlin „durch und durch gehärtet und geweiht“. Was der Einsame in jenen wenigen Jahren auf der steilen Klippe zwischen Ekstase und Absturz schafft, ist, vom Genius gesegnet, vollendetes Werk: alle Rinden und Schalen, die seines Wesens glühenden Kern verhüllten, sind gesprengt, frei strömt die Urmelodie seines Seins in den unvergleichlichen Rhythmus des Schicksalsliedes. Nun entsteht jener herrliche Dreiklang seines Lebens: das Hölderlinsche Gedicht, der Hyperionroman, die Empedoklestragödie, diese drei heroischen Varianten seines Aufstiegs und Untergangs. Erst im tragischen Einsturz seines irdischen Geschicks findet Hölderlin die höchste geistige Harmonie.

„Wer auf sein Leid tritt, tritt höher“, sagt sein Hyperion. Hölderlin hat den entscheidenden Schritt getan, er steht fortan über seinem eigenen Leben, über seinem persönlichen Leiden, er erlebt nicht mehr sentimentalisch-suchend, sondern tragisch-wissend sein Schicksal. Wie sein Empedokles am Ätna: unten die Stimmen der Menschen, über sich die ewigen Melodien, vor sich den feurigen Abgrund, so steht er herrlich allein. Die Ideale sind wie Wolken entschwebt, selbst Diotimas Bildnis dunkelt nur leicht wie aus Träumen her: nun heben mächtige Visionen an, prophetische Schau, rollender Hymnus und klingende Verkündigung. Nur eine Sorge rührt ihn noch leise an: zu früh zu sinken, ehe er den großen Päan, das Siegeslied seiner Seele gesungen. So wirft er sich noch einmal hin vor den unsichtbaren Altar mit der Bitte um heldischen Untergang, um den Tod im Gesang:

Nur einen Sommer gönnt, ihr Gewaltigen!
Und einen Herbst zu reifem Gesange mir,
Daß williger mein Herz, vom süßen
Spiele gesättigt dann mir sterbe!

Die Seele, der im Leben ihr göttlich Recht
Nicht ward, sie ruht auch drunten im Orkus nicht;
Doch ist mir einst das Heilige, das am
Herzen mir liegt, das Gedicht, gelungen.

Willkommen dann, o Stille der Schattenwelt!
Zufrieden bin ich, wenn auch mein Saitenspiel

Mich nicht hinabgeleitet; einmal
Lebt ich, wie Götter, und mehr bedarfs nicht.

Die Parzen aber, die Schweigenden, halten nur kurz den Faden inne, der zu eng ihm gesponnen; schon blinkt die Schere in der Ältesten Hand. Aber diese kurze Spanne ist erfüllt mit Unendlichkeit: Hyperion und Empedokles, die Gedichte sind gerettet und uns damit höchster Dreiklang des Genius. Dann stürzt er nieder ins Dunkel. Nichts lassen ihn die Götter ganz vollenden. Aber ihn selbst lassen sie vollendet sein.

Hyperion

Weißt Du, um was Du trauerst? Es ist nicht erst seit Jahren hingeschieden, man kann so genau nicht sagen, wann es da war, wann es wegging, aber es war, es ist, in Dir ist's. Es ist eine bessere Zeit, die suchst Du, eine schönere Welt.

Diotima an Hyperion

Hyperion ist Hölderlins Knabentraum von der jenseitigen Welt: „Noch ahn ich, ohne zu finden", heißt es im ersten Fragment – ohne alle Erfahrung, ohne jede Weltkenntnis, ja selbst ohne Wissen um die Kunstformen beginnt der Ahnende sich das Leben zu erdichten, ehe er es erlebt: wie alle die Romane der anderen Romantischen, wie Heinses Ardinghello, Tiecks Sternbald, Novalis' Ofterdingen ist sein Hyperion durchaus apriorisch, vor aller Erfahrung, nur Flucht-Welt statt der wahrhaftigen Lebenswelt, denn in schwärmend beschriebene Blätter flüchten die deutschen jungen Idealisten um die Jahrhundertwende vor der feindlichen Wirklichkeit, indes drüben jenseits des Rheins die französischen Idealisten den gleichen Meister Jean-Jacques Rousseau besser deuten. Die sind müde, ewig von der bessern Welt nur zu träumen: Robespierre zerreißt seine Gedichte, Marat seine sentimentalen Romane, Desmoulins seine Poetastereien, Napoleon seine Werther nachahmende Novelle, und nun gehen sie daran, die Welt nach ihrem Ideal umzuschaffen, indes die Deutschen sich verschwelgen in Ahnung und Musik. Sie nennen Romane, was halb Traumbuch, halb Tagebuch ihrer Empfindsamkeit ist. Sie träumen sich aus bis zur sinnlichen Erschöpfung, sie schwelgen sich empor in die edelsten Verzückungen geistiger Wollust: der Triumph Jean Pauls bedeutet den Höhepunkt und das Ende dieses bis zur Unerträglichkeit sentimentalen Romans, der vielleicht nicht so sehr Dichtung war als Musik, ein Phantasieren auf allen Saiten des hochgespannten Gefühls, ein leidenschaftliches Emporahnen der Seele in die Weltmelodie.

Von allen diesen rührenden, reinen, göttlich-knabenhaften Unromanen – man verzeihe das widersinnige Wort – ist Hölderlins Hyperion der reinste, der rührendste und auch der knabenhafteste. Er hat die Hilflosigkeit des kindlichen Schwärmers und die rauschende Schwinge des Genius, er ist unwirklich bis zur Parodie und doch feierlich durch den Rhythmus dieses kühnen Schreitens ins Uferlose; man muß lange Atem holen, um aufzählen zu können, was an diesem ergreifenden Buche im Sinne der Reife mißlungen und oft gar nicht geahnt ist. Aber man habe nur den Mut (gegenüber einer einsetzenden Idolatrie Hölderlins, die ähnlich wie bei Goethe auch das Mißlungenste als grandios zu entdecken sucht), die absolute Notwendigkeit des Mißlingens aus der innersten Anlage des Hölderlinschen Genius schonungslos auszusprechen. Es ist vor allem kein Lebensbuch. Menschenfreund war Hölderlin damals und immer, unbefähigt für jede gestaltende Psychologie.

„Freund, ich kenne mich nicht,
ich kenne nimmer die Menschen“,

hatte er hellsichtig selbst gedichtet: nun versucht sich im „Hyperion“ einer, der nie Menschen nahe gewesen, bildnerisch an Gestalten, schildert eine Sphäre (den Krieg), die er nicht kennt, eine Landschaft (Griechenland), in der er nie gewesen ist, eine Zeit (die Gegenwart), um die er sich nie bekümmert hat. So ist er, der Reinste, der Reichste in seiner Ahnungswelt, genötigt, für die Darstellung der Welt von fremden Büchern unziemlich viel zu borgen. Die Namen sind glatt aus anderen Romanen übernommen, die griechischen Landschaften aus Chandlers Reisebeschreibung einfach transponiert, Situationen und Gestalten zeitgenössischen Werken schülerhaft nachgebildet, die Fabel ist voller Anklänge, die Briefform imitiert, das Philosophische kaum mehr als poetische Wiedergabe aus Schriften und Gesprächen. Nichts am Hyperion ist – warum nicht klar sprechen! – Hölderlins Eigentum als eben das Urtümlichste daran, der ungeheure Schwung der Empfindung, jener aufspringende Rhythmus der Rede, die schön dem Unendlichen entgegenbrandet. Im höheren Sinn gilt dieser Roman nur als Musik.

In eine Nußschale also kann man den eigenpersönlichen Ideengehalt des „Hyperion“ eindrängen: aus der lyrischen Erhobenheit des rauschenden Worts löst sich eigentlich nur ein einziger Gedanke, und dieser Gedanke ist – wie immer bei

Hölderlin – im wesentlichen ein Gefühl, sein einziges Erlebensgefühl von der Unvereinbarkeit der äußern mit der innern Welt, die dualistische Disharmonie des Lebens. Das Innen und Außen nun zusammenzuschließen in eine höchste Form der Einheit und Reinheit, die „Theokratie des Schönen" auf Erden zu begründen – das wird nun die idealische Aufgabe des einzelnen und der Welt. „Heilige Natur, du bist dieselbe in uns und außer uns. Es muß nicht so schwer sein, was außer mir ist zu vereinen mit dem Göttlichen in uns" – so betet sich der Jüngling, der Schwärmer Hyperion in die erhabene Religion der Vereinung empor. In ihm atmet nicht Schellings kalter Wortwille, sondern – man verzeihe das zufällige Wortspiel – Shelleys brünstiger Wille nach elementarischer Vermischung mit der Natur, oder die Sehnsucht des Novalis, die dünne Membran zwischen Welt und Ich zu sprengen, um wollüstig überzufließen in den warmen Leib der Natur. Neu nun und eigenartig in diesem Urwillen des Dichters nach Alleinheit des Lebens und Allreinheit der Seele erscheint bei Hölderlin einzig der Mythos von einem seligen Lebensalter der Menschheit, da dieser Zustand arkadisch unbewußt war und der religiöse Glaube an ein „zweites Lebensalter der Menschheit". Was einst die Götter schenkten und die Unwissenden sinnlos verspielten, diesen heiligen Zustand erschafft sich wieder im Fron von Jahrhunderten der ringende Geist. „Von Kinderharmonie sind die Völker ausgegangen, die Harmonie der Geister wird der Anfang einer neuen Weltgeschichte sein. Es wird nur Schönheit sein und Mensch und Natur sich vereinigen in eine allumfassende Gottheit." Denn – so folgert Hölderlin mit einer überraschenden Eingebung – kein Traum kann dem Menschen zufallen, dem nicht irgendeine Wirklichkeit entspräche. „Ideal ist, was einmal Natur war." So muß die halkynische Welt einmal gewesen sein, da wir sie ersehnen. Und da wir sie ersehnen, so erschafft sie noch einmal unser Wille. Dem Griechenland der Geschichte müssen wir ein neues zur Seite zeugen, ein Griechenland des Geistes: selbst sein edelster deutscher Ahnherr, bildet Hölderlin diese neue Allheimat im Gedicht. In allen Sphären sucht nun Hölderlins jugendlicher Bote diese „schönere Welt". Hyperions erstes Ideal (er ist ja Hölderlins leuchtender Schatten) wird die Natur, die allvereinende; aber auch sie vermag die eingeborne Schwermut des ewig Suchenden nicht zu lösen. So sucht er weiter die Verschmelzung in der Freundschaft: auch sie füllt nicht das Unmaß seines Herzens. Dann scheint die Liebe ihm die selige Bindung zu gewähren: doch Diotima schwindet, und so sinkt dieser kaum begonnene Traum. Nun soll es das Heldentum, der Kampf um die Freiheit sein: aber auch dies Ideal zerschellt an der Wirklichkeit, die Krieg zur Plünderung, Roheit und Mord erniedrigt. Bis in die Urheimat folgt der sehnsüchtige Pilgrim seinen Göttern: aber Griechenland ist nicht Hellas mehr, ein ungläubiges Geschlecht entheiligt die mystische Stätte. Nirgends findet Hyperion, der Schwärmer, mehr Ganzheit, nirgends Einklang, ahnend erkennt er das furchtbare Los, zu früh oder zu spät in diese Welt gekommen zu sein, er ahnt die „Unheilbarkeit des Jahrhunderts". Die Welt ist ernüchtert und zerstückt.

Aber die Sonne des Geists, die schönere Welt, ist hinunter,
Und in frostiger Nacht zanken Orkane sich nur.

Und wie ihn nun, einem urmächtigen Zorne nachgebend, Hölderlin noch nach Deutschland jagt, wo er selbst im einzelnen Menschen noch den Fluch des Zerteiltseins, der Spezialisierung, der Loslösung vom heilig Ganzen des Lebens erfährt, da erhebt Hyperions Stimme sich zu furchtbarster Warnung. Es ist, als sähe der Seher die ganze Gefahr des Abendlandes aufsteigen, den Amerikanismus, die Mechanisierung, die Entseelung des aufsteigenden Jahrhunderts, von dem er so glühend die „Theokratie des Schönen" erhofft.

Ans eigene Treiben
Sind sie geschmiedet allein, und sich in der tosenden Werkstatt
Höret jeglicher nur … doch immer und immer
Unfruchtbar wie die Furien bleibt die Mühe der Armen.

Hölderlins Unverbundenheit mit der Gegenwart wird zur Kriegserklärung an die Zeit, an die Heimat, als er sieht, daß in Deutschland noch nicht sein Neugriechenland, sein „Germanien" erscheint, und so erhebt er, der Gläubigste seines Volkes, die Stimme zu fürchterlicher Verfluchung, die härter ist als alle Worte, die je ein Deutscher in verstümmelter, zerstückelter Liebe über sein Volk gesagt. Der als Suchender in die Welt ausgezogen, flüchtet als Enttäuschter in sein Jenseits, in die Ideologie zurück. „Ich habe ihn ausgeträumt, von Menschendingen den Traum." Aber wohin flüchtet Hyperion? Der Roman hat keine Antwort. Goethe im Wilhelm Meister, im Faust hatte geantwortet: in die Tätigkeit; Novalis: ins Märchen, in den Traum, in die gläubige Magie. Hyperion, der bloß Fragende, nie Schaffende, bleibt ohne Antwort: er „ahnt nur, ohne zu finden".

Musik einer Ahnung – das ist Hyperion, nicht mehr, kein wahres Gesicht, kein vollkommenes Werk. Auch ohne philologische Perkussion fühlt man deutlich, daß hier verschiedene Schichtungen der Jahre und des Empfindens chaotisch durcheinandergehen, daß die Schwermut eines Enttäuschten im Zustand tiefster Depression mißmutig vollendet, was der Jüngling im Rausch begeisterten Planens freudig begonnen. Herbstmüdigkeit liegt über dem zweiten Teil des Romanes: das klingende Licht der Hölderlinschen Ekstase dämmert nur dunkel hin, und mühsam erkennt man „die Trümmer einst gedachter Gedanken“ in der vorbrechenden Düsternis. Ein Torso seiner Jugend ist Hyperion, ein nicht zu Ende geträumter Traum – aber alles Ungetane und Vertane schwindet unmerklich hin in dem herrlichen Rhythmus der Sprache, die in Düsternis wie in Begeisterung gleich rein und selig die Sinne bemeistert. Nichts Reineres hat die deutsche Prosa, nichts Beschwingteres als diese tönende Welle, die nicht einen einzigen Atemzug lang aussetzt: kein deutsches dichterisches Werk hat eine solche Durchgängigkeit des Rhythmus, eine solche Statik der aufgeschwungenen Melodie. Alles erfüllt, durchdringt und hebt diese aufrauschende, auftragende Prosa, sie bauscht die Gewänder der unwahrhaftigen Gestalten, daß sie zu schweben und wahrhaft zu leben scheinen, sie füllt die armen Ideen mit so starkem sprachlichem Schwung, daß sie wie Erkenntnis des Himmels dröhnen, die Landschaften, die ungesehenen, blühen, umschwungen von dieser Musik, wie farbiger Traum. Hölderlins Genius kommt immer vom Unfaßbaren, vom Inkommensurablen: immer hat er eine Schwinge, immer stürzt er von einer obern Welt in das staunend bewältigte Herz. Immer siegt er, der Schwächste der Kunst und des Lebens, durch Reinheit und Musik.

Der Tod des Empedokles

und Klar wie die ruhigen Sterne gehen
Aus langem Zweifel reine Gestalten auf

Empedokles ist die heroische Steigerung des Hyperiongefühls, nicht mehr Elegie der Ahnung, sondern Tragik des Schicksalerkennens: was dort lyrisch ausklingt im Schicksalsliede, rauscht hier empor zu dramatischer Rhapsodie. Aus dem Träumer, dem ratlosen Sucher ist der Held, der wissende und furchtlose, geworden: eine Stufe, eine gewaltige, ist Hölderlin, seit ihm „die ganze Seele beleidigt war“, emporgeschritten zur freiwilligen, antikisch frommen Hingabe an das Geschick. Darum ist die geheimnisvolle Trauer, die beide Werke musikalisch überschwebt, eine so durchaus andersfarbene, im Hyperion nur morgendliche Trübe, im Empedokles aber schon finstere, schicksalsträchtige Gewitterwolke. Schicksalsgefühl ist jetzt heroisch gesteigert zum Untergangsgefühl: ging es Hyperion dem Träumer noch um das edle Leben, um Reinheit und Einheit der Existenz, so fordert Empedokles, in dem alle Träume ausgelöscht sind in ein erhabenes Wissen, nicht mehr ein großes Leben, sondern nur großen Tod.

Darum überragt die Gestalt des Empedokles um ein so Sichtliches den schmächtigen, wirren Schwärmer Hyperion: höherer Rhythmus wird hier im Gedichte angeschlagen, denn nicht das zufällige Leiden des Menschen wird hier enthüllt, sondern die heilige Not des Genius. Das Leiden des Knaben gehört ihm selbst und der Erde zu, gemeiner Teil, jeder Jugend verhaftet – der Schmerz des Genius aber ist hoher Besitz, ihm selbst schon verwandt, solches Leiden ist „heilig" – „ihr Schmerz gehört den Göttern".

Ein Sterben in Schönheit, den freien Tod mit ungebrochenem Gefühl aus der Ganzheit der Seele, ihn wollte Hölderlin sich selbst vorbilden (denn wie nahe war er wohl solchem Entschluß in jenen Tagen der Selbstzerstörung!): unter seinen Papieren deutet ein erster Plan auf ein Drama „Der Tod des Sokrates". Eines Weisen, eines Freien Heldenuntergang sollte also vorerst gebildet sein: bald aber drängt den klugen Skeptiker Sokrates das verschattet überkommene Bild des Empedokles zur Seite, von dessen Schicksal nur das deutsame Wort überliefert ist, „er rühmte sich, mehr zu sein als die sterblichen, vielfachem Verderben geweihten Menschen". Dieses Sich-anders-, Sich-höher-, Sich-reiner-Fühlen macht ihn zu Hölderlins geistigem Ahnherrn, und seine ganze Enttäuschtheit an der zerstückten, ewig fragmentarischen Welt, wirft er ihm durch die Jahrtausende zu. Dem Knaben Hyperion, ihm konnte er bloß seine musische Ahnung, seine wirre Sehnsucht, seine suchende Ungeduld mitgeben – ihm aber, Empedokles, dem „immer fremden Manne", gibt er seine mystische Verbundenheit mit dem All, Ekstase und tiefste Ahnung des Untergangs. Im Hyperion vermochte er sich nur zu poetisieren, zu symbolisieren – im Empedokles steigert der Geprüfte sich ins Heldische empor, hier ist ihm sein Ideal erfüllt, ganz mit der Ganzheit des Empfindens aufzuschweben in beflügelte Gestalt. Empedokles von Agrigent ist, wie Hölderlins erste Hinschrift klar deutend ausspricht, „ein Todfeind aller einseitigen Existenz" und am Leben, an den Menschen leidend, weil er nicht „mit allgegenwärtigem Herzen innig wie ein Gott und frei und ausgebreitet wie ein Gott mit ihnen lieben und leben kann". Darum gibt Hölderlin ihm sein Geheimstes mit, die Unteilbarkeit des Gefühls; Empedokles hat als der Dichter, als der wahre Genius die Gnade der Allverbundenheit, die „himmlische Verwandtschaft" mit der ewigen Natur. Aber noch höher hebt ihn bald Hölderlins Rauschkraft empor, er macht ihn zum Magier des Geistes:

vor dem
In todesfroher Stund am heilgen Tage
Das Göttliche den Schleier abgeworfen –
Den Licht und Erde liebten, dem der Geist,
Der Geist der Welt, den eignen Geist erweckte.

Aber eben um dieser Allumfassung willen leidet der Meister an der zerstückten Form des Lebens, „daß alles Vorhandene an das Gesetz der Sukzession geknüpft ist", daß Stufen und Schwellen und Türen und Schranken das Lebendige ewig abteilen und auch der höchste Enthusiasmus nicht imstande ist, die Zerteiltheit der Menschen in eine feurige Einheit umzuschmelzen. So reißt Hölderlin das Eigenerlebnis, den Zwiespalt zwischen eigener Gläubigkeit und Nüchternheit der Welt ins Kosmische empor: Empedokles überhäuft er mit den höchsten Entzückungen seines Daseins, der Ekstase der Inspiration, aber auch mit den tiefsten Depressionen seiner Ernüchterung. Denn Empedokles ist im Augenblicke, da Hölderlin ihn erscheinen läßt, nicht der Gewaltige mehr – die Götter (in Hölderlins Sinn: die Inspiration) haben ihn verlassen, haben „seine Kraft von ihm genommen", weil er in Hybris, in trunkenem Überschwang sich zu sehr seiner Seligkeit gerühmt:

Denn es hasset
Der sinnende Gott
Unzeitiges Wachstum.

Jenem aber war das Alleinsgefühl zur seligen Verzückung geworden, der Phaetonsflug hatte ihn so hoch in die Himmel gerückt, daß er vermeinte, selbst Gott zu sein, und sich rühmte:

Zur Magd ist mir
Die herrnbedürftige Natur geworden.
Und hat sie Ehre noch, so ists von mir.
Was wäre denn der Himmel und das Meer
Und Inseln und Gestirn und was vor Augen
Den Menschen alles liegt, was war es auch,
Dies tote Saitenspiel, gab ich ihm Ton
Und Sprach und Seele nicht? Was sind
Die Götter und ihr Geist, wenn ich sie nicht
Verkündige.

Nun ist von ihm die Gnade gesunken, aus ungeheuerster Machtfülle ist er zurückgestürzt in die ungeheuerste Ohnmacht: die „weite lebensreiche Welt" erscheint dem mit Schweigen Geschlagenen „als ein verlorenes Eigentum". Die Stimme der Natur geht leer über ihn hin und weckt in seiner Brust nicht mehr Melodie, er ist zurückgesunken ins Irdische. Hier ist Hölderlins Urerlebnis sublimiert, der Niedersturz aus den Himmeln der Begeisterung in die reale Welt, und dramatisch bildet sich alle Schmach, die er in jenen Tagen erduldet, zu gewaltiger Szene um. Denn die Menschen erkennen sogleich den Genius in seiner Ohnmacht, hämisch boshaft, undankbar dringen sie auf den Wehrlosen ein, sie treiben Empedokles von Stadt und Herd, wie sie Hölderlin von Haus und Liebe drängten, sie jagen ihn hinaus in die tiefste Einsamkeit. Hier aber, in der Höhe des Ätna, in der heiligen Einsamkeit, wo die Natur wieder spricht, erhebt sich herrlich die gesunkene Gestalt, erhebt sich herrlich das heldische Gedicht. Sobald Empedokles – wunderbar ist das Symbol – von der Reinheit des kristallenen Bergwassers getrunken, dringt die Reinheit der Natur wieder magisch in sein Blut,

es dämmert zwischen dir
Und mir die alte Liebe wieder auf,

aus Trauer wird Erkenntnis, aus Notwendigkeit ein freudiges Bejahen. Empedokles erkennt den Weg zur Heimkehr, zur letzten Verbindung: er geht über die Menschen hinaus in die Einsamkeit, über das Leben in den Tod. Die letzte Freiheit, Heimkehr ins All, das ist Empedokles' seligste Sehnsucht nun, und freudig tritt der Weltgläubige an, sie zu erfüllen:

es scheun
Die Erdenkinder meist das Neu und Fremde ...
Beschränkt im Eigentume sorgen sie,
Wie sie bestehn, und weiter reicht ihr Sinn
Im Leben nicht. Doch müssen sie zuletzt,
Die Ängstigen, hinaus, und sterbend kehrt
Im Element ein jedes, daß es da
Zu neuer Jugend wie im Bade sich
Erfrische. Menschen ist die große Lust
Gegeben, daß sie selber sich verjüngen.
Und aus dem reinigenden Tode, den
Sie selber sich zu rechter Zeit gewählt,
Erstehn, wie aus dem Styx Achill,
Unüberwindlich die Völker.

„O gebt euch der Natur, eh sie euch nimmt" – herrlich rauscht der Gedanke des Freitodes in ihm auf, und schon versteht der Weise den hohen Sinn rechtzeitigen Untergangs, das innere Muß seines Todes: das Leben zerstört durch Zerstückung, der Tod erhält rein durch Auflösung ins All. Und Reinheit ist des Künstlers höchstes Gesetz; nicht das Gefäß, sondern den Geist hat er unversehrt zu bewahren:

Es muß
Beizeiten weg, durch wen der Geist geredet.
Es offenbart die göttliche Natur
Sich göttlich oft durch Menschen; so erkennt
Das viel versuchende Geschlecht sie wieder.
Doch hat der Sterbliche, dem sie das Herz
Mit ihrer Wonne füllte, sie verkündet,
O laßt sie dann zerbrechen das Gefäß,
Damit es nicht zu anderm Brauche dien'
Und Göttliches zum Menschenwerke werde.
Laßt diese Glücklichen doch sterben, laßt,
Eh sie in Eigenmacht und Tand und Schmach
Vergehn, die Freien sich bei guter Zeit
Den Göttern liebend opfern.

Nur der Tod kann das Heilige des Dichters retten, den ungebrochenen, vom Leben nicht besudelten Enthusiasmus, nur der Tod kann seine Existenz zum Mythos verewigen.

Denn anders ziemt es nicht für ihn, vor dem
In todesfroher Stund, am heiligen Tage
Das Göttliche den Schleier abgeworfen,
Den Licht und Erde liebten, dem der Geist,
Der Geist der Welt, den eignen Geist erweckte.

Aus dem Vorgefühl des Todes trinkt er die letzte, die höchste der Begeisterungen: wie dem Schwan in der Sterbestunde bricht dem Verschlossenen noch einmal die Seele auf in Musik ... in Musik, die herrlich anhebt und nicht endet. Denn hier setzt die Tragödie ab, oder vielmehr sie verschwebt. Über diese Seligkeit der Selbstauflösung war Hölderlin Steigerung nicht mehr möglich – nur von unten antwortet noch erzener Chor der entschwindenden, gleichsam in den Äther sich lösenden Stimme des Erlösten, die Ananke lobpreisend, die ewige Notwendigkeit:

So mußt es geschehen,
So will es der Geist
Und die reifende Zeit,
Denn einmal bedurften
Wir Blinden des Wunders.

Und erhaben abschließend, preist der Gegengesang das Unbegreifliche:

Groß ist seine Gottheit
Und der Geopferte ist groß.

Mit seinem letzten Wort, mit seinem letzten Atem ist Hölderlin noch Lobkünder des Schicksals, unerschütterlich frommer Diener der heiligen Notwendigkeit.

Niemals war der Dichter bei Hölderlin, der hohe Gestalter so nahe der griechischen Welt wie in dieser Tragödie, die mit ihrem Zwiesinn von Opferhandlung und festlicher Erhebung stärker und reiner als irgendeine andere deutsche die heroische Höhe der Antike erreicht. Was Goethe im Tasso mißlungen, weil er des Dichters Qual nur in bürgerlichen Nöten faßte, im Ressentiment der Eitelkeit, des Klassendünkels und überheblichen Liebeswahns, das wird hier durch Reinheit des tragischen Elements mythisch wahr: Empedokles ist als Genius vollkommen entpersönlicht und seine Tragödie die Tragödie der Dichtung, des Schaffens schlechthin. Nicht ein Staubkorn eitler Episode, nicht ein Fleckchen theatralischen Füllsels beschmutzen den rauschenden Faltenwurf dieses dramatischen Schreitens, keine Frauen hemmen mit erotischer Verstrickung den Aufstieg, nicht Diener und Knechte mengen sich ein in den furchtbaren Konflikt des Einsamen mit den geliebten Göttern: wie bei der Frommheit Dantes, Calderons und der Antike ist ungeheurer Raum gläubig aufgeschlagen über dem einzelnen Geschick, und so steht es zwischen dem offenen Himmel der Zeiten. Keine Tragödie der Deutschen hat so viel Himmel über sich wie diese, keine wächst so naturhaft aus bretternem Hause der Agora, dem offenen Markte, dem Fest, der Opferhandlung entgegen: in diesem Fragment (und jenem andern noch, demGuiskard) ist die antike Welt noch einmal wahr geworden durch leidenschaftlichen Willen der Seele.

Das Hölderlinsche Gedicht

Ein Rätsel ist Reinentsprungenes. Auch
Der Gesang kaum darf es enthüllen. Denn
Wie du anfingst, wirst du bleiben.

Von der griechischen Vierzahl der Elemente – Feuer, Wasser, Luft und Erde – hat das Hölderlinsche Gedicht nur drei: die Erde fehlt darin, die trübe und haftende, die bindende und bildende, Sinnbild der Plastik und Härte. Sein Gedicht ist aus dem Feuer gestaltet, das flackernd nach oben fährt, Sinnbild des Aufschwungs, der ewigen Himmelfahrt, es ist leicht wie die Luft, ewige Schwebe, Wolkenwanderung und tönender Wind, und es ist rein wie das Wasser, diaphan. Alle Farben glüht es durch, immer ist es bewegt, ein unablässiges Hinauf und Hinab, ewiges Atmen des schöpferischen Geistes. Sie haben keine Wurzeln nach unten, seine Verse, keine Haft im Erlebnis, sie heben sich immer feindlich ab von der schweren fruchthaften Erde: etwas Heimatloses, Ruheloses ist ihnen allen zuteil, etwas von himmelhin wandernden Wolken, die bald das Frührot der Begeisterung anglüht, bald der Schatten er Schwermut dunkel macht, und oft fährt aus ihrer düster geballten Dichte der zündende Blitz und der Donner der Wahrsagung. Aber immer wandern sie oben, in der höheren, der ätherischen Sphäre, immer abgelöst von der Erde, unerreichbar der sinnlichen Belastung, fühlbar nur dem Gefühl. „Im Liede wehet ihr Geist“, sagt Hölderlin einmal von den Dichtern, und in diesem Wehen und Schweben löst sich Erlebnis in Musik so vollkommen auf wie Feuer im Rauch. Alles ist aufwärts gerichtet: „Durch Wärme treibt sich der Geist empor“ – durch Verbrennung, Verdunstung, Verklärung des Stofflichen sublimiert sich das Gefühl. Dichtung ist im Hölderlinschen Sinn immer also Auflösung der festen, der erdhaften Materie in Geist, Sublimierung der Welt in den Weltgeist, niemals aber Verdichtung, Ballung und Verirdischung. Goethes Gedicht, selbst das geistigste, hat immer nochSubstanz, es fühlt sich fruchthaft an, man kann es rund mit allen Sinnen umfassen (indes jenes Hölderlins entschwebt). Mag es noch so sublimiert sein, so fehlt ihm nie jener Rest warmer Körperlichkeit, ein Aroma von Zeit, von Lebensalter, ein salziger Schmack von Erde und Schicksal: immer ist ein Teil des Individuums Johann Wolfgang Goethes darin, und ein Stück seiner Welt. Hölderlins Gedicht entindividualisiert bewußt – „das Individuelle widerstreitet dem Reinen, welcher es begreift“, sagt er dunkel und doch offenbar. Durch diesen Mangel an Materie hat nun sein Gedicht eine besondere Statik, es ruht nicht kreishaft in sich selbst, sondern hält sich wie ein

Flugzeug nur durch den Schwung: immer überkommt einen die Empfindung des Engelhaften – dies Reine, Weiße, Geschlechtlose, Schwebende, dies nur wie Traum Über-die-Welt-Hinfahren, dies selig Gewichtlose und Erlöste in seiner eigenen Melodie. Goethe dichtet von der Erde aus, Hölderlin über die Erde hinweg: Poesie ist ihm (wie Novalis, wie Keats, wie all den Genien, den frühgestorbenen) Überwindung der Schwerkraft, Zergehen des Ausdrucks in Klang, Heimkehr ins flutende Element.

Die Erde aber, die schwere, harte, dies vierte Element des Alls, sie hat – ich sagte es schon – nicht teil an dem beflügelten Gebilde des Hölderlinschen Gedichtes: sie ist für ihn immer nur das Untere, das Gemeine, das Feindselige, dem er sich entringt, die Schwerkraft, die ihn ewig an seine Irdischkeit gemahnt. Aber auch die Erde enthält heilige Kunstkraft für den Bildner, sie bringt Festigkeit, Umriß, Wärme und Wucht, göttlichen Überfluß für den, der ihn zu nützen weiß. Baudelaire, der ganz aus der Gegenständlichkeit irdischen Materials mit gleicher geistiger Leidenschaft bildet, ist vielleicht da der vollkommene lyrische Gegenpol Hölderlins. Seine Gedichte, die ganz aus Komprimierung geschaffen sind (indes jene aus Auflösung), sind als Plastiken des Geistes ebenso standhaft vor dem Unendlichen wie Hölderlins Musik, ihre Kristallhaftigkeit von Wucht nicht minder rein als Hölderlins weiße Durchsichtigkeit und Schwebe – sie stehen einander Stirn an Stirn gegenüber wie Erde und Himmel, Marmor und Wolke. In beiden aber ist die Steigerung und Verwandlung des Lebens in Form, in plastische oder musikalische, eine vollkommene: was zwischen ihnen in unendlichen Varianten der Gebundenheit und Lösung flutet, ist herrlicher Übergang. Sie aber sind die Grenzen, das Äußerste der Ballung, das Äußerste der Auflösung. In Hölderlins Gedicht ist dies Zergangensein des Konkreten – oder wie er schillerisch sagt: „die Verleugnung des Akzidentiellen“ – so vollkommen, das Gegenständliche so restlos vernichtet, daß die Titel oft gänzlich leer und zufällig über den Versen haften; man lese einmal zur Probe die drei Oden an den Rhein, an den Main und an den Neckar, um zu fühlen, wie sehr die Entpersönlichung auch der Landschaft in ihm fortschreitet: der Neckar rollt ins attische Meer seines Traums, und Griechentempel blinken an den Ufern des Mains. Sein eigenes Leben löst sich auf zum Symbol, Susanne Gontard entsinnlicht sich zu Diotimas ungewissem Bildnis, die deutsche Heimat zu einem mystischen Germanien: keine Spur Irdischkeit, keine Schlacke eigenen Schicksals bleibt zurück von dem lyrischen Verbrennungsprozeß. Bei Hölderlin verwandelt sich nicht (wie bei Goethe) Erlebnis ins Gedicht, sondern es entschwindet, es verdunstet im Gedicht, es löst sich vollkommen, ja spurlos auf in Wolke und Melodie. Hölderlin verwandelt nicht Leben zur

Poesie, sondern er *entflieht* dem Leben ins Gedicht, als in die höhere, die wahrere Wirklichkeit seiner Existenz.

Dieser Mangel an Erdkraft, an sinnlicher Bestimmtheit, an plastischen Formen entkörpert aber nicht nur das Objektive, das Gegenständliche des Hölderlinschen Gedichts: auch das Medium, auch die Sprache selbst ist nicht mehr erdhafte, fruchthafte, schmackhafte, mit Farbe und Gewicht durchsättigte Substanz, sondern eine bloß durchscheinende wolkige weiche Materie. „Die Sprache ist ein großer Überfluß", läßt er einmal seinen Hyperion sagen, aber sehnsüchtigen Erkennens nur; denn Hölderlins Vokabular ist durchaus nicht reich, weil er sich weigert, aus dem vollen Strom zu schöpfen: nur aus den reinen Quellen, sparsam und nüchtern hebt er die erlesenen Worte. Sein lyrisches Sprachgut stellt vielleicht kaum ein Zehntel von Schillers, kaum ein Hundertstel von Goethes etymologischem Wortschatz dar, der mit fester und niemals prüder Hand in den Mund des Volkes und des Marktes griff, ihm seine Formung wegzufassen und bildnerisch sich zu erneuern. Hölderlins Wortquell, so unsagbar rein und gesiebt er ist, hat durchaus nichts Strömendes und vor allem keine Vielfalt, keine Nuancen.

Er selbst ist sich dieser eigenwilligen Einschränkung und der Gefahr dieses Verzichts auf das Sinnliche vollkommen klar bewußt. „Es fehlt mir weniger an Kraft wie an der Leichtigkeit, weniger an Ideen wie an Nuancen, weniger an einem Hauptton als an mannigfach geordneten Tönen, weniger an Licht wie an Schatten, und das alles aus einem Grunde: ich scheue das Gemeine und Gewöhnliche im wirklichen Leben zu sehr." Eher bleibt er arm, eher läßt er die Sprache in gebanntem Kreise, als von der Fülle der gemengten Welt ein Quentchen in seine heilige Sphäre hinüberzunehmen. Ihm ist es wesentlicher, „ohne irgendeinen Schmuck fast in lauter großen Tönen, wo jeder ein eigenes Ganzes ist, harmonisch wechselnd fortzuschreiten", als die lyrische Sprache zu verweltlichen: man soll ja in seinem Sinne Dichtung nicht wie ein Irdisches schauen, sondern als ein Göttliches ahnen. Lieber nimmt er die Gefahr der Monotonie auf sich als jene der nicht ganz reinen Poesie; Reinheit der Rede ist ihm höher als Reichtum. Unablässig wiederholen sich darum (in meisterlichen Varianten) die Attribute „göttlich", „himmlisch", „heilig", „ewig", „selig"; gleichsam nur die von der Antike geheiligten, die geistgeadelten Worte nimmt er in seine Dichtung auf und stößt die andern zurück, denen der Atem der Zeit am Kleide anhaftet, die warm sind von der angedrängten Körperwärme des Volkes und dünn von vieler Abnützung und Gebrauch. Er wählt absichtlich die wolkigen Worte, die deutsamen, die wie Weihrauch irgendeinen geistlichen, einen festlichen Duft, etwas Weihehaftes um sich verbreiten. Alles Körnige, Faßliche, Formende, Plastische, Sinnliche fehlt diesen wehenden Wortgebilden vollkommen: Hölderlin wählt eben die Worte nie nach ihrer *Schwerkraft*, ihrer *Farbkraft*, also als Medien der Versinnlichung, sondern immer nach ihrer *Flugkraft*, ihrer *Schwungkraft*, als Träger der Entsinnlichung, die aus der untern Welt in die obere, in die „göttliche" der Ekstase hineingetragen. Alle diese ephemeren Attribute „selig", „himmlisch", „heilig", die engelhaften, die geschlechtslosen Worte, wie ich sie nennen möchte, sind farblos wie eine leere Leinwand, wie ein Segel: aber eben wie ein Segel, erfüllt vom Sturm des Rhythmus, vom Atem der Begeisterung, bauschen sie sich wunderbar rund auf und *tragen empor*. Sein Gedicht will niemals *bildhaft* sein, sondern durchaus *lichthaft* werden (darum wirft es auch keinen plastischen Schatten), es will nicht schildernd etwas Reales der Erde schauen lassen, sondern etwas Unsinnliches, etwas vom geistigen Gefühle ahnend in die Himmel tragen.

Darum ist das Entscheidende aller Hölderlinschen Gedichte der Aufsturm nach oben; sie fangen alle, wie er einmal von der tragischen Ode sagt, „im höchsten Feuer an, der reine Geist, die reine Innigkeit hat ihre Grenze überschritten": die ersten Zeilen seiner Hymnen haben immer etwas vom Kurzen, Abrupten, Losschnellenden eines Abstoßes, das Verswort muß immer erst fort von der Prosa des Daseins, um sich einzuschwingen in sein Element. Bei Goethe fühlt man von der dichterischen Prosa (besonders der Jugendbriefe) gar keinen scharfen Übergang, keine Zäsur zum Vers, zum Gedicht: gleichsam amphibisch lebt er in beiden Welten, in Prosa und Poesie, in Fleisch und Geist. Hölderlin dagegen hat im Sprechen eine schwere Lippe, seine Prosa in Brief und Aufsatz stolpert über philosophische Formeln stockig hin, sie ist ungelenk im Vergleich zur göttlichen Leichtigkeit der ihm natürlichen gebundenen Rede: wie jener „Albatros" im Gedicht Baudelaires kann der auf der Erde nur ungeschickt sich hinschleppen, der in Wolken selig schwebt und ruht. Hat sich Hölderlin aber einmal in die Begeisterung abgestoßen, so flutet ihm der Rhythmus gleichsam wie feuriger Atem von der Lippe, wunderbar bindet sich in kunstvollen Verschränkungen die schwere Syntax, die blendendsten Inversionen kontrapunktieren sich mit einer strahlenden, einer zauberhaften Leichtigkeit: durchsichtig wie feinster Stoff, wie die gläserne Schwinge eines Insektes läßt das „wehende Lied" durch seine klingenden, leuchtenden Flügel den Äther und sein unendliches Blau fühlen. Gerade was bei den anderen Dichtern das Seltenste ist, die Durchgängigkeit des erhobenen Zustandes, das Nicht-Aussetzen im tönenden Gesang, gerade dies ist für Hölderlin das Allernatürlichste: im „Empedokles", im „Hyperion" stockt der Rhythmus niemals, sinkt nicht eine Zeile für einen Augenblick zur Erde zurück. Es gibt keinen Prosaismus mehr für den Enthusiasmierten: er spricht Dichtung wie eine fremde Sprache, im Vergleich zur Prosa des Lebens.

Diese Herrlichkeit, diese absolute Losgelöstheit von allem Prosaismus, dieser Freischwung im ätherischen Element ist Hölderlin nicht von Anfang gegeben; die Gewalt und Schönheit seines Gedichts wächst in dem Maße, als der Dämon, die Urgewalt seines Innern, die Bewußtheit in ihm verdrängt. Hölderlins poetische Anfänge sind wenig bemerkenswert undvor allem vollkommen unpersönlich: die Kruste über der innern Lava ist noch nicht gesprengt. Der Beginner zeigt sich durchaus als Nachahmer, Anempfinder, ja in einem kaum mehr erlaubten Maß, denn nicht nur die strophische Form und den geistigen Habitus borgt der Schüler von Klopstock, sondern schiebt ganze Zeilen und Strophen unbedenklich in seine Verhefte aus den Oden hinüber. Bald aber kommt Schillers Einfluß in das Tübinger Stift; er, von dem er „unverständlich dependiert", reißt ihn mit sich in seine Gedankenwelt, in seine klassische Atmosphäre, in seine gebundene Reimform, in seinen strophischen Schwung. Aus der bardischen Ode wird rasch die wohllautende, geschliffene, mythologisch durchdeutete Schillersche Hymne, die breitrollende und tönende: hier erreicht Nachbildung nicht mehr das Original, sondern übertrifft des Meisters ureigenste Formen (mir zumindest will immer Hölderlins „An die Natur" schöner als das schönste Schillersche Gedicht erscheinen). Aber schon verrät ein ganz leise angeschlagener elegischer Ton selbst in diesen schematischen Gebilden die urpersönlichste Hölderlinsche Melodik: er braucht diesen Tonfall nur zu verstärken, sich ganz jenem Schwung ins Höhere, ins Idealische hinzugeben, die antikische Form abzutun und dafür die wahrhaft antike zu wählen, die freie und nackte, die sich nicht mehr in Reime einengen läßt und das Hölderlinsche Gedicht ist geboren, das „wehende Lied", der reine Rhythmus.

Aber auch den letzten Rest vom Systematischen, vom Schillerisch-Konstruktiven, den er übernommen, stößt er endlich von sich. Er erkennt das großartig Gesetzlose, das herrisch am Rhythmus Aufströmende der wahren Lyrik, und wenn Bettinens Berichte sonst immer unzuverlässig sind, in jener Erzählung von Sinclair läßt sie ihn doch seine wahrsten Worte sagen. „Geist gehe nur durch Begeisterung hervor, nur allein dem füge sich der Rhythmus, in dem der Geist lebendig werde. Wer erzogen werde zur Poesie in göttlichem Sinn, der müsse den Geist des Höchsten für gesetzlos anerkennen über sich und müsse das Gesetz ihm preisgeben: nicht wie ich will, sondern wie du willst." Zum erstenmal ringt sich Hölderlin von der Vernunft, von dem Rationalismus in der Dichtung frei und läßt sich überraschen von der Urgewalt. Das Dämonisch-Überschwengliche bricht rauschend, bricht rhythmisch durch, seit es sich vom Gesetz losgesagt und dem Rhythmus hingegeben hat. Und nun erst quillt aus der Tiefe seines Seins, seiner Sprache die ihm urtümliche Musik, der Rhythmus, diese chaotisch wilde und doch eigenpersönliche Gewalt, von der er sagt, „alles sei Rhythmus, das ganze Schicksal des

Menschen sei ein himmlischer Rhythmus, wie auch jedes Kunstwerk ein einziger Rhythmus sei". Jede Regelmäßigkeit der lyrischen Architektonik verschwindet, nur seiner eigenen Melodie spricht das Hölderlinsche Gedicht orphisch nach: in der ganzen deutschen Lyrik gibt es kaum Gedichte, die so ganz auf dem Rhythmus ruhen wie jene Hölderlins. Indes Schillers Gedichte, Zeile für Zeile, und die meisten Goethes im Wesenhaftesten in fremde Sprachen übertragbar sind, verweigert sich das Hölderlinsche Gedicht vollkommen jeder Verpflanzung, weil es selbst innerhalb der deutschen Sprache in einem Jenseits des sinnlichen Ausdrucks sich entäußert. Sein letztes Geheimnis bleibt Magie, unnachbildbar und heilig einmaliges Geschehen in der Sprache.

Dieser Hölderlinsche Rhythmus nun ist durchaus kein stabiler wie etwa jener Walt Whitmans (dem er im Verlangen breithin rollenden fluthaften Wortes oftmals ähnlich ist). Walt Whitman hatte gleich im Anbeginn seinen Wesenstakt, seine dichterische Sprachform gefunden: nun spricht er in dieser einen rhythmischen Atemstärke sein ganzes Werk hindurch, zehn, zwanzig, dreißig, vierzig Jahre. Bei Hölderlin dagegen verwandelt, verstärkt, verbreitert sich der Rhythmus der Rede unablässig, er wird immer rollender, rauschender, ungefüger, stoßhafter, verworrener, elementarer und gewitterhafter. Er beginnt wie eine Quelle, zart, tönend, als wandernde Melodie, und endet tosend und herrlich aufschäumend wie ein Sturzbach. Und dieses Freiwerden, dies Herrisch- und Selbstherrlichwerden des Rhythmus, sein Überschwang und Ausbruch geht geheimnisvoll (wie bei Nietzsche) Hand in Hand mit der inneren Selbstzerstörung, mit der Verwirrung der Vernunft. Der Rhythmus wird genau in dem Maße freier, als die logische Bindung im Geistigen sich lockert: schließlich kann der Dichter den mächtig aus sich aufschwellenden Schwall nicht mehr dämmen und wird von ihm überflutet, als seine eigene Leiche schwimmt er hin auf den rasenden Wassern des Gesangs. Diese Entwicklung zur Freiheit, dieses Sich-Losreißen, Sich-Selbstherrlichmachen des Rhythmus (auf Kosten der Bindung und geistigen Ordnung) geht im Hölderlinschen Gedichte ganz allmählich vor sich: zuerst hat er den Reim, die klirrende Fußkette von sich gestoßen, dann das über die breitatmende Brust zu enge Kleid der Strophe gesprengt; antikisch nackt lebt nun das Gedicht seine körperhafte Schönheit aus und eilt wie ein griechischer Läufer dem Unendlichen entgegen. Alle gebundenen Formen werden dem Inspirierten allmählich zu enge, alle Tiefen zu seicht, alle Worte zu dumpf, alle Rhythmen zu schwertönig – die ursprünglichste klassische Regelmäßigkeit des lyrischen Baues überwölbt sich und bricht, der Gedanke schwillt immer dunkler, mächtiger, gewitterhafter aus Bildern empor, immer tiefer und voller wird gleichzeitig das rhythmische Atemholen, großartig kühne Inversionen binden oft ganze Strophenreihen in einen

Satz zusammen – aus den *Gedichten werden Gesänge*, hymnischer Anruf, prophetische Schau, heroisches Manifest. Die Mythisierung der Welt hat für Hölderlin begonnen, das Alldichtungwerden des ganzen Seins.

Europa, Asien, Germanien, traumhafte Landschaften des Geistes dämmern wie Wolken heran aus einer ganz unwahrhaftigen Ferne, magische Zusammenhänge verschwistern in erschütternden Improvisationen Fern und Nah, Traum und Erlebnis. „Die Welt wird Traum, der Traum wird Welt" – Novalis' Wort von der letzten Auflösung des Dichters erfüllt sich nun für Hölderlin. Überwunden ist die persönliche Sphäre. „Liebeslieder sind müder Flug", schreibt er in jenen Tagen, „ein anderes ist das hohe und reine Frohlocken vaterländischer Gesänge": so bricht ein neues Pathos sich aus der überfließenden Empfindung vulkanisch Bahn. Der Überlauf ins Mystische beginnt: Zeit und Raum sind versunken in purpurner Finsternis, Vernunft ist vollkommen der Inspiration geopfert, es sind keine Gedichte mehr, sondern „dichtendes Gebet", durchflackert von Blitzen und umhüllt von pythischen Dämpfen: aus der jünglinghaften Begeisterung des beginnenden Hölderlin ist dämonische Trunkenheit geworden, heiliges Rasen. Etwas merkwürdig Wegloses geht durch diese großen Gedichte: sie fahren steuerlos in ein unendliches Meer, niemandem gehorchend als dem Gebot des Elements, dem Tönen von jenseits her, jedes einzelne ein „bateau ivre", das mit zerbrochenem Ruder den Katarakt singend hinabschießt. Am Ende ist schließlich Hölderlins Rhythmus so weit auseinandergespannt, daß er zerreißt, die Sprache so verdichtet und gesättigt, daß sie sinnlos wird, nur noch „Tönen aus dem prophetischen Haine Dodonas" – der Rhythmus vergewaltigt die Idee, er wird „wie der Weingott törig göttlich und gesetzlos". Der Dichter und das Gedicht, beide vergehen im höchsten Übermaß, in der äußersten Ergießung der Kräfte ins Unendliche. Hölderlins Geist vergeht, verweht spurlos im Gedicht, und der Geist des Gedichtes wiederum verlischt in chaotischer Dämmerung. Alles Irdische, alles Persönliche, alles Formhafte wird aufgezehrt in dieser vollkommensten Selbstvernichtung: ganz wesenlos, ganz nur orphische Musik wehen seine letzten Worte in den heimatlichen Äther zurück.

Sturz ins Unendliche

Was Eines ist, zerbricht, Empedokles,
So gehet festlich hinab
Das Gestirn. Und trunken
Von seinem Lichte glänzen die Täler.

Als Dreißigjähriger tritt Hölderlin über die Schwelle des Jahrhunderts; gewaltigstes Werk haben die letzten leidvollen Jahre in ihm vollendet. Die lyrische Form ist gefunden, der heroische Rhythmus des großen Gesanges geschaffen, die eigene Jugend in Hyperions Träumergestalt, die Tragödie des Geistes im „Tod des Empedokles" verewigt. Nie war er höher angestiegen und nie näher dem Untergang. Denn die Welle, die ihn mächtigen Schwunges hochauf über das Maß des Lebens getragen, schon bäumt sie sich zu zerschmetterndem Sturz. Und er selbst fühlt mit prophetischer Ahnung die nahe Neige, er weiß:

Es ziehet wider Willen ihn von
Klippe zu Klippe, den Steuerlosen,
Das wunderbare Sehnen dem Abgrund zu.

Denn es hilft nichts, so hohes Werk geschaffen zu haben: nur Unverständnis erntet er, wo er Liebe ersehnt, denn

es gibt
Ein finstres Geschlecht, das weder einen Halbgott
Gern hört oder wenn mit Menschen ein Himmlisches oder
In Wogen erscheint, gestaltlos, oder das Angesicht
Des Reinen ehrt, des nahen
Allgegenwärtigen Gottes.

Noch immer, mit dreißig Jahren, ist er Freischlucker an fremdem Tisch, der Lektionsgeber im verschabten schwarzen Kandidatenrock, noch immer hängt er der alternden Mutter, der uralten Großmutter in der Tasche, noch immer wie in Knabenzeit stricken sie ihm Strümpfe und versorgen den Hilflosen mit Wäsche und Kleidung. Mit „täglichem Fleiße" hat er nun in Homburg wie einst in Jena nochmals versucht, von den ersparten Groschen eine dichterische Existenz (die einzig ihm gemäße!) sich zu erhungern und die „Aufmerksamkeit meines deutschen Vaterlandes so weit zu verdienen, daß die Menschen nach meinem Geburtsort und meiner Mutter fragen". Aber nichts vollendet sich, nichts fördert ihn: noch immer nimmt Schiller mit herablassender Protektion ein Gedicht in den Almanach und sperrt sich den andern. Und dieses Schweigen der Welt bricht allmählich seinen Mut. Zwar weiß er in tiefster Seele, „das Heilige bleibt immer heilig, wenn es die Menschen auch nicht achten", aber es wird immer schwerer, die Weltgläubigkeit zu bewahren, wenn sie keine Mitteilsamkeit findet. „Unser Herz hält die Liebe zur Menschheit nicht aus, wenn es nicht Menschen hat, die es liebt." Seine Einsamkeit, lange seine sonnige Burg, verwintert und wird starr wie Eis.

„Ich schweige und schweige, und so häuft sich eine Last auf mir … die den Sinn wenigstens unwiderstehlich mir verfinstern muß", stöhnt er auf, und ein andermal in einem Briefe an Schiller: „Ich friere und starre in den Winter, der mich umgibt. So eisern mein Himmel, so steinern bin ich." Aber niemand bringt ihm Wärme in seine Einsamkeit, „es sind so wenige, die noch Glauben an mich haben", klagt er resigniert, und allmählich verliert sogar er selbst den Glauben an sich. Sinnlos erscheint ihm, was ihm das Heiligste, die Urmission seines Lebens seit Kindertagen gewesen, er beginnt an der Dichtung zu zweifeln. Die Freunde sind fern, die Stimme, die ersehnte, des Ruhmes schweigt.

Indessen dünket mir öfters
Besser, zu schlafen, wie so ohne Genossen zu sein,
So zu harren und was zu tun indes und zu sagen
Weiß ich nicht und wozu Dichter in dürftiger Zeit?

Noch einmal hat er die Unmacht des Geistes gegen die stählerne Wirklichkeit erfahren, noch einmal beugt er die müdgedrückte Schulter ins Joch und verkauft sich noch einmal „ins abseitige Leben" hinein, da es unmöglich für ihn ist, „bloß von der Schriftstellerei zu leben, wenn man nicht gar zu dienstbar hierin sein will". Eine selige Herbststunde bloß darf er die geliebte Heimat wiedersehen, mit Freunden in Stuttgart die „Herbstfeier" begehen. Dann aber nimmt er wieder den abgeschabten Magisterfrack und wandert als Hauslehrer hinaus in die Schweiz nach Hauptwyl, in die Knechtschaft des Tages. Hölderlins prophetisches Herz weiß genau um das Sinken der Sonne, um die eigene Dämmerung und den nahenden Untergang. Wehmütig hat er von der Jugend Abschied genommen. – „Endlich, Jugend, verglühst du ja" – und die Abendkühle weht schaurig durch sein Gedicht.

Wenig lebt ich. Doch atmet kalt
Mein Abend schon. Und stille, den Schatten gleich
Bin ich schon hier; und schon gesanglos,
Schlummert das schaudernde Herz im Busen.

Die Schwinge ist gebrochen, und er, der nur im Fluge, im dichterischen Aufschwung wahrhaft lebt, findet sein Gleichgewicht nicht mehr. Nun muß er es bezahlen, „nicht bloß mit der Oberfläche des Wesens beschäftigt" gewesen zu sein, sondern „die ganze Seele, sei es in Liebe, sei es in Arbeit, der zerstörenden Wirklichkeit ausgesetzt zu haben". Das Strahlende, die Aureole des Genius ist von seiner Stirn gewichen, er drückt sich ängstlich in sich selber hinein, um sich vor den

Menschen zu verbergen, deren Umgang ihm fast physisch peinlich ist. Je schwächer die Kraft in ihm wird, sich zusammenzuhalten, um so stärker springt aus den Nerven der zuckende Dämon. Allmählich wird Hölderlins Sensibilität krankhaft, seine seelischen Aufschwünge zu körperlichem Ausbruch. Jede Kleinigkeit kann ihn reizbar machen und die geflissentliche Demut, die er wie einen Panzer schützend um sich getan, zerbrechen, überall meint der Überempfindsame und Zurückgestoßene „Beleidigungen, Druck der Verachtung" zu erfahren. Auch der Körper reagiert mit Abspannungen und Ausbrüchen schärfer auf jede atmosphärische Veränderung: was ursprünglich nur ein „heiliges Ungenügen" des Geistes war, wird neurasthenische Unlust des ganzen Wesens, Krise und Katastrophe der Nerven. Immer fahriger werden seine Gebärden, immer sprunghafter seine Stimmungen, und schon beginnt das einst so klare Auge unruhig über den eingefallenen Wangen zu flackern. Unaufhaltsam breitet sich der Brand über sein ganzes Wesen hin aus, der Dämon gewinnt immer mehr Macht über sein Opfer, er wird zu „einer betäubenden Unruhe", die sich „um sein Inneres häuft" – nun jagt er ihn von einem Extrem ins andere, von Heiß zu Kalt, von Ekstase zu Verzweiflung, von silbernem Gottgefühl zur schwärzesten Schwermut, von Land zu Land, von Stadt zu Stadt. Die fiebrige Irritation zuckt von den Nerven hinüber in die Gedanken: schließlich greift die Entzündung bis ins Dichterische über, das Unstete des Menschen wird in der Inkohärenz des Dichters immer erkenntlicher, in der Unfähigkeit, bei einem einzelnen Gedanken zu verweilen und ihn logisch zu entwickeln. Auch hier jagt er wie dort von Haus zu Haus, fiebrig weiter von Bild zu Bild, von Idee zu Idee. Und dieser dämonische Brand beruhigt sich nicht eher, bis das ganze Innere Hölderlins ausgebrannt und nichts mehr bleibt als das geschwärzte Gerüst seines Körpers.

So gibt es in der Pathologie Hölderlins keinen deutlich markierten Zusammenbruch, keine scharfe Grenzlinie von geistig gesund und geistig erkrankt. Hölderlin brennt ganz allmählich innen aus, die dämonische Macht verzehrt seine wache Vernunft nicht plötzlich wie ein Waldbrand, sondern wie ersticktes kohlendes Feuer. Nur ein Teil, eben der göttliche seines Wesens und der dem Dichterischen am meisten verbundene, widersteht wie Asbest: sein dichterischer Tiefsinn überlebt den Wahnsinn, die Melodie die Logik, der Rhythmus das Wort: so ist Hölderlin vielleicht der einzige klinische Fall, wo die Dichtung die Vernunft überdauert und absolut Vollendetes im Zustand der Zerstörung entsteht – wie manchmal (ganz selten) auch in der Natur ein vom Blitz getroffener und bis in die Wurzeln verkohlter Baum von dem höchsten unberührten Aste aus noch lange weiterblüht. Hölderlins Übergang ins Pathologische ist vollkommen stufenhaft, nicht wie bei Nietzsche der plötzliche Einsturz eines ungeheuren, bis in die Himmel des Geistes erhobenen Baues, sondern gleichsam ein Abbröckeln, Stein um Stein, ein Lösen des Fundaments, ein allmähliches Ins-Bodenlose-, Ins-Unbewußte-Sinken. Es akzentuieren sich nur in seinem äußeren Gehaben gewisse Erscheinungen der Unruhe, und diese Krisen werden immer vehementer und folgen einander in immer kürzeren Ausbrüchen: während er in seinen früheren Stellungen Monate, selbst Jahre verweilen konnte, werden die Entladungen jetzt rascher. Indes in Waltershausen und Frankfurt noch Jahre, vermag sich Hölderlin in Hauptwyl und Bordeaux nur wenige Wochen zu halten, seine Lebensuntüchtigkeit wird immer hemmungsloser und aggressiver: wieder wirft das Leben ihn wie ein Wrack in das Haus der Mutter, seinen ewigen Strand nach allen Fahrten. Da reckt in letzter Verzweiflung der Schiffbrüchige die Hand nach dem Schicksalsformer seiner Jugend, noch einmal schreibt er an Schiller. Aber Schiller antwortet nicht mehr, er läßt ihn fallen, und wie ein Stein stürzt der Verlassene in die Tiefe seines Geschicks. Noch einmal wandert er, der Unerziehbare, in die Ferne hinaus, Kinder zu erziehen, aber freudlos, ein Todgeweihter, nimmt er den letzten Abschied voraus.

Und nun sinkt ein Schleier über sein Leben: Geschichte wird hier zur Mythe und sein Schicksal Legende. Noch weiß man, daß er durch Frankreich „in schönem Frühling gewandert", und „auf den gefürchteten überschneiten Höhen der Auvergne, in Sturm und Wildnis, in eiskalter Nacht und die geladene Pistole neben mir im rauhen Bette" (wie er schreibt) genächtigt, man weiß, daß er nach Bordeaux zu jener Familie des deutschen Konsuls gelangt und plötzlich jenes Haus verlassen hat. Aber dann sinkt die Wolke nieder und verschattet seinen Untergang. Ist er jener Fremdling gewesen, von dem Jahrzehnte später eine Frau in Paris erzählte, daß sie ihn eintreten sah in ihren Park und in freudigster Begeisterung mit den marmorkalten Göttergestalten Zwiesprache halten? Ist es wahr, daß bei der Rückwanderung ein Sonnenstich ihm die Sinne geraubt und „das Feuer, das gewaltige Element ihn ergriffen", daß also, wie er von sich in wissendstem Symbole sagte, „Apoll ihn geschlagen"? Haben wirklich Räuber am Wege ihm Kleider und das letzte Geld genommen? Auf alle diese Fragen wird niemals Antwort sein, eine Wolke hängt über seiner Heimfahrt, seinem Untergang. Nur dies weiß man, daß eines Tages bei Matthisson in Stuttgart einer eintritt, „leichenblaß, abgemagert, mit hohlem, wildem Blick, langem Haar und Bart und gekleidet wie ein Bettler", und, wie Matthisson scheu vor dem Gespenstischen zurückweicht, mit dumpfer Stimme seinen Namen murmelt: „Hölderlin". Nun ist das Wrack zerschellt. Noch einmal treiben die Trümmer seines Lebens zurück bis ins mütterliche Haus, aber die Masten der Zuversicht, das Steuer der Vernunft sind für immer zerbrochen, und von nun an lebt Hölderlins Geist in einer nie mehr geklärten und nur manchmal vom geheimnisvollen orphischen Blitzen erhellten Nacht. Im Gespräch kann er den offenen Sinn nicht immer erfassen, im Brief verschränkt sich einfachste Absicht zu barockem Geknäul, immer mehr verschließt sich sein Wesen der Welt. Schicht um Schicht zerbröckelt sein waches Wesen, die Entpersönlichung vollendet sich, der großartig Unbewußte wird nun ganz Sprachrohr pythischen Worts, „Mundstück jenseitiger Imperative" im Sinne Nietzsches, Deuter und Sager erhabener Dinge, die der Dämon ihm zuflüstert und die sein eigener Sinn wach nicht mehr weiß. Die Menschen weichen ihm vorsichtig aus (denn oft bricht aus ihm wie ein gefesseltes Tier die Überreiztheit der Nerven), oder sie spotten seiner: nur die Bettina, die wie bei Beethoven und Goethe die Gegenwart des Genius atmosphärisch ahnend fühlte, und Sinclair, der sagenhaft herrliche Freund, erkennen eines Gottes Gegenwart in der fast tierischen Dumpfheit des „in himmlische Gefangenschaft Verkauften". „Gewiß ist mir doch bei diesem Hölderlin", schreibt die herrliche Ahnerin, „als müsse eine göttliche Gewalt wie mit Fluten ihn überströmt haben, und zwar die Sprache, in übergewaltigem raschem Sturz seine Sinne überflutend und diese darin ertränkend; und als die Strömungen sich verlaufen hatten, da waren die Sinne geschwächt und ertötet." Edler, wissender hat keiner sein Geschick ausgesagt und keiner den Widerhall jener dämonischen Gespräche (uns verloren wie die Improvisationen Beethovens) großartiger der Seele bewußt gemacht, als wenn sie der Günderode berichtet: „ihm zuhören sei gerade, als wenn man es dem Tosen des Windes vergleiche, denn er brause immer in Hymnen dahin, die abbrechen, wie wenn der Wind sich dreht – dann ergreife es ihn wie ein tieferes Wissen, wobei einem die Idee, daß er wahnsinnig sei, ganz verschwinde; und daß sich anhöre, was er über die Verse und über die Sprache sage, wie wenn er nah dran sei, das göttliche Geheimnis der Sprache zu erleuchten. Und dann verschwinde ihm wieder alles im Dunkel, und dann ermatte er in der Verwirrung und meine, es werde ihm nicht gelingen". Sein ganzes Wesen verliert sich in Musik: stundenlang sitzt er (wie Nietzsche in jenen letzten Turiner Tagen) am Klavier und greift mit klappernden Fingernägeln Akkorde in unaufhörlicher Bemühung, als wollte er die Melodien über ihm, die unendlichen, fassen, die seinen schmerzenden Kopf durchbrausen, oder er rezitiert, immer im Rhythmus, Worte und Gesänge monologisch vor sich hin. Der erst Hingerissene des Gedichts, der selige Enthusiast wird nun allmählich der Hinabgerissene, der Hinweggerissene von der klingenden Flut: singend wie jene Indianer im Hiawathagedicht seines Schicksalsbruders Lenau stürzt er den brausenden Katarakt hinab.

Im Tiefsten erschreckt und doch „vom unverstandenen Wunder ehrfürchtig berührt", läßt ihn die Mutter, lassen ihn die Freunde vorerst im elterlichen, im bürgerlichen Haus. Aber immer wütiger bricht der Dämon aus dem Kranken: das Absterben der Vernunft ist mit tobsüchtigen Ausbrüchen begleitet, die Flamme, ehe sie ganz erlischt, schlägt noch gefährlich auf. So müssen sie ihn in die Klinik bringen, dann zu Freunden und schließlich in eines braven Tischlermeisters Haus. Mit den Jahren brennt das wilde Feuer in ihm aus, der Krampf lockert sich, Hölderlin wird wieder kindlich-kindisch und sanft, die Gewitter seiner Nerven verrauschen in eine schwere Dämmerung. Noch weiß er sich mancher Einzelheit zu entsinnen, aber sich selbst hat er vergessen. Wie durch einen traumhaften Schleier fühlt sein entgeisterter Leib die sanfte Wohltat der Natur im Frühling und atmet süß die durchwürzte Luft der Felder; noch schlägt vierzig Jahre lang im ausgebrannten Gehäuse das vereinsamte Herz, aber nur ein Schatten seines Wesens geistert hin durch die Zeit. Hölderlin, der heilige Jüngling, ist längst entrückt von den Göttern in die Wolken, wie Iphigenia auf Aulis. Er lebt in anderen Gefilden mit seinem gesteigerten Leben.

Was aber auf den trüben Wassern der Zeit noch vierzig Jahre lang unbewußt hinschwimmt, ist seine geistige Leiche nur, jenes entstaltete gespenstige Schattenbild, das sich, unkund seiner selbst, manchmal „der Herr Bibliothekarius" nennt und manchmal „Scardanelli".

Purpurne Finsternis

Zwar
Es leuchten auch im Dunkel blühende Bilder.

Die großen orphischen Gedichte, die der geistig Geblendete in jenen Jahren der Dämmerung und der Dunkelheit schafft, seine „Nachtgesänge", gehören zu den unerhörtesten Gebilden der Weltliteratur, vergleichbar in ihrer und aller Zeit vielleicht nur jenen prophetischen Büchern William Blakes, jenes anderen Himmelskindes und Gottvertrauten, den seine Zeitgenossen gleichfalls einen „unfortunate lunatic" nannten, „whose personal inoffensiveness secures him from confinement". Hier wie dort ist Schaffen ein magisches Bilden nach dämonischem Diktat, hier wie dort horcht ein kindlich unklarer Sinn über die offenbare Bedeutung des Wortes nach dem orphischen Urlaut. Dichtung (und bei Blake auch Zeichnung) wird im Dämmerzustand des Herzens zur Pythik: wie die Priesterin, trunken von unerhörten Gesichten über den gestaltenden Dämpfen der delphischen Schlucht, Worte jener Tiefe in zuckenden Krämpfen stammelt, so wirft hier der gestaltende Dämon aus einem erloschenen Krater des Geistes feurige Lava und funkelndes Gestein. In diesen dämonischen Gedichten Hölderlins redet nicht die irdische Verständigung, die Nutzsprache, die Menschenrede mehr. In eine apokalyptische Sphäre ist der Seher gestellt:

Tal und Ströme sind
Weit offen um prophetische Berge,
Daß schauen mag bis in den Orient
Der Mann und ihn von dort der Wandlungen viele bewegen.
Vom Äther aber fällt
Das treue Bild, und Göttersprüche regnen
Unzählbar von ihm, und es tönt im innersten Haine.

Aus Traumrede ist melodisches Verkünden geworden, „Tönen vom innersten Haine", Stimme vom Jenseits, Wille über dem eigenen Willen: nicht mehr Sprecher und Täter ist hier der Dichter, sondern nur unbewußter Bote der Urworte. Der Dämon, der Urwille hat übergewaltig dem müd gewordenen Geist das Wort und den Willen entrissen. Der wache Mensch, der einstige Friedrich Hölderlin, ist fort, „nicht mehr dabei": gleich einer leeren Larve bedient sich der Dämon seiner unwissenden Gestalt.

Denn diese Nachtgesänge, diese abgerissenen seherisch-improvisatorischen Fragmente des Halbwahnsinnigen, sie stammen nicht mehr aus der irdisch umleuchteten Sphäre der Kunst, aus dem Kommensurablen: sie sind meteorisches Metall und voll der magischen Mächte ihres außerirdischen Ursprungs. Jedes wahre Gedicht stellt sonst gleichsam ein Gewebe aus unbewußtem und bewußtem Kunstverstande dar, bald ist der eine Einschlag, bald der andere stärker durchwoben: durchaus typisch ergibt sich im normalen Wesensgang (etwa bei Goethe) die Erscheinung, daß im Alter der Reife der technische Einschuß, der irdische also, den inspirativen überwiegt, daß sich Kunst, ursprünglich ein wissendes Ahnen, in eine weise Meisterschaft verwandelt. Bei dem Hölderlinschen Gedicht dagegen verstärkt sich im Gegenteil immer der inspirative, der dämonische, der genial improvisierende Einschlag, indes die intellektuelle, die kunstfertige, die planende Webkette vollkommen abreißt. Die Zeilen fluten quer übereinander, einzig dem Klange nachrauschend; jeder Damm, jede Zäsur, jede Form wird überströmt von dem Schwall der Musik. Denn der Rhythmus ist schon selbstherrlich geworden, die Urmacht strömt ins Unendliche zurück. Manchmal spürt man noch bei Hölderlin, dem von sich selbst Hinweggezogenen, eine Art Gegenwehr gegen diese Übermacht, man merkt, wie er sich müht, einen einzelnen dichterischen Einfall festzuhalten, ihn gesteigert fortzubilden. Aber immer reißt ihm die bildernde Woge das Halbgestaltete fort, und er stöhnt:

Ach, wir kennen uns wenig,
Denn es waltet ein Gott in uns.

Immer mehr verliert der Unmächtige das Steuer seiner Dichtung. „Wie Bäche reißt das Ende von Etwas mich hinweg, das sich wie Asien ausdehnt“, sagt er von der Übermacht, die ihn von sich selbst wegzieht – es ist, als sei alle Griffkraft seines Gehirns erlahmt, und lose fallen die Gedanken ins Leere: immer endet als tragisches Stammeln, was als herrliches, kühn aufgeschwungenes Pathos sich erhoben. Der Faden der Rede verknäult sich, ohne daß Anfang und Ende zusammenzufinden sind: oft entfällt dem leicht Ermüdbaren in plötzlicher Gedankenohnmacht der begonnene Gedanke. Mit gleichsam zitternder, offenbar ungeschickter Hand kleistert er dann die hilflosen Übergänge mit einem flachen „nämlich“ oder „es ist aber“ zusammen oder macht ermattet vorzeitigen Schluß seiner Rede mit einem resignierten „Vieles wäre zu sagen davon“.

Aber diese scheinbar stammelnden Laute, denen oft die äußerliche Kohärenz des Gedankens fehlt; sind magisch gebunden durch einen höheren Sinn. Einzelheiten vermag der von dem Gerank des zufälligen Einfalls „wie mit üppigem Kraut überwucherte“ Geist nicht mehr zu vernieten, aber Hölderlin erreicht in seinem rhythmischen Taumel oft einen Tiefsinn der Rede, wie sie ihm das Wachsein niemals gegeben – „Göttersprüche regnen nieder, und es tönt im innersten Haine“. Was sein neues Gedicht, sein Hymnus an morgendlicher Klarheit, an Reinheit des Umrisses in der erhabenen Verwirrung verliert, ersetzt ihm dämonische Inspiration durch jähe Blitze des Geistes. Denn durchaus gewitterhaft, durchaus blitzhaft sind von nun ab Hölderlins dichterische Erleuchtungen: sie dauern nur kurz und brechen unvermutet aus dem finster rauschenden Gewölk seiner breithinrollenden Oden hervor, aber sie erhellen unendlichen Horizont. Und in diesem wunderbaren Wandeln ins Weglose hinein begibt sich da knapp vor dem Ende, knapp vor dem Absturz in den Abgrund noch das einzige Wunder: im tiefsten Labyrinth des Weges ertastet Hölderlin, was er einst bewußt mit wachen Sinnen vergeblich gesucht: *das griechische Geheimnis*. Auf allen Straßen der Kindheit hatte der Jüngling sein Hellas gesucht, vergebens Hyperion ausgesandt, es an allen Gestaden der Zeit und der Vergangenheit zu finden. Er hatte Empedokles beschworen von den Schatten und die Bücher der Weisen durchforscht, das „Studium der Griechen“ hatte ihm „statt Freundesumgang gedient“; nur darum war er so fremd geworden seinem Vaterland, seiner Zeit, weil er ewig auf dem Wege nach diesem Traumgriechenland unterwegs gewesen war: und selbst erstaunend über diese Verzauberung seiner Sinne hatte er sich oft gefragt:

Was ist es, das
An die alten seligen Küsten
Mich fesselt, daß ich mehr noch
Sie liebe als mein Vaterland?
Denn wie in himmlische
Gefangenschaft verkauft
Dort bin ich, wo Apollo ging.

Und da, mitten im Chaos der Sinne, in der tiefsten Verklüftung des Geistes glänzt es ihm plötzlich glühend entgegen, das griechische Geheimnis. Wie Virgil den Dante, so führt Pindar den großen Verirrten der letzten Trunkenheit der hymnischen Rede entgegen. In den dröhnenden Gesängen, in den blockhaft chaotischen, felsig getürmten Übertragungen Pindars und Sophokles', erhebt sich Hölderlins Sprache über das bloß Hellenistische, bloß apollonisch Klare seines Anfangs: ungeheure Blöcke mykenischen Gesteins, eines mythischen Urgriechentums, ragen diese Transpositionen des tragischen Rhythmus in unsere laue, künstlich durchwärmte Sprachwelt. Nicht das Wort eines Dichters, nicht der nüchterne Sinn eines Verses ist da hinübergerettet von einem Ufer der Sprache zum anderen, sondern der feurige Kern der bildenden Leidenschaft noch einmal urmächtig entzündet. So wie im Organischen Geblendete deutlicher, gleichsam wacher hören, und wie ein abgestorbener Sinn die anderen sinnlicher, empfänglicher macht, so ist der Geist des Künstlers Hölderlin, seit sich ihm das klare Licht des nüchternen Verstandes verschlossen hat, unendlich offener für die rhythmischen Gewalten der Tiefe: in unbändiger Kühnheit preßt er die Sprache zusammen, bis ihr das melodische Blut aus allen Poren quillt, er bricht die Knochen des Satzbaus, daß sie geschmeidiger werden, und härtet wieder mit klirrendem Rhythmenschlag ihre tönende Spannung. Wie Michelangelo in seinen halbgestalteten Blöcken, so ist Hölderlin in seinen chaotischen Fragmenten vollendeter als die Vollendung selbst, die immer ein Ende ist: das Chaos, die Urmacht und nicht mehr eine einzelne dichterische Stimme wird in ihnen tönend und großer Gesang.

So herrlich, in purpurner Finsternis sinkt Hölderlins Geist in die Nacht. Wie sein Genius, der schwärmerische, so ist auch sein Dämon, der schwermütig-wilde, von göttlicher Gestalt. Wenn sonst bei dichterischen Gestalten das Dämonische durchbricht, ist die Flamme meist dunkel getrübt vom Fusel des Alkohols (Grabbe, Günther, Verlaine, Marlowe) oder vermengt mit dem schwelenden Weihrauch der Selbstbetäubung (Byron, Lenau): Hölderlins Trunkenheit aber ist rein und sein Hingang darum nicht Untergang, sondern heroische Rückflut in Unendlichkeit. Hölderlins Sprache vergeht im Rhythmus, sein Geist in großer Vision: er löst sich auf in sein eigenstes urtümliches Element. Noch sein Sinken ist Musik, sein Vergehen Gesang: gleich dem Euphorion, dem Symbol der Dichtung im „Faust", dem tragischen Sohn deutschen und griechischen Geistes, stürzt nur das Zerstörbare, das Körperliche seines Wesens hinab ins Dunkel der Vernichtung. Die Leier aber schwebt silbern empor und steigt zu den Sternen.

Scardanelli

Der aber ist ferne, nicht mehr dabei,
Irr ging er nun, denn allzugut sind
Genien: himmlisch Gespräch ist sein nun.

Vierzig Jahre lang ist der irdische Hölderlin fortgetragen von der Wolke des Wahnsinns; was unterdessen auf Erden von ihm weilt, ist sein armes alterndes Schattenbild Scardanelli: denn so und nur so schreibt seine unbeholfene Hand unter die wirren Blätter mit Versen. Er hat sich selber vergessen und die Welt ihn.

In fremdem Haus bei dem braven Tischlermeister wohnt dieser Scardanelli bis tief ins neue Jahrhundert hinein. Ungerührt streicht die Zeit um das dämmernde Haupt, und endlich bleicht von ihrer blassen Berührung das einstens blondwallende Haar. Außen formt sich die Welt in Sturz und Wandel: Napoleon bricht ein in Deutschland und wird wieder vertrieben, von Rußland jagen sie ihn bis Elba und Sankt Helena, dort lebt er wie ein gefangener Prometheus noch zehn Jahre, stirbt und wird Legende – der Einsame in Tübingen weiß es nicht, der doch einst den „Helden von Arcole" besungen. Schiller, der Herr seiner Jugend, wird nachts von Handwerkern zur Grube gesenkt, sein Gebein modert Jahre und Jahre, dann sprengt sich die Gruft, Goethe hält den Totenschädel des geliebten Freundes sinnend in Händen, aber der „himmlische Gefangene" versteht nicht mehr das Wort Tod. Dann geht jener selber hinweg, derdreiundachtzigjährige Weise von Weimar geht in den Tod nach Beethoven und Kleist und Novalis und Schubert; ja Waiblinger selbst, der als Student Scardanelli oft in seiner Zelle besuchte, wird eingesargt, indes jener noch „sein Schlangenleben“ führt. Ein neues Geschlecht ersteht, Hölderlins verschollene Söhne, Hyperion und Empedokles, wandeln endlich geliebt und erkannt durch deutsches Land – aber kein Laut, keine Ahnung davon dringt in des Tübingers geistige Gruft. Er ist ganz jenseits aller Zeit, ganz im Ewigen, in Rhythmus und Melodie ertrunken.

Manchmal kommt ein Fremder, ein Neugieriger, den sagenhaft Verschollenen zu sehen. Am alten Stadtturm von Tübingen klebt ein kleines Häuschen, und oben im Erker, der vergittertes Fenster, aber freien Blick hat in die Landschaft, ist Scardanellis schmales Gelaß. Die braven Tischlersleute geleiten den Besucher hinauf zu einer kleinen Tür: hinter ihr hört man sprechen, aber niemand ist innen als der Kranke, der unaufhörlich in gehobener Sprache vor sich hin summt. Wie Psalmodieren läuft dieser wirre Sprudel von Worten ohne Form und Sinn ihm lose vom Munde. Manchmal setzt sich auch der Verworrene ans Klavier und spielt stundenlang; aber er findet keine Folge mehr, es wird keine Fülle von Tönen, sondern ein totes Harmonisieren, eine beharrliche fanatische Wiederholung derselben armen kurzen Melodie (und gespenstisch klappern die wildgewachsenen Fingernägel über die verstimmten Tasten). Immer aber ist es ein Tönen, ein Rhythmus, in dem der Verstoßene des Geistes weilt: wie bei der Äolsharfe der klingende Wind durch abgeschnittenes gehöhltes Rohr, zieht hier durch das ausgekohlte Gehirn noch der ewige Klang des Elements. Endlich, von leisem Grauen bewegt, klopft der Horchende an die Tür: ein dumpfes, aufgescheuchtes und wahrhaft erschrockenes „Herein“ antwortet. Eine hagere Gestalt, ein E.T.A. Hoffmannscher Kanzlist steht inmitten im kleinen Gemach, die zarte Figur nur wenig vom Alter gebeugt, obwohl das Haar schon weiß und dünn über die schön geschwungene Stirn fällt. Fünfzig Jahre Leiden und Einsamkeit haben den Adel des einstigen Jünglings nicht ganz zu zerstören vermocht; noch schneidet, nur geschärft an der Schneide der Zeit, die Linie rein die Silhouette von den zart gewölbten Schläfen zum herben Mund und geballten Kinn. Manchmal reißen die Nerven mit jähem Ruck quer durch das gequälte Gesicht: durch den ganzen Körper bis in die knöchernen Fingerspitzen zuckt dann der elektrische Schlag. Aber entsetzlich unbewegt bleibt dabei das einst so schwärmerische Auge: grauenhaft stumm und blicklos wie eines Blinden ruht seine Pupille stumpf unter den Lidern. Doch irgendwo glüht und flackert noch Wissen und Leben in diesem geisternden Schatten: schon bückt sich dienerisch und übertrieben mit unzähligen Verbeugungen und Reverenzen wie vor unermeßlich hohem Besuch der arme Scardanelli. Ein Strom devoter Ansprachen „Eure Hoheit! Eure Heiligkeit! Eure

Eminenz! Eure Majestät!" gurgelt erregt aus den beflissenen Lippen, und mit erdrückender Höflichkeit geleitet er den Gast zum ehrfürchtig hingeschobenen Stuhl. Ein wirkliches Gespräch kommt kaum in Gang, denn der Fahrige und Verwirrte vermag nicht einen Gedanken festzuhalten und logisch zu entwickeln; je krampfiger er sich bemüht, die Ideen zu ordnen, um so mehr verknäulen sich ihm die Worte zu einem dumpfen Sprudeln stammeriger Laute, die nicht mehr der deutschen Sprache angehören, sondern barocke, phantastische Lautgebilde sind. Einzelne Fragen versteht er noch mühsam, noch dämmert im verdunkelten Gehirn ein Schatten von Helligkeit, wenn man Schiller nennt oder sonst eine vergangene Gestalt anruft. Spricht aber ein Unvorsichtiger den Namen Hölderlins aus, so wird Scardanelli zornig und losfahrend. Allmählich wird der Kranke im verlängerten Gespräch unruhig und nervös, weil die Anstrengung des Denkens und die Qual der Zusammenfassung zu groß ist für sein ermüdetes Gehirn: so läßt ihn der Besucher, von Bücklingen und Reverenzen erschüttert, zur Türe begleitet.

Aber seltsam: in dem vollkommen Umnachteten, den man nicht mehr ins Freie lassen darf (weil die geistige Elite Deutschlands, die Herren Studenten, den Unglücklichen verhöhnen und durch Bierulk zu rabiatem Ausbruch treiben), in dieser ausgebrannten Asche eines eingestürzten Geistes bleibt ein Funke noch glühend bis zum letzten Tag: die Dichtung. Nur sie allein überlebt, symbolisch genug, den geistigen Untergang. Scardanelli dichtet, wie das Kind Hölderlin gedichtet haben mag. Stundenlang schreibt er ganze Bogen mit Versen und einer phantastischen Prosa voll – Mörike, der sie achtlos vertan, erzählt, man habe ihm diese Manuskripte „in Waschkörben zugetragen" –; und wenn ein Besucher ihn um ein Gedenkblatt bittet, so setzt er sich ohne Zögern hin und schreibt mit sicherer Hand (auch die Schrift ist unberührt von der Zerstörung) ganz nach Wunsch Verse über die Jahreszeiten oder Griechenland oder ein „Geistiges" hin, wie etwa dies:

Als wie der Tag die Menschen hell umscheinet
Und mit dem Lichte, das den Höhn entspringet,
Die dämmernden Erscheinungen vereinet,
Ist Wissen, welches tief der Geistigkeit gelinget.

Darunter schreibt er dann ein abstruses Datum (im Realen verläßt ihn sofort die Vernunft) und „mit Untertänigkeit Scardanelli".

Diese Gedichte des erloschenen Wachsinns, diese Verse Scardanellis sind nun vollkommen von jenen der geistigen Dämmerung, der purpurnen Finsternis, von den schwellenden Oden der „Nachtgesänge“ verschieden: in ihnen vollzieht sich eine geheimnisvolle Rückbildung zu den Anfängen. Keines von ihnen ist frei rhythmisch wie jene Hymnen an der Schwelle der Dunkelheit, alle kurzen Atems im Gegensatz zu jenen breiten rauschenden Strömen. Es ist, als ob der Ermüdbare und geistig Schwankende sich fürchtete, in freier Ode hinab in den reißenden Katarakt des Rhythmus zu stürzen; so hält er sich am Reim wie an einer Krücke. Keines von diesen Gedichten ist vernünftig im Sinne der Klarheit und keines gänzlich sinnlos; sie sind nicht mehr Form, sondern nur Klangform, irgendeinem Vagen der Bedeutung, das er nicht logisch mehr festzuhalten vermag, lyrisch nachgesprochen. Aber immerhin, diese Wahnsinnsgedichte Scardanellis sind doch noch Gedichte, indes jene der anderen Geisteskranken, etwa jene Lenaus aus der Winnenthaler Anstalt, ganz leer dem bloßen Klangreim nachtorkeln („Die Schwaben, sie traben, traben, traben“). Noch wölben sich wolkig und undurchsichtig Vergleiche, noch wird erschütternd oft der Seelenzustand in einem Aufschrei wahr wie in jenem unvergleichlichen Vierzeiler:

Das Angenehme dieser Welt hab ich genossen.
Der Jugend Freuden sind wie lang! wie lang! verflossen.
April und Mai und Junius sind ferne,
Ich bin nichts mehr, ich lebe nicht mehr gerne.

Das sind Verse nicht so sehr eines Irren, als eines Kinddichters, eines geistig ganz zum Kinde gewordenen großen Dichters; sie haben das Naive und Zwanglose infantiler Anschauung, niemals aber etwas Abruptes und Monströses, eine närrische Überstiegenheit. Wie in der Fibel reiht sich Bild an Bild, und mit der Naivität des Klapphornverses reimt sich die erhoben gesprochene Zeile. Kann ein Kind, ein siebenjähriges, eine Landschaft reiner und einfältiger sehen als Scardanelli, wenn er dichtet:

Oh, vor diesem sanften Bilde,
Wo die grünen Bäume stehn,
Wie vor einer Schenke Schilde,
Kann ich kaum vorübergehn.
Denn die Ruh an stillen Tagen
Dünkt entschieden trefflich mir.
Dieses mußt du gar nicht fragen,
Wenn ich soll antworten dir.

Ohne Nachdenklichkeit, ganz nur vom zufälligen Wind des Gefühls getrieben, absolut improvisatorisch also, schweben Bilder musikalisch auf und vorbei, Spiel eines seligen Kindes, das nichts vom Wirklichen weiß als die Farben und die Klänge, das lose Verbundene der Formen. Wie eine Uhr, deren Zeiger zerbrochen sind und in der innen noch das Werk sinnlos weitertickt, so dichtet Scardanelli-Hölderlin ins Leere einer erloschenen Welt hinein: Atmen ist für ihn Dichten. Der Rhythmus überlebt in ihm den Verstand, die Poesie das Leben: so erfüllt sich in furchtbar tragischer Verzerrung doch noch der tiefste Wunsch seines Lebens, ganz Dichtung zu werden, mit der ganzen Existenz restlos im Poetischen aufzugehen. Der Mensch in ihm stirbt vor dem Dichter, die Vernunft vor der Melodie; und Tod und Leben zusammen gestalten ihm bildnerisch als Schicksal, was einstens sein seherischer Wunsch als das wahre Ende der wahren Dichter gekündet: „In Flammen verzehrt die Flamme zu büßen, die wir nicht zu bändigen vermocht."

Heinrich von Kleist

Die abgestorbne Eiche steht im Sturm,
Doch die gesunde stürzt er schmetternd nieder,
Weil er in ihre Krone greifen kann.

Penthesilea

Der Gejagte

Ich bin dir wohl ein Rätsel.
Nun tröste dich; Gott ist es mir.

Die Familie Schroffenstein

Es gibt keine Windrichtung Deutschlands, in die er, der Ruhelose, nicht gefahren ist, es gibt keine Stadt, in der er, der ewig Heimatlose, nicht gehaust hat. Fast immer ist er unterwegs. Von Berlin saust er mit der rollenden Postkutsche nach Dresden, ins Erzgebirge, nach Bayreuth, nach Chemnitz, plötzlich jagt es ihn nach Würzburg, dann fährt er quer durch den napoleonischen Krieg nach Paris. Ein Jahr will er dort bleiben, aber schon nach wenigen Wochen flüchtet er in die Schweiz, wechselt Bern mit Thun, und Basel wieder mit Bern, fällt jählings wie ein geschleuderter Stein in Wielands stilles Haus zu Oßmannstedt. Und über Nacht treibt es ihn wieder fort, nochmals rennt er auf heißen Speichen über Mailand und die italienischen Seen nach Paris, stürzt sich sinnlos nach Boulogne mitten in eine fremde Armee und wacht dann plötzlich todkrank in Mainz auf. Und wieder wirft es ihn hinüber nach Berlin, nach Potsdam: ein Jahr lang nagelt ihn, den Unbeständigen, ersehntes Amt in Königsberg an, dann bricht er wieder los, will quer durch die marschierenden Franzosen nach Dresden, wird aber als vermeintlicher Spion nach Châlons geschleppt. Kaum befreit, flirrt er im Zickzack durch die Städte, stürmt von Dresden, mitten im österreichischen Krieg, nach Wien, wird bei Aspern während der Schlacht verhaftet und rettet sich nach Prag. Manchmal verschwindet er monatelang wie ein unterirdischer Fluß, taucht tausend Meilen weiter wieder auf: schließlich schleudert die Schwerkraft den Gejagten zurück nach Berlin. Ein paarmal zuckt er mit zerbrochenem Flügel noch hin und her, ein letztes Mal tastet er hinüber nach Frankfurt, bei der Schwester, bei den Verwandten ein Dickicht zu finden vor dem furchtbaren Jäger, der hinter ihm hetzt. Aber er findet keine Rast. So steigt er zum letztenmal in den Reisewagen (sein wahres, sein einziges Haus in all den vierunddreißig Jahren) und fährt hinaus an den Wannsee, wo er sich die Kugel in den Kopf schmettert. An einer Landstraße ist sein Grab.

Was treibt Kleist auf diesen Reisen? Oder vielmehr: was treibt ihn? Hier hilft keine Philologie: seine Reisen sind fast alle im letzten ganz sinnlos, sie haben keine Zwecke und kaum auch nur bestimmte Ziele. Sachlich sind sie nicht zu erklären. Was biedere Forschung da Gründe nennt, sind meist nur Vorwände, künstliche Masken vor dem Antlitz des Dämons. Nüchternen bleibt dieser ahasverische Trieb ewig rätselhaft: es ist darum auch kein Zufall, daß er dreimal als Spion verhaftet wird. In Boulogne rüstet Napoleon zur Landung in England – plötzlich torkelt wie ein Traumwandler der kaum entlassene preußische Offizier zwischen den Truppen herum. Ein Wunder rettet ihn vor dem Erschießen. Die Franzosen marschieren nach Berlin – gemächlich spaziert er durch die Kompanien, bis man ihn festnimmt und interniert. Bei Aspern kämpfen die Österreicher die entscheidende Schlacht: quer über die Walstatt wandert der Somnambule des Geistes, nichts anderes zur Legitimation in der Tasche als ein paar patriotische Gedichte. Ein solches sorgloses Verhalten ist logisch unerklärbar: hier waltet übermächtiger Zwang, waltet entsetzliche Ruhelosigkeit in einer selbstgequälten Seele. Man hat von geheimen Missionen gesprochen, die ihm anvertraut waren, um seine Fahrten zu erklären: das mag für die eine oder die andere gelten, nicht aber für die ewige Flucht seiner Existenz. In Wahrheit hat Kleist bei allen seinen Reisen kein Ziel.

Er hat kein Ziel, er pfeilt nicht einer Stadt, einem Land, einer Absicht zu – er schnellt sich nur ab von dem überspannten Bogen, fort von sich selbst. Er will sich entlaufen, etwas in sich gewaltsam überrennen, er wechselt (wie Lenau – ihm innig verwandt – einmal ähnlich in seinem Gedichte vom „Seelenkranken" sagt) die Städte wie ein Fiebernder die Kissen. Überall hofft er Kühlung, hofft er Genesung: aber wen der Dämon treibt, dem brennt kein Herd und wächst kein Dach. So stürzt Rimbaud die Länder entlang, so tauscht Nietzsche Ort und Ort und Beethoven Wohnung und Wohnung, so schleudert es Lenau von Kontinent zu Kontinent: sie alle haben die Peitsche, die furchtbare, der Lebensunruhe in sich, den tragischen Unbestand des Seins. Alle sind sie Getriebene einer unbekannten Macht, verurteilt, ihr niemals zu entrinnen: denn der sie treibt, kreist fiebrig in ihrem Blut, haust herrisch in der eigenen Stirn. Sie müssen sich vernichten, um den Feind in sich, ihren Herrn und Dämon, zu vernichten.

Kleist weiß, wohin es ihn treibt. Er weiß es von Anfang an – in den Abgrund. Nur weiß er nicht immer, ob er vor dem Abgrund flieht oder ihm entgegenrennt. Manchmal scheinen (Homburg verrät's vor dem offenen Grab) seine Hände ganz verkrampft an das Leben, ganz eingewühlt in die letzte Krume Erde, die ihn, den Stürzenden, halten soll. Dann sucht er Halt gegen das ungeheure Ziehen zur Tiefe, er sucht sich anzuketten an die Schwester, an Frauen, an Freunde, daß sie ihn halten. Und manchmal wieder strömt er beinahe über von lechzender Sehnsucht nach dem Ende, nach jenem letzten Hinab in die letzte Tiefe.

Immer weiß er um den Abgrund, aber er weiß nicht, ob er vor ihm liegt oder hinter ihm, ob er das Leben ist oder der Tod. Kleistens Abgrund ist innen, darum kann er ihm nicht entlaufen. Er trägt ihn mit sich wie seinen Schatten. So rennt er die Länder entlang wie eine jener lebenden Fackeln, wie die Märtyrerchristen, die Nero in Werg kleiden und dann anzünden ließ und die dann, ganz in Flammen gehüllt, liefen und liefen, ohne zu wissen wohin. Auch Kleist hat nie die Meilenzeiger an den Straßen gesehen: kaum daß er recht die Augen aufschlug in all den Städten, durch die er gefahren ist. Sein ganzes Leben ist ein einziges Flüchten vor dem Abgrund, ein einziges Zurennen gegen die Tiefe, eine entsetzlich qualvolle Jagd mit keuchenden Lungen und gepreßtem Herzen. Darum jener herrlich-entsetzliche Jubelschrei, als er endlich, der Qual müde, sich freiwillig in die Tiefe wirft.

Kleistens Leben ist nicht Leben, sondern einzig ein Zujagen auf das Ende, eine ungeheure Jagd mit ihrem tierhaften Rausch von Blut und Sinnlichkeit, von Grausamkeit und Grauen, umrauscht von allen Fanfaren der Erregung und dem Halali der spürenden Lust. Eine ganze Meute von Unglück hetzt hinter ihm her: wie ein gejagter Hirsch wirft er sich in das Dickicht, faßt manchmal mit jäher Wende des Willens einen der Hetzhunde des Schicksals, fällt sich sein Opfer – drei, vier, fünf blutheiße Werke, vom Stoß der Leidenschaft gefaßt – und jagt blutend weiter ins Gestrüpp. Und wie sie schon meinen, ihn zu packen, die heißen Rüden des Schicksals, hebt er sich mit letzter Kraft herrlich auf und stürzt sich – ehe er Gemeinem zur Beute wird – mit einem erhabenen Sprung in den Abgrund.

Bildnis des Bildnislosen

Ich weiß nicht, was ich Dir über mich
unaussprechlichen *Menschen* sagen soll.

Wir haben soviel wie kein Bildnis von ihm. Die höchst ungelenke Miniatur und das zweite, gleichfalls sehr minderwertige Porträt zeigen ein alltägliches, rundes Knabengesicht für den schon erwachsenen Mann, irgendeinen jungen deutschen Menschen mit schwarzem, fragendem Blick. Nichts deutet den Dichter darin oder bloß einen geistigen Menschen, kein Zug lockt die Neugier, die Frage auf nach der Seele unter diesem kalten Antlitz: man geht vorbei, ahnungslos, fremd, unbefriedigt, ohne Neugier. Kleistens Innen saß zu tief unter der Haut. Sein Geheimnis war nicht zu zeichnen und nicht zu malen aus seinem Gesicht.

Es ist auch nicht erzählt. Alle Wesensberichte seiner Zeitgenossen, selbst der Freunde, sind dürftig und sämtlich wenig sinnlich. Man spürt nur eines übereinstimmend aus allen: daß er unscheinbar, verborgen, von einer ganz seltsamen Unauffälligkeit in seinem Wesen wie in seinem Gesicht war. Er hatte nichts, was die Menschen um ihn zur Aufmerksamkeit zwang, er reizte den Maler nicht zur Zeichnung, er verlockte nicht die Dichter zum Bericht. Etwas Lautloses, Unbemerkbares, merkwürdig Unbetontes, etwas nicht nach außen Dringendes muß in ihm gewesen sein, eine Undurchdringlichkeit ohnegleichen. Hunderte sprachen mit ihm, ohne zu ahnen, daß er ein Dichter war; Freunde und Gefährten begegneten ihm Jahr und Jahr, ohne ein einziges Mal der Begegnung schriftlich, brieflich Erwähnung zu tun: kein Dutzend anekdotischer Schilderungen sind aus den vierunddreißig Jahren seines Lebens beisammen. Man erinnere sich, um besser das Schattenhafte von Kleistens Vorübergehen an seiner Generation zu fühlen, an Wielands Bericht, wie er Goethes Ankunft in Weimar schildert, den Feuerstreifen seiner Existenz, der jedem, dem er nur von ferne zuleuchtet, die Augen blendet; man gedenke der Bezauberung, die Byron und Shelley, die Jean Paul und Victor Hugo über die Zeit hinstrahlen und die sich tausendfach in Wort, Brief und Gedicht verrät. Niemand setzt auch nur die Feder an, eine Begegnung mit Kleist aufzuzeichnen; die drei Zeilen Clemens Brentanos sind noch das deutlichste, sinnlichste Porträt, das wir schriftlich besitzen: „ein untersetzter Zweiunddreißiger mit einem erlebten runden stumpfen Kopf, gemischtlaunig, kindergut, arm und fest". Selbst sie, diese nüchternste Beschreibung, zeichnet noch mehr den Charakter als das Bild. Alle haben an seinem Wesen vorbeigesehen, kein einziger ihm in die Augen geschaut. Wem er erscheint, erscheint er immer nur von innen.

Das kam, weil seine Schale zu hart war (und dies ist ja in nuce die Tragödie seiner Existenz). Er hielt alles verschlossen in sich selbst. Seine Leidenschaften zuckten nicht hinauf bis in die Augen. Seine Ausbrüche zerbrachen unter der Lippe vor dem ersten Wort. Er sprach wenig, vielleicht aus Scham, weil seine

Zunge schwer und stammerig ging, wahrscheinlich auch aus einer Unfreiheit des Gefühls, einer gewaltsamen Zugesperrtheit.

Erschütternd hat er selbst diese Unfähigkeit zur Rede, dieses heiße Siegel auf seiner Lippe, in einem Briefe bekannt. „Es fehlt", schreibt er, „an einem Mittel zur Mitteilung. Selbst das einzige, das wir besitzen, die Sprache, taugt nicht dazu, sie kann die Seele nicht malen, und was sie uns gibt, sind nur zerrissene Bruchstücke. Deshalb habe ich jedesmal eine Empfindung wie ein Grauen, wenn ich jemandem mein Innerstes aufdecken soll." So blieb er stumm, nicht aus Tumbheit oder Trägheit, sondern aus einer übermächtigen Keuschheit des Gefühls, und dies Schweigen, dies dumpfe, brütende, lastende Schweigen, mit dem er stundenlang zwischen den andern saß, war das einzige, was den Menschen an ihm auffiel, und dann noch eine gewisse Abwesenheit des Geistes, ein Verwölktsein mitten am klaren Tag. Er brach oft plötzlich ab in der Rede und starrte vor sich hin (immer hinein in den unsichtbaren Abgrund tief innen), und Wieland erzählt, daß er „bei Tische sehr häufig zwischen den Zähnen mit sich murmelte und dabei das Air eines Menschen hatte, der sich allein glaubt oder mit seinen Gedanken an einem anderen Ort oder mit ganz anderem Gegenstand beschäftigt ist". Er konnte nicht plaudern und unbefangen sein, alles Konventionelle und Verbindliche fehlte ihm dermaßen, daß die einen „etwas Finsteres und Sonderbares" in dem steinernen Gaste unbehaglich ahnten, indes die andern seine Schärfe, sein Zynismus, seine gewaltsame Überwahrheit verdroß (wenn er einmal, durch sein eigenes Schweigen gereizt, aus sich gewaltsam vorbrach). Es wehte keine weiche Luft des Gespräches um sein Wesen, keine anschmiegende Sympathie strahlte von Antlitz und Wort. Die ihn noch am besten verstand, Rahel, hat es am besten gesagt, „es ging streng um ihn her". Auch sie, die sonst so Schildernde und Erzählende, zeigt ihn nur von innen, nur die Atmosphäre seines Wesens, nicht seines Wesens plastisches Bild. So bleibt er uns der unsichtbare, der „unaussprechliche" Mensch. Die meisten, die ihm begegneten, bemerkten ihn nicht, oder sie bogen an ihm vorbei mit einem Gefühl von Grauen und Peinlichkeit. Die ihn kannten, liebten ihn, und die ihn liebten, liebten ihn mit Leidenschaft: doch auch ihnen streifte in seiner Gegenwart noch kalt eine geheime Angst über die Seele und hinderte ihnen Herz und Hand. Wem der Verschlossene sich auftat, dem zeigte er seine ganze Tiefe. Aber jeder fühlte sogleich, daß diese Tiefe ein Abgrund war. Keinem wird wohl in seiner Nähe, und doch zieht er die Nächsten magisch an. Keiner verläßt ihn ganz, der ihn kannte, und doch hält keiner bei ihm durch: der Druck seiner Atmosphäre, die Überhitzung seiner Leidenschaft, die Übertreibung seiner Forderungen (von jedem fast fordert er gemeinsamen Tod!) sind zu übermächtig, daß ein zweiter sie ertrüge. Jeder will zu ihm, jeder scheut vor seinem Dämon zurück; jeder fühlt, daß er nur durch eine Spanne von Tod und Untergang getrennt ist. Wie ihn Pfuel in Paris abends nicht zu Hause findet, stürzt er in die Morgue, ihn unter den Selbstmördern zu suchen. Wie Marie von Kleist eine Woche lang nichts von ihm hört, jagt sie ihren Sohn: er soll ihn aufsuchen und Entsetzliches verhindern. Die ihn nicht kannten, halten ihn für gleichgültig und kalt. Die ihn kennen, schauern und erschrecken vor dem finsteren Feuer, das ihn verzehrt. So kann ihn keiner anfassen und stützen: den einen ist er zu kalt, den andern zu heiß. Nur der Dämon bleibt ihm getreu.

Er weiß es selbst, daß es „gefährlich ist, sich mit mir einzulassen", wie er einmal sagt. Deshalb klagt er auch keinen an, der sich von ihm zurückgezogen; wer ihm nahe war, hat sich versengt an seinem Feuer. Wilhelmine von Zenge, seiner Braut, hat er durch Intransigenz seiner moralischen Forderungen die Jugend verstört, Ulrike, der Lieblingsschwester, das Vermögen weggelebt, Marie von Kleist, die Herzensfreundin, läßt er leer und vereinsamt zurück, Henriette Vogel reißt er mit sich in den Tod. Er kennt die Gefährlichkeit seines Dämons, die furchtbare Fernwirkung seines Innern: so zieht er sich immer mehr, immer krampfhafter in sich selbst zurück, macht sich noch einsamer, als die Natur ihn schuf. Ganze Tage verbringt er in den letzten Jahren mit der Pfeife im Bett, schreibend und dichtend; selten nur geht er aus, und dann meist „in Tabagien und Kaffeehäuser". Seine Unmitteilsamkeit wird immer vehementer, immer mehr geht er den Menschen verloren; als er im Jahre 1809 auf ein paar Monate verschwindet, notieren seine Freunde gleichgültig seinen Tod. Er fehlt niemandem, und endete er sein Leben nicht dann derart melodramatisch, so hätte keiner sein Fortsein bemerkt, so stumm, so fremd, so undurchdringlich war er der Welt geworden. Wir haben kein Bild von ihm, kein Bild seines äußern Wesens und kaum eines seines Innern als die Spiegelschrift seines Werkes, seiner expansiven Briefe. Ein einziges Bild freilich gab es des Bildnislosen, ein wundervolles, das die wenigen erschütterte, die es gelesen, ein Bekenntnis im Geiste Rousseaus, eine „Geschichte meiner Seele", die er kurz vor seinem Tode verfaßt hat. Aber wir kennen sie nicht, er hat das Manuskript verbrannt, oder die gleichgültigen Hüter seines Nachlasses haben es sorglos vertan so wie seinen Roman und manches andere Werk. So stürzt sein Antlitz ins Dunkel zurück, in dem es vierunddreißig Jahre geschattet. Wir haben kein Bild von ihm; wir kennen nur seinen finsteren Begleiter: den Dämon.

Pathologie des Gefühls

Verflucht das Herz, das sich nicht
mäßigen kann.

Penthesilea

Die Ärzte, die, von Berlin herbeigeeilt, den noch warmen Leichnam des Selbstmörders untersuchen, finden den Körper gesund und lebenskräftig. In keinem Organ ist ein Gebrest sichtbar und nirgends andere Todesurteile erkennbar als die gewaltsame, als die Kugel, die sich der Verzweifelte mit zielsicherer Hand in den Schädel gejagt. Um aber den Befundmit irgendeinem gelehrten Wort zu verbrämen, schreiben sie in das Protokoll, der „p.p. Kleist" sei ein „sanguino-cholericus in summo gradu" gewesen und daß man „auf einen krankhaften Gemütszustand" schließen könnte. Man sieht: verlegene Worte, ein Befund a posteriori ohne Zeugnis und Beweis. Nur die Vorbedingungen ihres Protokolls bleiben uns psychologisch wesenhaft, nämlich, daß Kleist körperlich gesund und lebensfähig, daß seine Organe durchaus intakt waren. Dem widersprechen auch die andern Zeugnisse seiner Biographie nicht, die von geheimnisvollen Nervenzusammenbrüchen, von der Stockigkeit seiner Verdauung, von mancherlei Leiden häufig berichten. Kleistens Krankheiten waren (um einen Terminus der Psychoanalyse zu gebrauchen) wahrscheinlich mehr Flucht in die Krankheit als eigentliches Gebrest, vehemente Ruhebedürfnisse des Leibes nach den ekstatischen Überspannungen der Seele. Seine preußischen Ahnen hatten ihm eine solide, fast allzu harte Physis vererbt: sein Verhängnis stak nicht im Fleisch, zuckte nicht im Blut, sondern schwärmte und gärte unsichtbar in seiner Seele.

Aber er war auch eigentlich nicht ein Seelenkranker, eine hypochondrische, misanthropisch-verdüsterte Natur (obwohl Goethe einmal absprechend sagt, „sein Hypochonder sei doch schon gar zu arg"). Kleist war nicht belastet, war nicht wahnsinnig, höchstens überspannt, wenn wir das Wort im sinnlichsten, wörtlichsten Sinn seines Ursprungs richtig aussprechen wollen (und nicht im verächtlichen, wie es der aufgeplusterte Primanerdichter Theodor Körner bei der Nachricht seines Freitodes vom „überspannten Wesen des Preußen" handhabt). Kleist war überspannt im Sinne von: zu viel gespannt, er war von seinen Gegensätzen ständig auseinandergerissen und beständig bebend in dieser Spannung, die, wenn der Genius sie berührte, gleich einer Saite schwang und klang. Er hatte zu viel Leidenschaft, eine maßlose, zügellose, ausschweifende, übertreiberische Leidenschaft des Gefühls, die beständig zum Exzeß drängte und doch nie in Wort oder Tat durchbrechen konnte, weil eine ebenso stark aufgetriebene und übertriebene Sittlichkeit, ein kantisches, überkantisches Pflichtmenschentum mit gewaltsamen Imperativen die Leidenschaft zurückstieß und versperrte. Er war leidenschaftlich bis zur Lasterhaftigkeit bei einem fast krankhaften Sauberkeitsempfinden, er wollte immer wahr sein und mußte sich immer verschweigen. Daher dieser Zustand ständiger Spannung und Stauung, diese unerträgliche Qual seelischen Auftriebs bei verpreßten Lippen. Er hatte zuviel Blut bei zuviel Hirn, zuviel Temperament bei zuviel Zucht, zuviel Gier bei zuviel Ethos und war ebenso übertreiberisch im Gefühl wie überwahrhaftig im Geist. So spannte sich der Konflikt immer gewaltsamer durch sein ganzes Leben; allmählich mußte der Druck zur Explosion führen, wenn sich kein Ventil auftat. Und Kleist (das war sein Verhängnis im letzten) hatte kein Ventil, keinen Ausstrom: im Wort gab er sich nicht her, nichts von seinen Spannungen floß ab in Gesprächen, in Spielen, in kleinen erotischen Abenteuern oder verschwemmte sich in Alkohol und Opium. Nur in den Träumen (in seinen Werken) tobten sich schwelgerisch seine wüsten Phantasien, seine überhitzten (und oft dunklen) Triebe aus; wenn er wach war, duckte er sie mit eherner Hand, ohne sie aber ganz töten zu können. Ein Schuß Laxheit, Indifferenz, Knabenhaftigkeit, Sorglosigkeit: und seine Leidenschaften hätten das böse Gehaben eingesperrter Raubtiere verloren; aber er, der Ausschweifendste, Schwelgerischeste im Gefühl, war ein Fanatiker der Zucht, er übte preußischen Drill gegen sich selbst und stand mit sich ständig im Widerstreit. Sein Inneres war wie ein unterirdischer Käfig niedergeduckter, aber nicht gezähmter Gelüste, die er mit dem rotglühenden Eisen gehärteten Willens immer zurückstieß. Aber immer sprangen die hungrigen Bestien wieder in ihm auf. Und schließlich haben sie ihn zerrissen.

Dieses Mißverständnis zwischen wahrem und selbstgewolltem Wesen, diese ständige Überspannung von Trieb und Widertrieb schuf seine Qual in Schicksal um. Seine Hälften paßten nicht zusammen und rieben sich ständig blutig: er war ein russischer Mensch, ein Maßloser, lechzend nach Überschwang und dabei eingeschnürt in den Waffenrock eines märkischen Adeligen; er hatte große Begierden und dabei das strikte imperativische Bewußtsein, er dürfe ihnen nicht nachgeben. Sein Intellekt verlangte nach Idealität, aber er forderte sie nicht wie Hölderlin (ein anderer Tragiker des Geistes) von der Welt: Kleist postulierte das Ethos nicht für die andern, sondern einzig für sich. Und wie alles, so übertrieb er – der furchtbarste Übertreiber jedes Gefühls, jedes Gedankens – auch diese Forderungen der Sittlichkeit: selbst die starre Norm hitzte er sich rotglühend bis zur

Leidenschaft. Daß ihm keiner unter den Freunden, den Frauen, den Menschen genügte, hätte ihn nicht zerstört. Daß er sich selbst aber nicht gewachsen war, daß er sich, so heiß er war, nicht formen konnte, das vernichtete immer wieder seinen Stolz. Ständig hält er über sich Gericht, ein harter Richter – „es ging streng um ihn her", wie Rahel sagte, und am strengsten in ihm selbst. Wenn er in sich hineinsah – und Kleist hatte den Mut, wahr zu sehn und bis in die letzte Tiefe zu sehn –, dann graute ihm wie einem, der Medusa erblickt. Er war ganz anders, als er sich wollte: und niemand wollte mehr von sich; kaum hat je ein Mensch höhere moralische Prätensionen an sich gestellt (bei so geringer Fähigkeit, ein kategorisches Ideal zu erfüllen) als Heinrich von Kleist.

Denn wirklich: ein ganzes Schlangennest von Dämonien brütete unter dem kühlen, verdeckten, undurchdringlichen Felsen seiner äußern Starre, und eine hitzte sich an der andern. Die Fremden haben niemals diesen höllischen Knäuel geahnt unter Kleistens kühler beherrschter Verschlossenheit, aber er selbst kannte es furchtbar gut, dies verknäuelte züngelnde Gezücht von Leidenschaft im untersten Schatten seiner Seele. Der Knabe schon hatte es entdeckt und blieb ein ganzes Leben davon verstört: die sinnliche Tragödie Kleistens beginnt früh, Überreiztheit war ihr Anfang, Überreiztheit ihr Ende. Es besteht kein Anlaß, prüde dieser intimsten Krise seiner Jugend auszubiegen, nachdem er sie selbst seiner Braut und seinem Freunde vertraut; und dann: sie ist der dichterische Einstieg hinab ins Labyrinth seiner Leidenschaft. Als junger Kadett hatte er, vor der Kenntnis der Frau, das getan, was so ziemlich alle leidenschaftlichen Knaben seines Alters im Frühlingserwachen der Sexualität tun. Da er ein Kleist war, frönte er maßlos diesem Knabenlaster; da er ein Kleist war, litt er moralisch maßlos an dieser Schwäche seines Willens. Er fühlt sich von solcher Wollüstigkeit seelisch befleckt, körperlich schon zerrüttet, und seine gräßlich übertreibende Phantasie, die immer in furchtbaren Bildern schwelgt, täuscht ihm entsetzliche Folgen seines Knabenlasters vor. Was andere leicht überwachsen wie eine nichtige Schramme der Jugend, das frißt sich bei ihm wie ein Krebsgeschwür bis tief hinein in die Seele: schon verzerrt der Einundzwanzigjährige den (wohl bloß imaginären) Defekt seines Sexus zu Gigantenmaßen. Er schildert ineinem Brief jenen (gewiß erfundenen) Jüngling im Spital, der an den „Verirrungen seiner Jugend" zugrunde geht, „mit nackten blassen ausgedörrten Gliedern, mit eingesenkter Brust, kraftlos niederhängendem Haupt" einzig sich selbst zu Warnung und Schrecknis; und man fühlt, wie dieser preußische Junker zerfressen sein muß von Selbstekel und Scham über die Erniedrigung, daß er sich nicht selbst gegen die eigene Lust zu verteidigen wußte. Und dazu kommt noch die wahrhaft tragische

Steigerung, daß er, der sich sexuell unfähig fühlt, verlobt war mit einem keuschen, unwissenden Mädchen, dem er Sittlichkeit in spaltenlangen Exerzitien dozierte (indessen er sich selbst unsauber und beschmutzt empfand bis in den letzten Winkel seiner Seele), daß er ihr die ehelichen Pflichten erklärt und jene der künftigen Mutterschaft (indes er bezweifelt, je die eheliche Mannespflicht noch erfüllen zu können). Schon damals beginnt jene entsetzliche Überfülltheit in Kleist, die er scheu und schamhaft niederwürgt, bis ihm doch einmal die Lippe aufspringt und er einem Freund den Wahngedanken, die vermeintliche Schmach anvertraut, die ihn entnervt. Der Freund – Brockes hieß er – war kein Kleist, kein Übertreiber. Er übersah die Situation sofort in ihren klaren natürlichen Maßen, wies Kleist an einen Arzt in Würzburg, und in wenigen Wochen befreite ihn der Chirurg – scheinbar durch Operation, wahrscheinlich aber durch Suggestion – von der vermeintlichen Minderwertigkeit des Geschlechts.

Sein Sexus war nun organisch geheilt. Aber Kleistens Erotik ist niemals ganz normal, ganz begrenzt geworden. Es tut sonst in einer menschlichen Biographie nicht not, an das „Geheimnis des Gürtels" zu rühren; aber gerade dieser Gürtel verschließt Kleistens geheimste Kräfte, und trotz seiner eminenten Geistigkeit ist sein Wesen urtümlich von seinem merkwürdig oszillierenden und doch durchaus typischen erotischen Habitus bestimmt. Seine ganze schwelgerische, übertreiberische, zügellos ausschweifende Orgiastik, die gerne in Bildern wühlt und in Überschwängen sich ergießt, hat unzweifelhaft ihre Wesensart von jenen verborgenen Exzessen; und vielleicht hat niemals in der ganzen Literatur eine dichterische Phantasie so klinisch deutlich die Form einer vorlusthaften, sich schon an Träumen erhitzenden und an Träumen sich aufreibenden und erschöpfenden Knaben-Männlichkeit gehabt. Dichterisch sonst der sachlichste, taghellste Schilderer, wird Kleist in erotischen Episoden sofort schwelgerisch exzessiv, orientalisch-üppig, seine Visionen zu erregten Lustträumen, die sich in traumhaften Übersteigerungen überbieten (die Schilderungen der Penthesilea, das ewig wiederholte Bild der Perserbraut, die nackt von Sandel triefend aus dem Bade steigt) – an diesem Nerv ist sein ganzer so furchtbar verborgener Organismus gleichsam offen und zuckt bei der leisesten Berührung. Hier spürt man, daß der erotische Überreizungszustand seiner Jugend ein unausrottbarer war, daß diese chronische Entzündlichkeit seines Eros fortbestand, sosehr er sie niederzwang und in späteren Jahren auch verschwieg.

Aber etwas kam da niemals mehr ins Gleichgewicht, nie hatte sich Kleistens Liebesleben jemals in irgendeiner Beziehung ganz einlinig, geradlinig auf der normalspurigen Bahn gesunder Männlichkeit bewegt; alle Beziehungen Kleistens behalten dieses Zuwenig und Zuviel in den wandelndsten Formen, sie schillern durcheinander in den seltsamsten und gefährlichsten Betonungen und Nuancierungen. Eben weil ihm die gerade Stoßkraft des Begehrens (vielleicht auch des Könnens) im Sexuellen fehlte, war er aller Vielfältigkeiten und Zwischengefühle fähig: darum auch seine magische Kenntnis aller Kreuzwege und Seitenschliche des Eros, all der Vermengungen und Verkleidungen des Gelüsts, dies merkwürdige Wissen um das Transvestitentum des Triebs. Selbst die ursprüngliche Zielrichtung gegen die Frau ist nicht ganz umwandelbar; während bei Goethe und den meisten Dichtern der Pol ganz rein der Frau zugewandt ist, sosehr er auch in vielfacher Schwingung pendelt, tastet Kleistens unbeherrschter Trieb allen Zielrichtungen zu. Man lese die Briefe an Rühle, Lohse und Pfuel: „Ich habe Deinen schönen Leib oft, wenn Du in Thun ... in den See stiegest, mit wahrhaft mädchenhaften Gefühlen betrachtet", oder noch deutlicher, „Du stelltest das Zeitalter der Griechen in meinem Herzen wieder her, ich hätte bei Dir schlafen können" – und würde einen Homosexuellen in ihm vermuten. Aber Kleist ist nicht invertiert, seine Liebesempfindung hat nur exaltierte Gefühlsformen. Nicht minder glühend und voll jener erotischen Überhitzung der seelischen Empfindung schreibt er an die „Einzige", an Ulrike, die aber seine Stiefschwester war (und seltsam das Weibische seines Empfindens parodierend, in Manneskleidern mit ihm reiste). Immer mengt er jeder Gefühlsregung das brennende Salz seiner übertriebenen Sinnlichkeit bei, immer verwirrt er so die Empfindungen. Bei Luise Wieland, der Dreizehnjährigen, kostet er den Reiz der geistigen Verführung ohne tätliche Beziehung, an Marie von Kleist drängt ihn mütterliches Gefühl, an die letzte Frau, an Henriette Vogel, bindet ihn gleichfalls kein Verhältnis (wie gräßlich doch diese Worte sind), sondern nur die wütige Todeswollüstigkeit. Nie ist eine Beziehung Kleistens zu einer Frau, zu einem Manne klar und einfach, nie eine Liebe, sondern immer ein Vermengtes, Übertriebenes, immer jenes Zuviel und Zuwenig, das seines Eros eigentliches Stigma bildet, immer geht er – wie Goethe mit magisch durchleuchtendem Worte von ihm sagte – „auf eine Verwirrung des Gefühls" aus. Nie schöpft, nie erschöpft er, so tief er sich auch aufwühlt, in einem Erlebnis seine Liebesgewalt, nie wird er (wie Goethe) frei durch Tat oder Flucht, immer bleibt er verhakt, ohne ganz zu erfassen, der „sinnlich übersinnliche Freier", gehitzt von den feinen Giften seines Blutes. Auch in der Erotik ist Kleist niemals der Jäger, sondern der Gejagte, untertan dem Dämon der Leidenschaft.

Aber eben, weil Kleist sexuell so vieldeutig, so problemhaft, und gerade darum vielleicht, weil er da physisch nicht ganz vollwertig und einlinig war, übertrifft er alle andern Dichter um ihn an erotischem Wissen. Die überhitzte Atmosphäre seines Blutes, die ständig bis zum Zerreißen vehemente Straffung seiner Nerven treibt aus den Untergründen die geheimsten Rückstände des Gefühls heraus: die seltsamen Gelüste, die bei andern im Unterbewußten verdämmern und versickern, brechen bei ihm fieberfarben vor und durchschweben feurig den Eros seiner Gestalten. Durch die Übertreibung des Urelements – und Kleist ist Künstler einerseits durch Präzision der Beobachtung wie andererseits durch Übersteigerung des Maßes – reißt er jedes Gefühl bis ins Pathologische hinaus. All das, was man grobschlächtig die Pathologia sexualis nennt, wird in seinem Werke bildhaft in fast klinischen Bildern: Männlichkeit übertreibt er zur Männischkeit, zu Sadismus beinahe (Achill und Wetter vom Strahl), Leidenschaft zur Nymphomanie, Blutschwelgerei und Lustmord (Penthesilea), weibliche Hingabe zu Masochismus und Hörigkeit (Käthchen von Heilbronn); dazu mengt er noch all die dunklen Mächte der Seele, wie Hypnotik, Somnambulismus, Wahrsagerei. Alles, was in der Naturgeschichte des Herzens auf dem äußersten Blatte verzeichnet ist, das Exzentrische des Gefühls, das Herausgebogensein des Menschen über seinen letzten Rand, dies und gerade dies lockt ihn zu dichterischem Gebilde. Immer waltet dieser Charakter wüster, sinnlich überhitzter Träume in seinem Werke vor: er wußte die Kakodämonen, die glühenden Mächte seines Blutes, nicht anders zu beschwören, als daß er sie mit der Peitsche der Leidenschaft hineintrieb in seine Gestalten. Kunst ist für ihn Exorzismus, Austreibung der bösen Geister aus dem gefolterten Leib ins Imaginäre. Sein Eros lebt sich nicht aus, sondern träumt sich bloß aus: daher diese Verzerrungen ins Gigantische und Gefährliche, die Goethe erschreckt und manchen Unbelehrten abgestoßen haben.

Aber nichts Fehlerhafteres, als darum in Kleist einen Erotiker zu sehen (der Eros deutet bloß immer sinnlicher als die nur geistigen Leidenschaften den Habitus jeder Natur). Zum Erotiker – im Sinne des Genießers, des Wollüstigen – fehlt ihm vollkommen das Moment der Lustbetonung. Kleist ist das Gegenteil eines Genießers, er ist der Erleider, der Gequälte seiner Leidenschaft, der Nichtverwirklicher, der Nichterfüller seiner heißen Träume: daher das Gestaute, Gepreßte, ewig Rückfließende und Aufkochende seiner Gelüste. Auch hier erscheint er wie überall als der Getriebene, als der Gejagte eines Dämons, ewig im Kampf mit seinen Zwängen und Drängen, entsetzlich leidend unter dieser Zwanghaftigkeit seiner Natur. Aber der Eros ist nur einer in der schäumenden Koppel, die ihn quer durch das Leben hetzt: seine andern Leidenschaftlichkeiten sind nicht minder gefährlich und blutgierig, denn jede treibt er ja – als der furchtbarste Übertreiber, den die neue Literatur kennt – bis in den Exzeß, jede Not der Seele, jedes Gefühl fiebert er ins Manische, ins Klinische, ins Selbstmörderische hinein. Ein Pandämonium der Leidenschaft tut sich auf, wo immer der Blick an ein Werk, an eine Wesensäußerung Kleistens tastet. Er war voll Haß, voll Ressentiment, ja voll gepreßter aggressiver Gereiztheit; und wie furchtbar diese enttäuschte Machtgier in ihm wühlte, spürt man, wo das Raubtier sich von der niederdrückenden Faust befreit und die Gewaltigsten, einen Goethe oder Napoleon, anspringt: „Ich will ihm den Kranz von der Stirne reißen", das ist noch das mildeste Wort seines Hasses gegen den, zu dem er vordem „auf den Knien seines Herzens" gesprochen. Eine andere Bestie aus der fürchterlichen Meute der exzedierenden Gefühle: der Ehrgeiz, verschwistert einem tollen, halsbrecherischen Stolz, der jeden Einwand mit der Fußsohle zertritt. Dann ein dunkler saugender Vampir in Blut und Hirn: eine finstere Schwermut, aber nicht wie jene Leopardis und Lenaus ein passiver Seelenzustand, eine musikalische Dämmerung des Herzens, sondern „ein Gram, über den ich nicht Meister zu werden vermag", wie er schreibt, eine aggressive glühende Todesfiebrigkeit, eine brennende Qual, die ihn wie Philoktet mit vergifteter Wunde in die Einsamkeit zurückjagt. Und daraus wieder eine neue Not: die Qual der Ungeliebtheit, die er im „Amphitryon" dem Gott der Schöpfung der Natur anvertrauen läßt, auch sie gesteigert zu einer Raserei der Einsamkeit. Was immer ihn bewegt, wird zu Krankheit und Exzeß: selbst die geistigen, die intellektuellen Neigungen zu Sittlichkeit, Wahrheit und Rechtlichkeit verzerrt sein Übermaß zu Leidenschaften, aus Rechtliebe wird Rechthaberei (Kohlhaas), aus Wahrheitsdrang ein wühlerischer Fanatismus, aus Sittlichkeitsbedürfnis eine eiskalte überspitzte Dogmatik. Immer schießt er über sich hinaus, immer bleibt der Widerhaken des rückstürzenden Pfeils im Fleische, das allmählich durchätzt wird von allen Laugen und Bitternissen der Enttäuschung. Denn all diese passionierten Triebe, diese aufreizenden virulenten Gifte können nicht aus ihm ganz heraus und geraten in gefährliche Gärung: es fehlt (wie in seinem Eros) die Entladung in die Tat. Sein Haß gegen Napoleon schwelgt im Gedanken, ihn zu ermorden, die Franzosen niederzuknüppeln – aber er faßt nicht den Dolch und nicht einmal in Reih und Glied das Gewehr. Sein Ehrgeiz will im „Guiskard" Sophokles und Shakespeare in einem überbieten – aber das Stück bleibt Ohnmacht und Fragment. Seine Schwermut drängt sich an die andern und sucht durch zehn Jahre vergebens Begleiter in den Tod – aber er wartet zehn Jahre, bis er endlich in einer krebskranken enttäuschten Frau die Gefährtin findet. Sein Tatdrang, seine Kraft füttern nur seine Träume und machen sie wild und blutrünstig. So wächst alle Leidenschaft in ihm, von der Phantasie unablässig gehitzt, tropisch auf zu einer Überreiztheit und Spannung, die ihm manchmal die Nerven durchriß, aber doch, nach Hamlets Wort, „dies allzu harte Fleisch" nicht zu schmelzen vermag. Vergebens stöhnt er „Ruhe, Ruhe vor den Leidenschaften", aber sie lassen ihn nicht, und bis in das letzte Rinnsal seiner Werke zischt der heiße Dampf, die Hypertrophie des Gefühls. Sein Dämon läßt nicht die Peitsche von ihm: er muß weiter durch das Gestrüpp seines Schicksals in ewiger Jagd bis zum Abgrund.

Ein von allen Leidenschaften Gejagter – das ist Kleist wie keiner. Aber nichts wäre irrtümlicher, als in ihm darum einen zügellosen Menschen zu sehn, denn das ist ja seine äußerste Qual, seine ureigene Tragik, daß er sich, mit allen Geißeln und Nattern seiner Leidenschaften fortgepeitscht, ständig zügelt, daß dieser starre Zaum seines Willens ihn zurückreißt, während er vorwärts will. Sonst steht bei jener ihm so tief verwandten Art der sich selbst zerstörende Dichter, bei Günther, bei Verlaine, Marlowe, einer überschwingenden Leidenschaft ein ganz schwacher weibischer Wille entgegen, und sie werden überflutet und zermalmt von ihren Trieben. Sie vertrinken, verspielen, vergeuden, verlieren sich, sie werden zerrieben von dem innern Wirbel ihres Wesens: sie stürzen nicht jählings ab, sondern rutschen allmählich hinunter, sie fallen von Stufe zu Stufe mit immer schwächerem Widerstand des Willens. Bei Kleist aber steht – und hier, nur hier ist die Wurzel der Kleistischen Tragödie – einer dämonisch starken Leidenschaftlichkeit der Natur ein gleich dämonischer Wille des Geistes entgegen (so wie im Werk ein wilder, berauschter Visionär sich einem kalten, nüchternen, unerhört klarsichtigen Könner und Errechner paart). Auch sein Gegenwille gegen das Triebhafte ist überstark wie der Trieb selbst, und diese widersätzliche Doppelstärke steigert seinen innern Kampf ins Heroische. Manchmal erscheint er selbst wie sein Guiskard, der in seinem innersten Zelte (in seiner Seele) durchschwärt von Beulen, durchfiebert von allen bösen Säften, leidet, aber durch die Kraft seines Willens sich aufrafft und, mit ungeheurer Geste seinem Geheimnis die Kehle verschließend, vor die Menschen tritt. Kleist gibt sich nicht einen Fußbreit nach, er läßt sich nicht willenlos in den eigenen Abgrund hinabziehen: ehern stemmt sich der Wille gegen dies ungeheure Ziehen seiner Leidenschaft:

Steh, stehe fest wie das Gewölbe steht
Weil seiner Blöcke jeder stürzen will.
Beut deine Scheitel, einem Schlußstein gleich,
Der Götter Blitzen dar und rufe: trefft!
Und laß dich bis zum Fuß herab zerspalten,
Solang ein Atem Mörtel und Gestein
In dieser jungen Brust zusammenhält.

– diese heilige Hybris setzt er dem Schicksal entgegen, und gegen die Selbstvernichtung dämmt er herrisch und stark den leidenschaftlichen Trieb zur Selbsterhaltung, zur Selbsterhöhung. So wird Kleistens Leben zu einer Gigantomachie, zum Riesenkampf einer übersteigerten Natur: seine Tragik ist nicht, daß er wie die meisten Menschen von dem einen zuviel und von dem andern zuwenig hatte, sondern er hatte von beidem zuviel; zuviel Geist bei zuviel Blut, zuviel Sittlichkeit bei zuviel Leidenschaft, zuviel Zucht bei zuviel Zügellosigkeit. Er war einer der überfülltesten Menschen, und die „unheilbare Krankheit", von der dieser „schön intentionierte Körper" ergriffen war (wie Goethe sagt), eigentlich Überkraft. Darum mußte er sich selbst zersprengen wie ein überhitzter Kessel: sein Dämon war nicht das Urmaß, sondern sein Übermaß.

Lebensplan

Alles liegt in mir verworren wie die
Wergfasern im Spinnrocken.

Aus einem Jugendbrief

Kleist hat dieses Chaos seines Gefühls früh in sich gefühlt. Der Knabe schon und viel stärker dann der zwanzigjährige Gardeoffizier spürt schon halb unbewußt den innern übermächtigen Schwall des Gefühls gegen die enge Welt. Aber er meint, diese Verwirrung und Befremdung sei nur Gärung der Jugend, unglückliche Einstellung ins Leben und vor allem Mangel an Vorbereitung, an System, an Erziehung. Und wahrhaft fürs Leben erzogen war Kleist ja niemals worden: aus dem verwaisten Elternhaus kommt er in eines emigrierten Predigers Zucht, dann in die Kadettenschule, wo er Kriegskunst lernen soll, indes seine heimlichste Neigung Musik ist, dieser erste Ausbruch seines Gefühls ins Unendliche. Aber nur heimlich ist es ihm gestattet, die Flöte zu spielen (meisterlich soll er sie gehandhabt haben), tagsüber hat er Kommißdienst in dem harten preußischen Heere, Exerzierfron auf den öden Sandkarrees seiner Heimat. Und der Feldzug von 1793, der ihn schließlich in einen wirklichen Krieg wirft, ist der jämmerlichste, kläglichste, langweiligste, unheroischeste der deutschen Geschichte. Nie hat er seiner wie einer Kriegstat Erwähnung getan: einzig in einem Gedicht an den Frieden atmet er seine Sehnsucht aus, dieser Sinnlosigkeit zu entrinnen.

Der Waffenrock drückt ihm zu eng die aufgeweitete Brust. Er fühlt in sich Kräfte gären und fühlt auch, daß sie aus ihm nicht wirksam in die Welt treten könnten, solange er sie nicht zu disziplinieren weiß. Niemand hat ihn erzogen, niemand ihn belehrt: so will er sein eigener Pädagog sein, sich „einen Lebensplan zimmern" oder, wie er sagt, „richtig leben"; und da er ein Preuße ist, so muß sein erster Gedanke der einer Ordnung sein. Er will Ordnung in sich schaffen, „richtig leben", nach Prinzipien, nach Ideen, nach Maximen, und er glaubt, er könne dies

Chaos in sich durch eine geregelte, eine schematische, eine gemäße Existenz zähmen, um „in ein konventionelles Verhältnis zur Welt zu kommen". Sein Grundgedanke ist: jeder Mensch müsse einen Lebensplan haben, und dieser Wahn läßt ihn fast bis an sein Lebensende nicht mehr los. „Ein freier denkender Mensch bleibt da nicht stehen, wo der Zufall ihn hinstößt … er fühlt, daß man sich über sein Schicksal erheben könne, ja, daß es im richtigen Sinn selbst möglich sei, das Schicksal zu leiten. Er bestimmt nach seiner Vernunft, welches Glück für ihn das höchste sei, er entwirft sich seinen Lebensplan … Solange ein Mensch noch nicht imstande ist, sich selbst einen Lebensplan zu bilden, solange ist und bleibt er unmündig, er stehe nun als Kind unter der Vormundschaft seiner Eltern oder als Mann unter Vormundschaft des Schicksals" – so philosophiert der Einundzwanzigjährige und meint des Fatums zu spotten. Noch weiß er nicht, daß sein Schicksal innen ist und zugleich jenseits seiner Macht.

Aber gewaltsam stößt er sich in das Leben ab. Er zieht den Soldatenrock aus – „Der Soldatenstand", schreibt er, „wurde mir so verhaßt, daß es mir nach und nach lästig wurde, zu seinem Zwecke mitwirken zu müssen." Aber wie nun, einer Zucht entronnen, sich selbst eine andere finden? Ich sagte schon, Kleist müßte kein Preuße sein, wenn sein erster Gedanke nicht Ordnung gewesen wäre. Nun: und er müßte kein Deutscher sein, wenn er für diese innere Ordnung nicht alles von der Bildung erhoffte. Bildung, das ist das Arkanum des Lebens für ihn wie für jeden Deutschen; lernen, viel ausBüchern lernen, in Vorlesungen sitzen, Kollegbücher schreiben, den Professoren lauschen – so malt sich dem Jugendlichen der Weg in die Welt. Mit Maximen und Theorien, mit Philosophie und Naturkunde und Mathematik und Literaturgeschichte hofft Kleist den Weltgeist zu fassen, den Dämon in sich zu bannen. Und so wirft sich der ewige Übertreiber wie ein Rasender in das Studium hinein. Alles, was er tut, was er anfaßt, durchglüht er mit seinem dämonischen Willen: er berauscht sich geradezu an der Nüchternheit und macht aus dem Pedantismus eine Orgie. Wie seinem deutschen geistigen Ahn, wie dem Doktor Faust, ist ihm die weitausholende, schritthafte Linie zu den Wissenschaften zu langsam: mit einem Sprung will er alles erraffen und aus dem Wissen endlich das Leben selbst, die „wahre" Form des Lebens erkennen. Denn er glaubt ja, verführt von den Schriften der Aufklärungszeit, mit der ganzen Fanatik seines Triebwillens an die Erlernbarkeit der „Tugend" im Sinne der Griechen, an eine Lebensformel, durch die man sich Wissen und Bildung errechnen könne, um sie dann wie ein Schema, wie eine Logarithmentafel von Fall zu Fall zu exemplifizieren. Darum lernt er wie ein Verzweifelter, bald Logik, bald reine Mathematik, bald Experimentalphysik, dann wieder Lateinisch und Griechisch, und all das „mit einem mühsamsten Fleiße". Man spürt deutlich, daß er die Zähne zusammenpressen muß, um durchzuhalten: „Ich habe mir ein Ziel gesetzt, das die ununterbrochene Anstrengung aller meiner Kräfte und die Anwendung jeder Minute Zeit erfordert, wenn es erreicht werden soll", aber dies „Ziel" will sich immer und immer noch nicht zeigen. Er lernt ins Leere, und je mehr er an einzelnen Kenntnissen hastig zusammenballt, um so weniger erkennt er das innere Ziel. – „Mir ist keine Wissenschaft lieber als die andere – soll ich immer von einer Wissenschaft zur anderen gehen, und immer nur auf ihrer Oberfläche schwimmen und bei keiner in die Tiefe gehen?" Vergebens predigt er, nur um sich selber von der Nützlichkeit seines Tuns zu überzeugen, seiner Braut in pedantischer Weise eine pedantische Mechanik des sittlichen Verhaltens, monatelang quält er das arme Mädchen wie der versessenste Schulmeister mit läppischen vernünftlerischen Fragen und Antworten, die er ihr säuberlich, um sie „auszubilden", aufschreibt: nie war Kleist antipathischer, unmenschlicher, schulfuchshafter, verpreußter als in jener unglückseligen Epoche, wo er den Menschen in sich mit Büchern und Kollegien und Präzepten sucht, nie sich selber, seinem glühenden Wesenskern fremder, als da er sich zum Bürger, zum nützlichen Menschen zu ertüchtigen strebt.

Aber er soll dem Dämon nicht entrinnen, indem er Bücher und Pandekten über ihn stülpt: aus den Büchern schlägt die furchtbare Flamme ihm eines Tages schreckhaft entgegen. Plötzlich, in einer Stunde, in einer Nacht ist Kleistens erster Lebensplan vernichtet. Er hat Kant gelesen, den Urfeind aller deutschen Dichter, ihren Verführer und Zerstörer, und dies kalte überklare Licht blendet ihm den Blick. Entsetzt muß er seine höchste Überzeugung, den Glauben an die Heilkraft der Bildung, an die Erkennbarkeit der Wahrheit bankerott erklären: „Wir können nicht entscheiden, ob das, was wir Wahrheit nennen, wahrhaft Wahrheit ist oder ob es uns nur so scheint." Die „Spitze dieses Gedankens" durchbohrt ihn „im heiligsten Innern" seines Herzens, und erschüttert ruft er in einem Briefe aus: „Mein einziges, mein höchstes Ziel ist gesunken, und ich habe nun keines mehr." Der Lebensplan ist vernichtet, Kleist wieder allein mit sich selbst, mit diesem furchtbaren lastenden geheimnisvollen Ich, das er nicht zu bändigen weiß. Gerade, daß er – wie immer – als der maßlos Leidenschaftliche sein ganzes Sein, seine unumschränkte geistige Existenz auf eine Karte setzt, macht diese seine seelischen Niederbrüche so furchtbar und gefährlich. Wenn Kleist seinen Glauben verliert oder seine Leidenschaft, verliert er immer alles: denn dies ist seine Tragik und seine Größe, sich immer ganz und restlos in ein Gefühl hineinzutreiben und niemals den Weg zurückzufinden, sich nie anders also befreien zu können als durch Explosion und Zerstörung.

So wird er auch diesmal durch Zernichtung frei. Er zerschellt den Becher, aus dem er sich durch Jahre selig berauscht, klirrend und mit einem Fluch an der Wand des Schicksals. Die „traurige" Vernunft, so nennt er die fortab, die bisher sein Idol gewesen, er flieht die Bücher, die Philosophie, die Theoreme – und flieht, als der ewige Übertreiber, wieder zu weit hinüber bis an das andere Ende. „Mir ekelt vor allem, was Wissen heißt": mit einem Ruck wirft er sich herum in das Gegenteil, reißt seinen Glauben aus sich wie einen weggelebten Tag aus dem Kalender, und der gestern noch in Bildung die Rettung, im Wissen die Magie, in der Kultur das Heil, im Studium die Wehrkraft gesehen, schwärmt nun für Dumpfheit, die Unbewußtheit, für das Primitive, für das Tierhaft-Vegetative. Sofort – Kleistens Leidenschaft kennt nicht das Wort Geduld – ist ein neuer Lebensplan gezimmert, gleich schwach in der Konstruktion, gleichfalls ohne jedes Fundament der Erfahrung: nun will der preußische Junker plötzlich „ein dunkles, stilles, unscheinbares Leben", will Bauer werden, in jener Einsamkeit wohnen, die Jean-Jacques Rousseau seiner Zeit so verführerisch erfunden; nichts verlangt er mehr, als das, was die persischen Magier als das Gott Wohlgefälligste bezeichnen: „ein Feld zu bebauen, einen Baum zu pflanzen und ein Kind zu zeugen". Kaum daß der Plan ihn faßt, reißt er ihn schon mit: in der gleichen Geschwindigkeit, mit der Kleist weise werden wollte, begehrt er nun dumpf zu werden. Über Nacht verläßt er Paris, wohin er „vom Studium einer traurigen Philosophie verwirrt" geflüchtet war, über Nacht schleudert er seine Braut von sich, nur weil sie nicht sofort sich auf den neuen Lebensplan umstellen kann und Bedenken äußert, ob sie, die Tochter eines hohen Generals, sich als Magd in Feld und Stall zu betätigen vermöchte. Aber Kleist kann nicht warten: ist er von einer Idee besessen, so brennt er im Fieber. Er studiert landwirtschaftliche Bücher, arbeitet mit den Schweizer Bauern, fährt kreuz und quer durch die Kantone, um für sein letztes Geld sich ein Gut (mitten im kriegsdurchwühlten Land) zu kaufen; selbst wenn er das Nüchternste will, Gelehrsamkeit oder Agrikultur, so kann er es nicht anders als dämonisch tun.

Seine Lebenspläne sind wie Zunder: sie flammen auf bei der ersten Berührung mit der Wirklichkeit. Je mehr er sich müht, desto mehr muß ihm mißlingen, denn sein Wesen ist Zerstörung durch Übertreibung. Was Kleisten gelingt, geschieht wider seinen Willen: immer vollbringt die dunkle Macht in ihm, was sein Wille nie geahnt. Und während er in Bildung und dann wieder in Unbildung, in diesen überhitzten Pedanterien seiner Vernunft den Ausweg sucht, hat der Trieb, die dunkle Willensgewalt seines Wesens, sich schon frei gemacht: wie ein Geschwür ist, während er mit Salben und Verbänden vernünftlerisch sein inneres Fieber heilen will, die geheime Gärung aufgebrochen, der gefesselte Dämon hat sich losgerissen ins Gedicht. Ein Traumwandler des Gefühls, ganz absichtslos hatte Kleist in Paris „Die Familie Schroffenstein" begonnen, zaghaft seinen Freunden diese ersten Versuche gezeigt: aber kaum, daß er die Möglichkeit erkennt, endlich, endlich einmal durch ein aufgerissenes Ventil das Übermaß seines Gefühls zu erleichtern, kaum daß er spürt, wie hier allein in dieser Welt der Grenzen, Umschnürungen und Maße seiner Phantasie Freiheit gegeben ist, so rast schon sein Wille in diese Unendlichkeit hinein (auch hier gleich gierig, in erster Stunde an ihr letztes Ende zu gelangen). Die Dichtung ist Kleistens erste Befreiung: jauchzend gibt er (der ihm zu entkommen wähnte) sich an den Dämon zurück und wirft sich in seine eigene Tiefe wie in einen Abgrund.

Ehrgeiz

> Ach, es ist unverantwortlich, den Ehrgeiz in uns zu erwecken – einer Furie zum Raube sind wir hingegeben.
>
> *Aus einem Brief*

Wie aus einem Gefängnis stürmt Kleist in das gefährlich Grenzenlose der Dichtung hinein. Endlich eröffnet sich seinem gärenden Drang Möglichkeit der Entladung; die eingeengte Phantasie kann sich zerteilen in Gestalten, verströmen im schwelgenden Wort. Aber einem Kleist wird nichts zur Lust, weil er kein Maß kennt. Kaum daß er das erste Werk beginnt, kaum daß er wagt, sich als Gestalter, als Dichter zu fühlen, will er schon sofort der größte, herrlichste, der gewaltigste Dichter aller Zeiten sein und stellt bereits an sein Erstlingswerk den frevlerischen Anspruch, die großartigsten Werke der Griechen und der Klassik zu übertreffen. Mit dem ersten Ansprang alles erreichen; damit ist jene Kleistische Übertreibung nun ins Literarische pervertiert. Andere Dichter beginnen zaghaft mit Hoffnungen und Träumen, mit Versuchen und Bescheidungen; Kleist aber, ständig in Superlativen lebend, verlangt vom ersten Versuch gleich das Unerreichbare. Sein „Guiskard", den er (nach seinem fast traumwandlerischen Frühwerk, den Schroffensteinern) beginnt, soll, ja muß die mächtige Tragödie aller Zeitalter sein. Mit einem Ruck will er in die Ewigkeit hinein; nie hat die Literatur eine titanischere Vermessenheit gekannt als Kleistens Forderung nach Unsterblichkeit gleich mit dem ersten Ausbruch seiner Kraft. Jetzt erst sieht man, wieviel Hochmut in dem überheizten Kessel seiner Brust heimlich verschlossen war: in dampfenden Worten zuckt und zischt er heraus. Wenn ein Platen von Odysseen und Iliaden faselt, die er schaffen will, so ist das ungläubige Selbstbeschwätzung einer schwachen Natur. Aber Kleisten ist es ehern ernst mit seinem Wettstreit wider die Götter des Geistes; wenn ihn eine Leidenschaft packt, so treibt er sie (und sie wiederum ihn) ins Maßlose, und von dieser Stunde der Klarheit über seine Mission wird der Ehrgeiz zur fast tödlichen Aufbietung seines ganzen Seins. Seine Hybris ist lebenswahr, todeswahr, als er sich nun, ein Desperado des Lebens, in trotziger Herausforderung der Götter an ein Werk wirft, das (wie er Wieland suggeriert) „die Geister des Äschylos, Sophokles und Shakespeare“ in sich vereinigen soll. Immer setzt Kleist sein Ganzes auf eine Karte. Und von nun ab heißt sein Lebensplan nicht mehr leben und richtig leben, sondern Unsterblichkeit.

Kleist beginnt sein Werk im Spasma, in der letzten Entzückung und Trunkenheit. Alles, auch das Schaffen, verwandelt sich ihm zur Orgie; Lust- und Qualschreie brechen aus seinen Briefen stöhnend oder schwelgend hervor. Was andere Dichter ermutigt und bekräftigt, die Ermunterung durch Freundeswort, läßt ihn taumeln in Angst und Lust, so furchtbar ist sein ganzes Sein erregt von der Alternative des Gelingens oder Versagens. Was andern Glück ist, wird ihm (hier wie immer) Gefahr, denn bis an den letzten Lebensnerv drängt er die große Entscheidung. „Der Anfang meines Gedichtes, das der Welt Deine Liebe zu mir erklären soll“, schreibt er seiner Schwester, „erregt die Bewunderung aller Menschen, denen ich es mitteile. O Jesus! Wenn ich es doch vollenden könnte! Diesen einzigen Wunsch soll mir der Himmel erfüllen, und dann, mag er tun, was er will.“ Auf diese einzige Karte Guiskard setzt er sein ganzes Leben. Eingegraben auf seiner Insel im Thuner See in die Arbeit, ganz hinabgetaucht in den eigenen Abgrund, kämpft er den Jakobskampf mit dem Engel, mit dem Dämon, daß er ihn freilasse. Manchmal jauchzt er auf in frenetischer Verzückung. „In kurzem werde ich Dir viel Frohes zu schreiben haben; denn ich nähere mich allem Erdenglück“; dann wieder erkennt er, was für finstere Mächte er aus sich beschworen hat: „Ach, der unselige Ehrgeiz, er ist ein Gift für alle Freuden.“ In Sekunden der Zernichtung möchte er sterben – „Ich bitte Gott um den Tod“, dann wieder überfällt ihn die Angst, er „möchte sterben, ehe ich meine Arbeit vollendet habe“. Nie hat vielleicht ein Dichter erbitterter, mit einem rasenderen Einsatz seiner ganzen Existenz um sein Werk gerungen als Kleist in jenen Wochen der Ureinsamkeit auf der kleinen Insel im Thuner See. Denn dieser Guiskard ist mehr als bloß literarischer Spiegelschein inneren Wesens: hier in dieser titanischen Gestalt will er die ganze Tragödie seiner Existenz darstellen, das ungeheure Wollen des männlichen Geistes, indes der Körper geheim unterwühlt ist von Schwächen und Schwären. Vollenden bedeutet hier: genesen, Sieg eine Erlösung, der Ehrgeiz die Selbsterhaltung: darum dieser ungeheure Krampf, diese gleichsam zu Muskeln straff gespannten Nerven.

Es ist Ringen um eine Lebensentscheidung, das spürt er und die Freunde mit ihm, die ihm raten: „Sie müssen den Guiskard vollenden und wenn der ganze Kaukasus und Atlas auf Sie drückte." Nie wieder hat sich Kleist so tief in ein Werk hineingeworfen, einmal, zweimal, dreimal schreibt er die Tragödie hintereinander, um sie wieder zu zerstören, er weiß jedes Wort darin so auswendig, daß er bei Wieland sie frei aus dem Gedächtnis rezitieren kann. Monatelang wälzt er den überwuchtigen Stein zur Höhe, immer rollt er wieder die Tiefe hinab: ihm ist es nicht gegeben wie Goethe im Werther, im Clavigo, mit einem Ruck sich von seinem Seelengespenst zu entlasten, zu fest ist der Dämon in seine Seele verklammt. Endlich sinkt ihm zerbrochen die Hand: „Der Himmel weiß, meine teuerste Ulrike (und ich will umkommen, wenn es nicht wörtlich wahr ist)", stöhnt der Ermattete auf, „wie gern ich einen Blutstropfen aus meinem Herzen für jeden Buchstaben eines Briefes gäbe, der so anfangen könnte: mein Gedicht ist fertig. Aber, Du weißt, wer, nach dem Sprüchwort, mehr tut, als er kann. Ich habe nun ein Halbtausend hintereinander folgender Tage, die Nächte der meisten mit eingerechnet, an den Versuch gesetzt, zu so vielen Kränzen noch einen auf unsere Familie herabzuringen: jetzt ruft mir unsere heilige Schutzgöttin zu, daß es genug sei ... Töricht wäre es wenigstens, wenn ich meine Kräfte länger an ein Werk setzen wollte, das, wie ich mich endlich überzeugen muß, für mich zu schwer ist. Ich trete vor einem zurück, der noch nicht da ist, und beuge mich, ein Jahrtausend im voraus, vor seinem Geiste."

Eine Sekunde scheint es, als wollte Kleist sich beugen vor dem Geschick, als hätte sein leuchtender Geist Macht über sein rasendes Gefühl. Aber in ihm waltet noch finster der Dämon des Unmaßes: er kann die heldenhafte Haltung des großen Verzichtes nicht durchhalten, sein Ehrgeiz, einmal aufgepeitscht, läßt sich nicht wieder zurückzäumen. Vergebens suchen die Freunde seine dumpfe Verzweiflung aufzurütteln, vergebens raten sie ihm zu einer Reise in hellere Landschaft: was als erheiternder Ausflug gedacht war, wird zu sinnloser Flucht von Ort zu Ort, von Land zu Land. Flucht vor den fürchterlichsten Gedanken. Das Mißlingen des Guiskard ist der Dolchstoß für Kleistens rasenden Stolz, und in jäher Umschaltung ersetzt jetzt den herrischen, himmelstürmenden Hochmut das alte nagende Minderwertigkeitsgefühl. Noch einmal wiederholt sich der entsetzliche Angstgedanke seiner Jugend, die Angst vor der Impotenz, vor dem

Nicht-Können, nun aber gegen die Kunst gewandt. Wie damals als Mann, fürchtet er jetzt, sich als Dichter nie mehr ganz bewähren zu können, und (wie damals) die Schwäche gewaltsam übertreibend, stöhnt er schäumend auf: „Die Hölle gab mir meine halben Talente, der Himmel schenkt dem Menschen ein ganzes oder gar keins." Kleist, der Maßlose, aber kennt nur das Alles oder das Nichts, Unsterblichkeit oder Untergang.

So wirft er sich ins Nichts, so geschieht die wahnsinnige Tat, eine Art ersten Selbstmordes (schwerer vollbracht als später sein Freitod): in Paris, fiebernd angelangt von sinnloser Fahrt, verbrennt er den „Guiskard" und seine andern Entwürfe, um sich vor ihrem herrischen Begehren nach Unsterblichkeit zu retten. Nun ist der Lebensplan zerstört: immer in solchen Augenblicken taucht, magisch aufgerufen, sein Gegenspieler auf: der Todesplan. Und befreit von dem Dämon des Ehrgeizes, schreibt er jenen unsterblichen Brief, den schönsten vielleicht, den ein Künstler im Augenblick des Mißlingens gestaltet: „Meine teure Ulrike! Was ich Dir schreiben werde, kann Dir vielleicht das Leben kosten; aber ich muß, ich muß, ich muß es vollbringen. Ich habe in Paris mein Werk, soweit es fertig war, durchgelesen, verworfen und verbrannt: und nun ist es aus. Der Himmel versagt mir den Ruhm, das größte der Güter der Erde; ich werfe ihm, wie ein eigensinniges Kind, alle übrigen hin. Ich kann mich Deiner Freundschaft nicht würdig zeigen, ich kann ohne diese Freundschaft doch nicht *leben*: ich stürze mich in den Tod. Sei ruhig, Du Erhabene, ich werde den schönen Tod der Schlachten sterben ... ich werde französische Kriegsdienste nehmen, das Heer wird bald nach England hinüberrudern, unser aller Verderben lauert über den Meeren, ich frohlocke bei der Aussicht auf das unendlich-prächtige Grab." Und tatsächlich stürzt er sich mit schon verdunkelten Sinnen, wahnsinnig über die vollbrachte Tat, quer durch Frankreich, nach Boulogne, wird mühsam von dem erschreckten Freunde zurückgebracht und liegt dann monatelang geblendeten Geistes bei einem Arzte in Mainz.

So endet Kleistens erster ungeheurer Ansprung. Mit einem Riß wollte er sein ganzes Inneres, den Dämon, nach außen reißen; aber er zerreißt sich bloß die Brust, und in seinen blutenden Händen bleibt ein Torso, freilich einer der herrlichsten, die je ein Dichter geschaffen. Nichts vollendet er als – symbolisch genug – jene Szene des Willenstrotzes Guiskards, wie er sein Leiden, seine Schwächen ehern überwindet, aber Byzanz ist nicht erreicht, das Werk nicht vollendet. Doch schon dieser Kampf um die Tragödie ist eine heroische Tragödie. Nur wer die ganze Hölle in sich trug, konnte so um Gott ringen, wie es Kleist mit diesem Werke wider sich selber getan hat.

Der Zwang zum Drama

Ich dichte bloß, weil ich es nicht lassen kann.

Aus einem Brief

Mit der Vernichtung des „Guiskard“ meint der Gequälte den unbarmherzigen Gläubiger, den furchtbaren Verfolger in sich erdrosselt zu haben. Aber der Ehrgeiz, der grauenhaft aus den heißesten Adern emporgestiegene Dämon seines Lebens, ist nicht tot: die unselige Tat war so sinnlos, wie wenn einer sein Spiegelbild im Spiegel erschießt; nur das drohende Bild zerklirrt, nicht der Doppelgänger, der in ihm weiterlauert. Kleist kann sowenig mehr von der Kunst zurück wie der Morphinist vom Morphium; endlich hat er ein Ventil gefunden, auf kurze Spanne das entsetzliche Übermaß seines Gefühls, den Aufschwall der Phantasien aus sich zu entladen, sich auszuschwelgen in dichterischen Träumen. Vergebens wehrt er sich, aber er kann, der Kongestionierte seiner Gefühle, jenen heißen Aderlaß nicht mehr entbehren, der ihn befreit. Und dann: das Vermögen ist aufgezehrt, die militärische Karriere verdorben, nüchterner Beamtenfron widert seiner gewaltsamen Natur, so hilft nichts, obwohl er gemartert aufschreit: „Bücherschreiben für Geld – oh, nichts davon.“ Die Kunst, die Gestaltung wird zwanghaft Form seiner Existenz, der dunkle Dämon hat Gestalt angenommen und wandert mit ihm in die Werke. Alle Lebenspläne, die er methodisch entworfen, sind zerfetzt vom Sturm des Schicksals: nun lebt er den Willen, den dumpfen und weisen seiner Natur, die aus unendlicher Qual des Menschen Unendliches zu formen liebt.

Wie ein Zwang, wie ein Laster liegt von nun ab die Kunst auf ihm. Daher auch das merkwürdige Zwanghafte, das explosiv Losgerissene seiner Dramen. Sie sind alle – mit Ausnahme des „Zerbrochenen Krugs“, der spielhaft, einer Wette zuliebe, aus freilich nervigstem Handgelenk produziert war – Ausbrüche seines innersten Gefühls, Flucht aus der Hölle seines Herzens; sie haben alle einen überreizten Schreiton, gleichsam den gellen Ton eines Erstickenden, der plötzlich Luft findet, sie sind knallhaft weggeschnellt von überstraff gespannten Nerven, sie sind – man verzeihe das Bild, ich weiß kein wahreres – herausgespritzt aus innerster Erhitzung und Bedrängnis, wie der Same des Mannes heiß vom Blute aus dem Geschlecht fährt. Sie haben wenig Befruchtung vom Geiste, sind kaum überschattet von der Vernunft – nackt, oft schamlos nackt, stoßen sie ins Unendliche hinein aus einer unendlichen Leidenschaft heraus. Jedes einzelne treibt ein Gefühl, ein

Übergefühl in seinen Superlativ, in jedem einzelnen explodiert eine andere Glutzelle seiner gestauten, aller Instinkte trächtigen Seele. Im „Guiskard" speit er wie einen Blutsturz seinen ganzen promethidischen Ehrgeiz aus sich heraus, in der „Penthesilea" überschwelgt sich seine sexuelle Hitze, in der „Hermannsschlacht" tobt sich sein bis zur Bestialität hochgetriebener Haß aus – alle drei haben sie mehr das Fieber seines Bluts in den Adern als die Außentemperatur des realen Lebens, und selbst in den linderen, vom eigenen Ich mehr weggebogenen Werken, wie im „Käthchen von Heilbronn" und den Novellen, vibriert noch die elektrische Spannung seiner Nerven. Allerorts ist, wo man Kleisten folgt, magische und dämonische Sphäre, Dämmerung und Verschattung des Gefühls, und dann dies grelle Aufblitzen von großen Gewittern, jene dumpfe, gepreßte Luft, die auf seinem eigenen Herzen ein ganzes Leben lang lastend lag. Dieses Zwanghafte, diese schwefelig-feurige Atmosphäre von Entladung macht die Dramen Kleistens so großartig, sonderbar; auch jene Goethes sind ja Lebensverwandlungen, aber doch nur episodische, sie sind nur Entladungen, Entlastungen einer bedrückten Seele, Selbstrechtfertigungen, Flucht und Ausflucht. Nie aber haben sie jenes Gefährlich-Explosive, jenes Vulkanische wie die Kleistens, wo Lavatrümmer aus der untersten, unzugänglichsten, aus der tödlichsten Tiefe des Herzens mit solchem plötzlichen Druck herausgeschleudert werden. Diese Gewaltsamkeit des Ausbruches, dies Schaffen auf der Klippe zwischen Tod und Leben ist es ja auch, was Kleist etwa von Hebbels kostümierten Gedankenspielen unterscheidet, wo die Problematik aus dem Hirn kommt, nicht aus der untersten vulkanischen Tiefe der Existenz, oder von jenen Schillers, die nur großartige Konzeptionen und Konstruktionen sind, aber doch irgendwie außerhalb und unbedrohlich hinter der eigenen Not und Urgefahr der Existenz stehen. Nie ist ein deutscher Dichter so tief mit seiner ganzen Seele ins Drama hineingefahren, nie hat sich einer so sehr die Brust mörderisch mit seiner Dichtung aufgesprengt: nur Musik ist sonst so vulkanisch, so zwanghaft, so selbstschwelgerisch entstanden, und gerade dieser gefährliche Charakter hat den gefährdetsten unter den Musikern, Hugo Wolf, magisch angezogen, noch einmal in der „Penthesilea" diesen innersten Ausbruch der vorgepeitschten Leidenschaft auftönen zu lassen.

Diese Nötigung, dies Zwanghafte bei Kleist, drückt es aber nicht sublim die Forderung aus, die zweitausend Jahre früher Aristoteles an die Tragödie stellt, daß sie „von einem gefährlichen Affekt durch dessen vehemente Entladung sich reinige?" In den Attributen „gefährlich" und „vehement" liegt die eigentliche Betonung, und wie für Kleist scheint darum die Vorschrift geschrieben, denn wessen Affekte waren gefährlicher als die seinen, wessen Entladungen vehementer? Er war nicht (wie Schiller) Bewältiger seiner Probleme, sondern ein Besessener: gerade aber diese Unfreiheit macht seinen Ausdruck so gewaltsam, so konvulsivisch. Sein Schaffen kennt nicht ein betrachtsames, planhaftes Nach-außen-Stellen, sondern nur Wegschleudern, ein tollwütiges Losringen aus äußerster, fast tödlich geengter innerer Not. Jeder Mensch in seinem Werke empfindet (wie er selbst) das ihm auferlegte Problem als einzig weltwesentlich, jeder ist bis zur Narrheit erfüllt von seinem Gefühl: jedem geht es in jedem Falle um das Ganze, um das Ja und Nein der ganzen Existenz. Alles wird Kleist in sich (und darum in seinen Menschen) zur Schneide, zur Krise: die Not des Vaterlandes, die andere nur zu einer wortreichen Pathetik aufschwellte, die Philosophie (die Goethe nur kontemplativ-skeptisch verfolgte, gerade so viel aufnehmend, als seinem geistigen Wachstum förderlich war), der Eros und das Leiden Psyches, alles das wird Fieber und Manie, ein Urleiden, das den ganzen Menschen zu zerstören droht. Das nun macht Kleistens Leben so dramatisch, seine Probleme so tragisch, daß sie nicht wie jene Schillers poetische Fiktionen bleiben, sondern grausame Realitäten seines Gefühles werden: darum die wahrhaft tragische Atmosphäre in seinem Werk, die kein anderer deutscher Dichter ähnlich dargestellt hat. Die Welt, das ganze Leben ist bei Kleist in einen Spannungszustand verwandelt: die Unfähigkeit, irgend etwas leichtzunehmen, die Strenge der Auffassung muß jeden seiner Menschen, Kohlhaas wie Homburg und Achill, notwendig in einen Konflikt mit seinen Gegenspielern führen, und da diese Widerstände (wie seine eigenen) gleichfalls ins Gewaltige gesteigert und übersteigert sind, entsteht mit Urnotwendigkeit, nicht zufällig, sondern schicksalhaft, dramatisches Dasein, tragische Sphäre.

Naturhaft, zwanghaft kommt Kleist also zur Tragödie: nur sie konnte die schmerzhafte Gegensätzlichkeit seiner Natur verwirklichen (indes die Epik konziliantere, lässigere Formen frei läßt, fordert das Drama äußerste Zuspitzung und war darum seinem übertreiberischen, extravaganten Charakter einzig willkommen). Goethe hat ein wenig ironisch von dem „unsichtbaren Theater" gesprochen, für das jene Stücke bestimmt seien: dies unsichtbare Theater war für Kleist die dämonische Natur der Welt, die aus gewaltsamer Entzweiung, aus dem Diametralen des Gegensatzes solche Spannung und Bewegung schafft, daß sie freilich ein Schaugerüst zersprengen und überströmen mußte. Keiner war und wollte weniger Praktiker sein als Kleist: er wollte sich entladen und entlasten, alles Spielhafte und Zweckhafte widerspricht der leidenschaftlichen Unruhe seines Charakters. Seine Konzeptionen haben etwas durchaus Zufallhaftes und Lässiges, seine Bindungen sind locker, alles Technische al fresco hingezeichnet (von eiliger und ungeduldiger Hand): wo sein Griff nicht genial ist, tappt er daneben ins Theatralische, selbst ins Melodramatische, er verfällt stellenweise ins Niederste der Vorstadtkomödie, des Ritterschauspiels, des Zaubertheaters, um mit einem Sprung, mit einem Riß wieder (ähnlich wie Shakespeare) in der erhabensten Sphäre des Geistes zu sein. Stoff ist ihm nur Vorwand und Materie, das Durchgluten mit Leidenschaften dagegen die wahre Leidenschaft. So schafft er die Spannung oft mit den niedersten, unbeholfensten, weggeborgtesten Mitteln (Käthchen von Heilbronn, Schroffensteiner); aber ist er dann gehitzt zur Leidenschaft, ist er in sein Urelement des Gegensätzlichen einmal mit der treibenden Dampfkraft seiner Seele eingetreten, so schafft er Intensitäten ohnegleichen. Immer muß er deshalb ganz tief hinab, darum bedarf er, wie Dostojewski, der langwierigen Vorbereitungen, der raffiniertesten Verwirrungen, der labyrinthischen Unterstiege. Im Anfang seiner Dramen sind die Tatsachen, die Situation (Zerbrochener Krug, Guiskard, Penthesilea) auf das dichteste verknäult, gleichsam erst das Gewölk geschaffen, aus dem das dramatische Gewitter dann erst losfahren kann, und er liebt diese gestaute, unübersichtliche, überfüllte Atmosphäre, weil sie in Verwirrung, Verstrickung und Weglosigkeit so recht die seiner Seele ist – Verwirrung der Situation entspricht da jener „Verwirrung des Gefühls“, die Goethe, den Klardämonischen, so sehr bei ihm beängstigte. Und gewiß steckt am Grunde dieses gewaltsamen Verbergens, dieses Rätselratens und Versteckens ein Schuß perverser Qualfreude, ein Vorlustgenießen im Spannen und Retardieren, ein Lüsteln und Zündeln mit der eigenen, der fremden Ungeduld. So rühren, ehe sie das Gefühl auflodern lassen, Kleistens Dramen schon aufreizend an die Nerven: wie Tristanmusik schaffen sie gern mit einer schwelgerischen Monotonie, mit spannenden Andeutungen und aufregenden Undeutlichkeiten eine Vibration des Gefühls. Einzig im „Guiskard“ reißt er mit einem Ruck gleich einem Vorhang die ganze Situation tagklar auf – sonst beginnt bei ihm jedes Drama (Homburg, Penthesilea, Hermannsschlacht) mit einer Verwirrtheit der Situation und der Charaktere, aus der dann lawinenhaft anschwellend die Urleidenschaft der Gestalten losbricht und schmetternd gegeneinanderstößt. Manchmal überrennen und zerbrechen sie dann in ihrem Überschwang die vorgezeichnete fragile Konzeption: außer im „Homburg“ hat man fast immer das Gefühl bei Kleist, als hätten seine Gestalten sich seiner Hand im Fieber entrissen und wären weiter hinausgestürmt ins Überdimensionale, hinaus in Stärken des Gefühls, wie sie der wache Traum weder gewagt noch gewollt. Nicht wie Shakespeare bewältigt er seine Gestalten und Probleme: sie reißen ihn über sich selbst hinaus. Sie folgen dem dämonischen Anruf, jede ein Zauberlehrling, und nicht dem klaren planenden Willen:

im höheren Sinn ist Kleist unverantwortlich für sie wie für Worte, die man aus Träumen spricht und die ungehemmt die wahrsten Wünsche verraten.

Dieses Zwanghafte, Unfreie, dies Müssen über dem eigenen Willen waltet auch in seiner dramatischen Sprache: sie ist wie der Atem eines Aufgeregten, manchmal sich schäumend überstrudelnd und übersprudelnd, manchmal knapp aussetzend, ein Keuchen nur oder ein Schrei oder ein Schweigen. Unablässig fährt sie ins Gegenteilige: manchmal herrlich bildhaft in ihrem Lakonismus, erzgeprägt in ihrer starren Verhaltenheit, schmilzt sie in der Überhitze des Gefühls hemmungslos hyperbolisch über. Oft gelingen ihm einzige Ballungen, bluthaft strotzend wie kraftgeschwellte Adern, dann platzt wieder die aufgebrochene Empfindung bombastisch entzwei. Solange er sie zäumt, die Sprache, ist sie männisch und stark: aber wenn die Empfindung leidenschaftlich wird, entreißt sich ihm das Wort und schwelgt alle seine Träume bildend aus. Nie hat Kleist seine Rede ganz in der Macht: er krümmt, er verbiegt, er dehnt und windet gewaltsam die Sätze, um sie hart zu machen, er spannt (der ewige Übertreiber) sie oft so auseinander, daß man die Enden kaum wieder zusammenfindet; aber immer nur über das einzelne hat er Gewalt und Geduld: nie strömen die ganzen Verse ineinander zu melodischem Fluß, es spritzt, es schäumt, es gischtet und zischt von Leidenschaften. So wie seine Menschen, wenn er sie in sein Fieber gejagt, ihre Überschwänge, so kann er schließlich die Worte nicht mehr im Zügel halten: wenn Kleist sich frei gibt (und in der Produktion entkettet er sein tiefstes Selbst), so wird er überrast und überrannt von seinem Übermaß. Darum gelingt ihm auch kein einziges Gedicht (außer jener magischen Todeslitanei), weil Stauung und Niedersturz nie ein reines ebenmäßiges Strombild schaffen, sondern quirlend gegeneinanderwühlen: sein Vers geht ebensowenig ruhig und melodiös wie sein Atem. Erst der Tod erlöst ihn zu Musik, zum letzten Entströmen.

Treiber und Getriebener, Anpeitschender und selbst Gejagter, so steht Kleist mitten zwischen seinen Gestalten, und was diese seine Dramen so eminent tragisch macht, ist weniger ihr episodischer Einzelfall, sondern der ungeheuer verwölkte Horizont, der sie großartig ins Heroische aufweitet und erhöht. Der Riß, der jedem seiner Helden durch die Brust geht, ist für ihn Teil des ungeheuren Sprunges, der das ganze Weltall unheilbar spaltet und es zu einer einzigen Wunde, zu einem ewigen Leiden verwandelt. Wieder hat Nietzsche die Wahrheit seherisch gefühlt, wenn er von Kleist sagte, daß Kleist sich „mit der unheilbaren Seite“ der Natur befasse, denn oftmals sprach er von der „Gebrechlichkeit der Welt“, ihm war sie unheilbar, nie ganz zu vereinen, schmerzliche Ungelöstheit und Unlösbarkeit. Damit gewinnt er aber die wahrhafte Einstellung des Tragikers: nur wer die Welt unablässig als Vorwurf empfindet, im doppelten Sinne des

Worts, als Stoff und als Anklage zugleich, der kann als Kläger und Richter Mund um Mund, Rede um Rede dramatisch auftun und jeden sein Recht haben lassen wider das ungeheure Unrecht der Natur, die den Menschen so fragmentarisch, so zerteilt, so ewig unbefriedigt gemacht. Freilich ist solche Vision der Welt nicht hellen Auges zu sehen. Goethe hatte ironisch einem andern Verdunkelten, Arthur Schopenhauer, in sein Stammbuch geschrieben:

Willst du dich deines Wertes freuen,
So mußt der Welt du Wert verleihen.

Nun, niemals konnte Kleistens tragische Anschauung sich entschließen, wie Goethe der Welt „Wert zu verleihen", und wahrhaft hat es sich darum auch ihm erfüllt, daß er sich nie „seines Wertes freuen" durfte. An seiner eigenen Unzufriedenheit mit dem Kosmos gehen alle seine Geschöpfe zugrunde: tragische Kinder eines echten Tragikers wollen sie ewig über sich hinaus und mit dem Kopf durch die starre Wand des Schicksals. Goethes Konzilianz, die sich weise resignierend mit dem Leben abfand, mußte sich unwillkürlich seinen Figuren, seinen Problemen mitteilen, die darum niemals antike Größe erreichten, selbst wenn sie sich Gewand und Kothurn borgten. Auch die tragisch konzipierten, wie Faust und Tasso, beschwichten und beruhigen sich und werden „gerettet" vor ihrem letzten Selbst, vor ihrem heiligen Untergang. Er wußte, der Urweise, um das Zerstörerische der wahren Tragik („es würde mich zerstören", bekennt er, wenn er eine wirkliche Tragödie schriebe); er sah mit seinem Adlerblick die ganze Tiefe der eigenen Gefahr, aber er war zu vorsichtig-weise, sich niederzustürzen. Kleist dagegen war heldenhaft unweise, er hatte den Mut und die Besessenheit zur letzten Tiefe: wollüstig jagte er seine Träume und seine Gestalten in die äußersten Möglichkeiten hinab, wohl wissend, daß sie ihn mitreißen würden in das heilige Verhängnis. Er sah die Welt als Tragödie, so schuf er Tragödien aus seiner Welt und formte als ihre letzte und höchste sein eigenes Leben.

Welt und Wesen

Froh kann ich nur in meiner eigenen Gesellschaft sein,
weil ich da ganz wahr sein darf.

Aus einem Brief

Kleist hat wenig von der Wirklichkeit gewußt, aber unendlich viel von der Wesenheit: er lebte fremd, ja feindlich inmitten seiner Zeit und Sphäre, verstand der anderen Menschen Lauheit und Verbindlichkeit kaum mehr, als sie seine eigenbrötlerische Stockigkeit, seine fanatische Übertreiblichkeit. Seine Psychologie war wehrlos, vielleicht sogar augenlos gegenüber dem allgemeinen Typus, gegen alle Erscheinungen mittleren Maßes: erst wo er Gefühle gewaltsam vergrößert, Menschen in höhere Dimensionen steigert, beginnt sein seherischer Sinn. Nur in den Leidenschaften, im Übermaß der innern ist er der äußern Welt verbunden, nur dort, wo die Natur der Menschen dämonisch, wo sie abgründig und unvermutet wird, hört seine Isolierung auf: wie manche Tiere sieht er nicht klar im Licht, sondern erst im Zwitterschein des Gefühls, in Nacht und der Dämmerung des Herzens. Das Unterste, das Vulkanisch-Feuerflüssige der Menschennatur scheint seiner wahren Sphäre einzig glühend verwandt. Er war zu ungeduldig, um kühl zu beobachten, um auf die Dauer realistisch zu experimentieren – so beschleunigt er durch Erhitzung das Wachstum der Geschehnisse zu einer wilden Tropik: nur das Glühende, der leidenschaftliche Mensch wird ihm zum Problem. Im letzten hat er keine Menschen geschildert, sondern sein Dämon hat den Bruder in ihnen hinter aller Irdischkeit erkannt, die Dämonie der Gestalten, die Dämonie der Natur.

Darum sind alle seine Helden so gleichgewichtslos: sie sind alle mit einem Teil ihres Wesens schon über die Sphäre des täglichen Lebens hinaus, jeder einzelne ein Übertreiber seiner Leidenschaft. Alle diese unbändigen Kinder seiner exzessiven Phantasie sind, wie Goethe von der Penthesilea sagte, „aus einem sonderbaren Geschlecht“, und jeder trägt seines Wesens Zug, das Nicht-Konziliante, das Herbe, Eigenwillige und Unbeeinflußbare: auf den ersten Blick erkennt man ihr Kainszeichen, daß sie zerstören müssen oder selbst zerstört werden. Alle haben sie diese sonderliche Mischung von Heiß und Kalt, von Zuwenig und Zuviel, von Brunst und Scham, von Überfließen und Verhalten, dies Wetterwendische und Wetterleuchtende, die bis zum Blitz elektrisch geladenen Nerven. Alle beunruhigen sie selbst den, der sie lieben will (wie Kleist selbst seine Freunde): deshalb ist ihr Heldentum nie populär, nie verständlich für das deutsche Volk geworden, niemals ein Schullesebuch-Heldentum. Selbst das Käthchen, das nur einen Schritt noch ins Banale, ins Butzenscheibenhafte zurücktreten müßte, um ins Volkhafte zu Gretchen und Luise hinüberzugehen, hat einen kranken Zug in der Seele, ein Übermaß der Hingabe, das der gemeine Sinn nicht versteht, so wie Hermann wieder, der Nationalheld, einen Schuß zuviel Politik und heuchlerische Geschicklichkeit, zuviel Talleyrand hat, um vaterländische Paradefigur zu werden. Immer ist jedem Banal-Idealischen schon vorweg im Blute ein gefährlicher Tropfen beigemischt, der sie volksfremd macht: dem preußischen Offizier Homburg die (herrlich wahre, aber dem Nimbus unerträgliche) Furcht vor dem Tode, der griechischen Penthesilea die bacchische Gier, dem Wetter vom Strahl ein männisches Reitpeitschentum, Thusnelda ein Gran Dummheit und putzweiberischer Eitelkeit. Alle rettet sie Kleist vor dem Tenorhaften, vor dem Schillerischen, vor dem Farbdruckklischee durch irgendein Urmenschliches in ihrem Wesen, das im Affekt nackt, schamlos nackt unter dem dramatischen Faltenwurf herauskommt. Jeder hat irgendwelches Sonderliches, Unerwartetes, etwas Unharmonisches, etwas Untypisches im seelischen Gesicht, jeder (außer dem nur theatralisch hingestellten Theaterbuffon, der Kunigunde und den Soldaten) wie bei Shakespeare einen scharfen Zug in der Physiognomie: so wie Kleist als Dramatiker antitheatralisch ist, so ist er als Menschenbildner unbewußt antiidealisch. Denn alle Idealisierung geschieht immer entweder durch bewußte Retusche oder durch ein zu oberflächliches, ein kurzsichtiges Sehen. Kleist aber sieht immer klar und haßt nichts so sehr als das kleine Gefühl. Er ist eher geschmacklos als banal, eher stockig und übertreiberisch als süßlich. Rührung ist ihm, dem Herben und Geprüften, dem Wissenden um wirkliches Leiden, ein widerwärtiges Element, also wird er bewußt antisentimentalisch und verschließt gerade in jenem Augenblicke, wo die banale Romantik beginnt, vor allem in den Liebesszenen, seinen Menschen keusch den Mund, einzig ihnen Erröten gewährend, ergriffenes Stammeln, den Seufzer oder das letzte Schweigen. Er verbietet seinen Helden, sich gemein zu machen: darum sind sie – seien wir offen – dem deutschen Volk und jedem andern nur literarisch vertraut und nicht längst von der Bühne herab ins Wesen spruchhaft, bildhaft eingegangen. Sie können als national nur im Sinne einer erträumten deutschen Nation gelten, ebenso wie theatralisch nur als Figuren jenes „Imaginären Theaters", von dem Kleist zu Goethe sprach. Sie passen sich nicht an, sie haben alle Eigenwilligkeit und Inkonzilianz ihres Schöpfers und jeder darum um sich eine Handbreit Einsamkeit. Seine Dramen bleiben von vorne und rückwärts mit der Literatur von Ahnen und Enkeln unverbunden, sie erbten keinen Stil und haben keinen gezeugt. Kleist war ein Einzelfall, und ein Einzelfall ist seine Welt geblieben.

Ein Einzelfall: denn sie ist weder die Epoche von 1790 bis 1807, noch begrenzt durch Gemarkung Brandenburgs oder Deutschlands; sie ist geistig nicht durchflogen von dem Atem der Klassik, noch durchdunkelt von der katholischen Dämmerung der Romantik. Kleistens Welt ist so sonderbar und zeitlos wie er selbst, eine saturnische Sphäre, weggewendet vom Tageslicht und der klaren Erscheinung. So wie der Mensch interessiert Kleisten die Natur, die Welt erst dort an ihrer äußersten Grenze, wo sie über sich selbst hinaustritt ins Unerhörte und Unwahrscheinliche, ja, ich möchte fast sagen, wo sie übermäßig, wo sie lasterhaft wird und die Norm verläßt. Genau wie in der Menschheit beschäftigt ihn bei den Geschehnissen nur das Anormale, die Abweichung von der Regel (die Marquise von O.; das Bettelweib von Locarno; das Erdbeben in Chili), immer also der Augenblick, wo sie den vorgezogenen Kreisen Gottes auszubrechen scheint. Nicht umsonst hat er Schubarts „Nachtseite der Natur" so leidenschaftlich gelesen: alle die Zwielichtsphänomene des Somnambulismus, der Nachtwandlerei, der Suggestion, des tierischen Magnetismus sind willkommener Stoff für seine übertreiberische Phantasie, die – nicht genug an den Menschenleidenschaften – nun die geheimen Kräfte des Kosmos herantreibt, daß sie seine Geschöpfe noch mehr verstricken: Verwirrung der Tatsachen zur Verwirrung des Gefühls! Im Sonderbaren ist immer Kleistens liebste Hausung: dort spürt er irgendwo nah in Schatten und Geklüft den Dämon, dem er überall magisch angelockt entgegenstrebt; auch im Weltwesen sucht er, wie sonst im Gefühl, den Superlativ.

Durch dieses Abbiegen vom Offenbaren scheint Kleist für den ersten Blick seinen Zeitgenossen, den Romantikern, verwandt, aber zwischen jenen Dichtern teils gewollter, teils naiver Abergläubigkeit und Märchenseligkeit und seiner zwanghaften Liebe zum Phantastischen und Abstrusen klafft ein ganzer Abgrund des Gefühls: die Romantiker suchen das „Wunderbare" als eine Frommheit, Kleist das „Sonderbare" als eine Krankheit der Natur. Ein Novalis will glauben und schwelgen in dieser Gläubigkeit, ein Eichendorff und Tieck die Härte und Widersinnigkeit des Lebens auflösen in Spiel und Musik – Kleist aber, der Gierige, will das Geheimnis hinter den Dingen fassen, er bringt bis in das letzte Dunkel des Wunderbaren seinen forschenden, kalt-leidenschaftlichen, unerbittlich sondierenden Blick. Je sonderbarer das Geschehnis, um so sachlicher reizt es ihn, davon zu berichten, ja er setzt geradezu eine Bravour darein, das Unfaßliche in nüchterner Relation zu verdeutlichen, und so gräbt sich sein leidenschaftlicher Intellekt zäh wie eine Schraube Windung um Windung bis hinab in die unterste Sphäre, wo das Magische der Natur und das Dämonische des Menschen geheimnisvolle Brautschaft feiern. Hier kommt er Dostojewski näher als jemals ein Deutscher: auch Kleistens Gestalten sind geladen von allen kranken und übersteigerten Kräften der Nerven, und diese Nerven wiederum irgendwo schmerzhaft verhakt in das Dämonische der Weltnatur. Wie jener ist er nicht nur wahr, sondern durch Exaltation überwahr, und darum hängt jene gleichzeitig gläserne und drückende Atmosphäre wie ein Föhnhimmel über der Landschaft seiner Seelenwelt, ein Frost von Verstand jäh wechselnd mit einer Schwüle von Phantasie und plötzlich aufgerissen von zornigen Windstößen der Leidenschaft. Gewiß: sie ist großartig und voll Tiefblick ins Wesenhafte, die Kleistsche Seelenlandschaft, sie ist so intensiv wie kaum die eines anderen deutschen Dichters, aber doch schwer erträglich; kein Mensch kann lang in ihr verweilen (und er selber vermochte es nicht länger als ein Jahrzehnt). Sie ist zu stark für die Dauer eines ganzen Lebens, zu sehr atmosphärisch geladen mit gedrückter und geschwängerter Luft, ihr Himmel lastet zu schwer auf der Seele, sie hat viel Hitze und zu wenig Sonne, zu viel schneidende Klarheit des Lichts in zu engem Raum. Auch als Künstler hat der ewig Entzweite keine Heimat, keine harte Erde unter dem rollenden Rad seiner Gejagtheit. Er ist hüben und drüben und nirgends zu Hause: er lebt im Wunderbaren, ohne daran zu glauben, und gestaltet das Wirkliche, ohne es zu lieben.

Der Erzähler

Denn das ist die Eigenschaft aller echten Form,
daß der Geist augenblicklich und unmittelbar
daraus hervortritt, während die mangelhafte ihn
wie ein schlechter Spiegel gebunden hält und uns
an nichts erinnert als an sich selbst.

Brief eines Dichters an einen anderen

In zwei Welten wohnt seine Seele, in der heißesten tropischesten Überhitzung der Phantasie und in der nüchternsten, kältesten Sachwelt der Analyse – zweigeteilt ist darum auch seine Kunst, jede einem andern Extrem fanatisch zugewandt. Man hat oft den Dramatiker Kleist mit dem Novellisten zusammengetan, indem man ihn nur einen verschränkten Dramatiker nannte. In Wahrheit drücken aber diese beiden Kunstformen sichtlich ein Gegenteil aus, die zu ihren äußersten Enden getriebene Zwiefalt seines innern Ich – der Dramatiker wirft sich in seinen Stoff zügellos hinein, der Erzähler Kleist vergewaltigt seine Anteilnahme, preßt sich gewaltsam zurück, bleibt ganz außen, daß kein Atem seines Mundes in die Erzählung hineinfließt. In den Dramen spannt und erhitzt er sich selbst, in den Novellen will er die andern, den Leser, spannen und erhitzen, im Drama treibt er sich vor, in der Novelle zurück. Beides, Entströmen und Verhalten, stößt er bis in die äußerste Möglichkeit der Kunst: so sind seine Dramen die subjektivsten, ausströmendsten, die eruptivsten des deutschen Theaters, seine Novellen die knappsten, gefrorensten, komprimiertesten der deutschen Epik. Immer lebt Kleistens Kunst im Superlativ.

In den Novellen schaltet Kleist sein Ich aus, er unterdrückt seine Leidenschaftlichkeit, oder vielmehr: er schiebt sie auf ein anderes Geleise. Denn schon hat der fanatische Übertreiber wieder ein Übermaß: er treibt diese (sehr künstlerische) Selbstausschaltung in einen Exzeß, in ein Extrem der Objektivität, also wieder in eine Gefahr der Kunst (das Gefährliche ist sein Element). Niemals hat es die deutsche Literatur wieder zu einer so objektiven, scheinbar ruhigen Relation, zu einer solchen meisterlichen Sachlichkeit des Berichtes gebracht wie in diesen sieben Novellen und kleinen Anekdoten: vielleicht fehlt nur ein letztes lösendes Element ihrer scheinbar fehllosen Vollendung: die Natürlichkeit. Man spürt, daß hier einer die Lippen gewaltsam verpreßt, um nicht mit einem Zittern des Atems die Quallust zu verraten, mit der er hier Spannungen häuft; man spürt, wie die Hand fiebert in dem krankhaften Zwang, sich zu verhalten, wie der ganze Mensch sich gewaltsam zurückdrückt, um außen zu bleiben. Man vergleiche, dies zu fühlen, nur sein Vorbild, die „Novelas ejemplares" des Cervantes, ihr selig leichtes Verraten, ihr spitzbübisches Schalten mit Versteck und Geheimnis, und Kleistens gespannte, pralle, mit Aufregung geladene Technik, die aus Nüchternheit einen Exzeß macht und gleichsam mit verbissenen Zähnen zum Leser redet. Er will kühl sein und wird eisig, er will mit leiser Stimme reden und redet gepreßt, er will streng erzählen, lateinisch, taciteisch, und krampft die Sprache. Immer, zur Rechten und zur Linken fährt Kleist titanisch in die Übertreibung hinein. Nie ist die deutsche Sprache mehr gehärtet worden, nie aber war sie auch mehr metallen kalt, mehr eisern glanzlos als in der Kleistschen Prosa: er handhabt sie nicht (wie Hölderlin, Novalis und Goethe) gleich einer Harfe, sondern gleich einer Waffe, gleich einem Pflug mit unerbittlicher Gewaltsamkeit. Und in dieser unbiegsamen, harten, bronzen gequollenen Sprache erzählt er dann – ewiger Fanatiker des Gegensatzes – die heißesten, die packendsten, die jagendsten Stoffe, seine kalte, protestantisch strenge Nüchternheit und Klarheit ringt mit den phantastischsten, unwahrscheinlichsten Problemen. Er verrätselt künstlich den Gegenstand, verknäult listig das Gespann der Erzählung nur um der harten und bösen Freude willen, den Zuschauer zu ängstigen, zu ergreifen, zu erschrecken, um dann mit einem Riß knapp vor dem Niedersturz die straffen Zügel zurückzureißen: wer hinter dieser scheinbaren Kälte Kleistens als Erzähler nicht seine dämonische Lust fühlt, den andern dorthin zu jagen, wo seine eigene Hausung ist, in die gewaltsame Empfindung, tief hinein in Grauen und ins Gefährliche, dem mag diese Technik scheinen, was in Wahrheit Umwendung tiefster Leidenschaftlichkeit ist, Fanatiker der Selbstvergewaltigung. Alles Nicht-Gute, alles Versteckte und Verschlagene Kleistens verrät sich in seiner Zurückstauung, weil Ruhe, Herrschaft und Meisterschaft wider sein innerstes Wesen war: Ungezwungenheit, die höchste Magie des Künstlers, mußte ihm gerade dort sich versagen, wo er die Widernatur seines Wesens, gebändigte Ruhe, sich zum Gesetze erzwingen wollte.

Aber doch: wie vieles erzwingt sein Wille, sein dämonisch starker Wille von der Prosa, wie stahlhart preßt er in diesen Novellen das Blut in die Adern der Sprache! Am stärksten empfindet man diese Meisterschaft bei den zufallslosen, bei den absichtslosen Stücken, bei jenen kleinen Anekdoten und Berichten, die er ohne jeden angespannten Kunstwillen für seine Zeitung schrieb, bloß um eine freigebliebene Spalte zu füllen. Zwanzig Zeilen Polizeibericht, eine Reiterepisode aus dem Siebenjährigen Krieg ballt sein plastischer Wille zu unvergänglicher Form: kein Luftbläschen Psychologie dringt da in den durchsichtigen Glasguß der Erzählung, in dem das Sachliche geradezu magisch transparent wird. In den größeren Novellen ist die Anstrengung zur Objektivität schon sichtbar. Jene echt Kleistische Leidenschaft am Verwirren und Verschrauben, das Gewaltsame der Verdichtung, seine Spiellust mit dem Geheimnis macht sie mehr aufregend als plastisch, durch nichts hitzen sie so sehr als durch ihre Scheinkühle, so daß „Die Marquise von O." (eine achtzeilige Anekdote Montaignes) als spannende Scharade, das „Bettelweib von Locarno" wie ein schauriger Alp wirken. Gleichsam der Revers seines Wesens wird sichtbar, eine Exaltation des Nichtexaltiertseins, ein Übermaß des Maßhaltens. Auch Stendhal hatte ja zur kalten, nichtbildernden, antisentimentalischen Prosa tendiert und täglich das Bürgerliche Gesetzbuch gelesen, so wie Kleist den Ton der Chroniken sich zum Vorbild nimmt: während er aber bloß zu einer Technik kommt, gerät Kleist, der Triebhafte, in eine Passion des Nichtpassioniertseins, das Übermaß der Spannung ist nun aus ihm selbst in den Leser übergeschaltet. Aber immer spürt man das Zuviel, das unweigerlich von seinem Wesen ausgeht: darum ist von seinen Novellen die stärkste diejenige, die das Motiv seines Wesens in Gestaltung verwandelt, „Michael Kohlhaas", der herrlichste, sinnvollste Typus des Übertreibers, den Kleist geschaffen, der Mann, der seine stärksten Kräfte durch Übersteigerung zur Zerstörung treibt, Gradsinn zu Starrsinn, Rechtlichkeit zu Rechthaberei; unbewußt ist er Sinnbild seines Gestalters, der aus seinem Besten das Gefährlichste schuf und aus dem Fanatismus des

Willens über Weg und Ziel hinausdrängt. Auch in der Zucht, in der Verhaltung ist Kleist ebenso dämonisch übermäßig wie in der Schwelgerei, wie im Entströmen.

Am vollendetsten erscheint diese Mischung, ich sagte es schon, im Absichtslosen, in jenen kleinen Anekdoten, die er gleichsam jenseits der Kunstabsicht schrieb, und dann in jener großartigsten Darstellung eines sonderbaren Menschen: in seinen Briefen. Nie hat sich ein deutscher Dichter ähnlich aufgetan der Welt gestellt, als Kleist in der Handvoll Briefe, die von ihm erhalten sind. Sie scheinen mir unvergleichbar mit den psychologischen Dokumenten Goethes und Schillers, weil Kleistens Wahrhaftigkeit unendlich kühner, hemmungsloser, abgründiger und unbedingter ist als die unbewußten Stilisierungen, die immer ästhetisch gebundenen Bekenntnisse der Klassiker. Kleist exzediert seiner ganzen Natur gemäß auch im Bekenntnis, er gibt der grausamsten Selbstzerfleischung noch einen geheimnisvollen Lustton, er hat nicht nur Liebe, sondern eine Art Brünstigkeit zur Wahrheit und eine herrliche Ekstatik immer im allertiefsten Schmerz. Nichts Schneidenderes als die Schreie dieses Herzens, und doch scheinen sie aus einer unendlichen Höhe zu kommen wie der zuckende Ton eines getroffenen Raubvogels, nichts Großartigeres als das heroische Pathos seiner klagenden Einsamkeit. Man meint die Qual des vergifteten Philoktet zu hören, der abseits von den Brüdern, einsam auf der Insel seines Geistes mit den Göttern hadert; und wie er sich in der Qual der Selbsterkenntnis die Kleider vom Leibe reißt, steht er nackt vor uns da, aber nackt nicht wie ein Schamloser, sondern nackt wie ein Blutender, wie ein Brennender, der sich eben dem letzten Kampf entwunden. Es sind Schreie darin aus der letzten Tiefe der Irdischkeit, Schreie des zerrissenen Gottes oder eines gequälten Tieres, und dann wieder Worte einer furchtbaren Wachheit, eines überstarken Innenlichts, das die Augen blendet. In kein Werk vermochte er sich so ganz hineinzuwerfen wie in seine Briefe, keines hat so urtümlich seine Zweiheit von Knappheit und Überschwang, von Ekstase und Analyse, von Zucht und Leidenschaft, von Preußischheit und Urwelt. Vielleicht waren in jenem verschollenen Manuskript, in der „Geschichte meines Innern", all diese Flammen und Blitze noch gebunden in ein einziges Licht; aber dies Werk, das gewißlich kein Kompromiß von „Dichtung und Wahrheit" war, sondern der Fanatismus der Wahrheit selbst, ist uns verloren. Hier wie immer hat das Schicksal ihm die Rede gehemmt und dem „unaussprechlichen Menschen" in ihm verboten, sein eigenes Geheimnis zu verraten.

Die letzte Bindung

Denn über alles siegt das Rechtsgefühl.

Die Familie Schroffenstein

In allen seinen Dramen war Kleist Selbstverräter seines Wesens: in jedem hat er einen feurigen Teil seiner Seele aus sich in die Welt geschnellt, eine Leidenschaft in Gestalt verwandelt. So kennt man ihn teilhaft ganz und seinen Widerstreit: doch aber wäre seine Erscheinung nicht ins Zeitlose getreten, hätte er in seinem letzten Werk nicht das Höchste zu geben vermocht: sich ganz in seiner höchsten Gebundenheit. Hier, im „Prinzen von Homburg", hat er mit jener letzten Genialität, die das Schicksal einem Künstler selten mehr als einmal verleiht, sich selbst, seines Wesens Urmacht, seinen Lebenskonflikt zur Tragödie erhoben: die Antinomie von Leidenschaft und Zucht. In der „Penthesilea", im „Guiskard", in der „Hermannsschlacht" war übersteigernd groß immer nur ein Trieb – leidenschaftlich und voll Stoßkraft zum Unendlichen hin – in das Werk gefahren, hier aber ist nicht Einzeltrieb, sondern die ganze verwirrte Triebwelt zur Welt verwirklicht. Druck und Gegendruck statt gegeneinander ruckweise ziehend, zu Widerwirkung und Schwebe gebracht. Und was ist Schwebe der Kräfte anders als die höchste Harmonie?

Die Kunst kennt keinen schöneren Augenblick, als wenn sie das Übermäßige in seinem Ebenmaß zeigen darf, in jener sphärisch tönenden Sekunde, da einen Wimperschlag lang die Dissonanz sich löst in eine urselige Harmonie: je furchtbarer die Entzweiung, um so machtvoller dieser Ineinandersturz, um so brausender der Einklang der stürzenden Ströme. Kleistens „Homburg" hat wie kein zweites deutsches Drama diese Herrlichkeit äußerster Entspannung: der zerstörteste Dichter gibt (eine Spanne kaum vor seiner Selbstvernichtung) der Nation die vollendetste Tragödie, so wie Hölderlin eine Stunde vor der letzten Dunkelheit seine welthaft tönende orphische Hymnik, wie Nietzsche vor dem Zerschellen des Geistes noch die höchste geistige Trunkenheit, das tanzende, diamantensprühende Wort. Diese Magie des Untergangsgefühls ist jenseits allen Erläuterns, unerklärbar herrlich schön wie das letzte Hochaufspringen der schon blau geduckten Flamme vor dem Erlöschen.

Im „Homburg" hat Kleist den Dämon für einen Augenblick gebändigt, indem er ihn ganz von sich in sein Werk stieß. Diesmal hat er nicht wie sonst – in der „Penthesilea", im „Guiskard", in der „Hermannsschlacht" – nur einen Kopf der

Hydra abgeschlagen, die ihn erdrückend umschlingt, hier faßt er sie an der Kehle und reißt sie ganz hinüber in Gestaltung. Und hier erst spürt man seine Kraft, weil sie nicht ins Leere strömt, sondern weil hier Kraft gegen Gegenkraft ringend steht. In diesem Drama verdunstet kein Atom des inneren Aufschwalls, hier ist Flut und Damm, Strömung und Wehr gleich mächtig. Kleist hat sich erlöst, indem er nicht aus sich ausfährt, sondern indem er sich verdoppelt: das Gegensätzliche hat die zerstörende Kraft verloren, weil er nicht mehr (wie früher) dem einen oder andern Trieb Freilauf und Übermacht läßt. Das Antinomische seiner Natur ist ihm im Werke klargeworden. Alle Klarheit aber schafft Erkennen, und Erkenntnis wieder Versöhnung. Der Leidenschaftliche und der Zuchtvolle in seiner Seele halten inne in ihrem Kampf und sehen sich in die Augen: die Zucht (der Kurfürst, der Homburg als Sieger in der Kirche ausrufen läßt) ehrt den Leidenschaftlichen, der Leidenschaftliche (Homburg, der sein eigenes Todesurteil fordert) ehrt die Norm. Beide erkennen sich als Teil urewiger Macht, die Unruhe fordert um der Bewegung, Zucht um der heiligen Ordnung willen, und indem Kleist seinen irdischen Gegensatz aus der verdunkelten Brust reißt und unter die Sterne stellt, löst er zum erstenmal seine Einsamkeit und wird Mitschöpfer der Welt.

Und magisch flutet alles, was er je versucht und gewollt hat, in gereinigteren, erhobeneren Formen heran, alles beschwichtigt von diesem Gefühl letzter Verbundenheit und Versöhnung. Alle Leidenschaften seiner dreißig Jahre sind plötzlich gestaltet da, aber nicht mehr herrscherisch und übertreibend, sondern gesänftigt und geklärt. Guiskards toll aufgereckter Ehrgeiz hat eines Jünglings reine tatselige Feurigkeit in dem jungen Helden Homburg gewonnen, der mordgierige, keulenschwingende, barbarische Patriotismus der „Hermannsschlacht" ist gemildert und vermännlicht zu einem wortlos-ernsten Vaterlandsgefühl, Kohlhaasens Rechthaberei und juridischer Starrsinn vermenschlicht zu klarer Wahrung des Gesetzes in der Gestalt des Kurfürsten, der Zauberapparat des Käthchens blaut nur wie ein süßer Mondschein über der sommerlichen Gartenszene, wo der Tod wie ein Duft vom Jenseits herweht, und Penthesileas Brünstigkeit, die aufgeraste Lebensgier verebbt zu still sehnsüchtigem Gefühl. Zum erstenmal schwellt durch ein Werk Kleistens ein ganz verborgener Ton von Güte, ein Hauch von milder Menschlichkeit und von Verstehen: auch diese letzte Saite, die silberne, an die er nie gerührt, nun klagt sie die düstere Melodie harfend hinein. Alles ist plötzlich versammelt, was einen Menschen bewegt, und wie man von Sterbenden erzählt, daß in ihren letzten Minuten ihr ganzes Leben gedrängt wiederkehre, so rauscht die ganze Vergangenheit, das scheinbar falsch gelebte Leben an dieses letzte Werk heran: alle Fehler, alle Irrtümer, alle Versäumnisse, alles was sinnlos und vergeblich schien, bekommt in dieser Gestaltung mit einmal einen Sinn. Die Kantische Philosophie, mit der sich der Zwanzigjährige das Herz zerquält, die ihn als „Lebensplan“ fast erstickte – jetzt formuliert sie dem Kurfürsten die Worte und steigert die bloß monarchische Gestalt ins Geistige. Die Kadettenjahre, die militärische Erziehung, tausendmal verflucht – nun ersteht sie in dem prachtvollen Fresko der Armee, diesem Hymnus auf die Solidarität der Gemeinschaft. All dem er sich entrungen, die Tradition, die Zucht, die Zeit, nun steht es wie ein Himmel über seinem Werk, zum erstenmal schafft er aus einer innern Heimat, aus der Blutbestimmtheit seines Wesens. Zum erstenmal ist die Luft entschwült, die Spannungen nicht mehr quälend und nervenvibrierend, zum erstenmal rollen die Verse klar, zwängen und drängen sich nicht, zum erstenmal ertönt Musik. Die Geisterwelt, sonst dämonischer Aufschwall der Tiefe, schwebt nur wie eine Dämmerung über dem irdischen Spiel, ein Klang von der Süße der letzten Shakespeareschen Dramen, jenes heiteren Erkennens und Erlösens, senkt den Vorhang über eine harmonische Welt. Der „Prinz von Homburg“ ist Kleistens wahrstes Drama, weil es sein ganzes Leben enthält. Alle Überkreuzungen und Überschneidungen seines Wesens sind darin, die Lebensliebe und die Todesnot, die Zucht und der Überschwang, das Ererbte und das Erlernte: nur hier, wo er sich ganz erschöpft, wird er ganz wahr über sein eigenes Wissen hinaus. Darum auch dieser geheimnisvoll prophetische Klang in der Sterbeszene, der Rausch des Freitodes, die Angst vor dem Schicksal – vorausgedichtete Stunden seines Todes und gleichzeitig Zurückleben des ganzen früheren Lebens. Nur Todgeweihte haben dieses höchste Wissen, diesen Doppelblick ins Vergangene und Zukünftige, nur der „Homburg“ und der „Empedokles“ von allen deutschen Dramen schenken uns diese geisterhafte Musik, die schon selbst wie ein Überklang ins Unendliche ist. Denn nur letzte Not vermag die Seele ganz aufzuschmelzen, nur die reinste Resignation die Sphäre zu erreichen, wo die Leidenschaft sich längst ermüdet; was es dem Gierigen und seinem zornigen Ansprang beharrlich versagte, schenkt Kleisten das Schicksal gerade in jener Stunde, da er nichts mehr erhofft: die Vollendung.

Todesleidenschaft

Das Äußerste, das Menschenkräfte leisten,
Hab ich getan – Unmöglichstes versucht.
Mein alles hab ich an den Wurf gesetzt. Der Würfel,
der entscheidet, liegt, er liegt. Begreifen muß
ichs – und, daß ich verlor.

Auf der höchsten Höhe seiner Kunst, im Jahr des „Homburg", erreicht Kleist verhängnisvollerweise auch die höchste Stufe seiner Einsamkeit. Nie war er weltvergessener, zielverlorener in seiner Zeit, in seiner Heimat: das Amt hat er weggeworfen, seine Zeitschrift ist ihm verboten worden, seine innere Mission, Preußen an die Seite Österreichs in den Krieg zu reißen, bleibt vergeblich. Sein Urfeind Napoleon hält Europa als gedemütigte Beute in Händen, der König von Preußen wird sein Verbündeter, nachdem er sein Vasall geworden ist, Kleistens Stücke wandern unerledigt von Bühne zu Bühne, werden verhöhnt vom Publikum oder vom Direktor lässig abgetan, seine Bücher finden keinen Verleger, er selbst nicht das niederste Amt; Goethe hat sich von ihm abgewandt, die andern kennen ihn kaum und achten ihn nicht, die Protektoren haben ihn fallenlassen, die Freunde ihn vergessen: als letzte verläßt ihn noch die Treueste, die einst so „pyladisch gesinnte Schwester" Ulrike. Jede Karte, auf die er gesetzt, ist verloren, und die letzte, die höchste, die er noch in Händen hat, das Manuskript seines Meisterwerkes „Prinz Friedrich von Homburg", kann er nicht mehr ausspielen: er sitzt an niemandes Tisch mehr, und keiner traut seinem Einsatz. Da versucht er es noch einmal, aus monatelanger Verschollenheit auftauchend, mit der Familie: noch einmal fährt er hinüber nach Frankfurt an der Oder zu den Seinen, sich die Seele zu letzen an einer Handvoll Liebe, aber sie streuen ihm Salz in die Wunden und Galle auf die Lippen. Jene Mittagsstunde im Kreise der Kleiste, die auf den entlassenen Beamten, den verkrachten Zeitungsherausgeber, den mißglückten Dramatiker wie auf einen ihrer Familie Unwürdigen hochmütig herabblicken, bricht ihm das Rückgrat: „Wollte ich doch lieber zehnmal den Tod erleiden, als noch einmal wieder erleben", schreibt er verzweifelt, „was ich das letztemal in Frankfurt an der Mittagstafel empfunden habe." Er ist ausgestoßen von den Seinen, zurückgestoßen in sich selbst, in die Hölle seiner eigenen Brust: mit verdüsterter Seele, beschämt und erniedrigt bis unter die Haut, taumelt er nach Berlin zurück. Ein paar Monate schleicht er in abgetragenen Schuhen und defekten Kleidern dort herum, petitioniert in den Ämtern um ein Amt, bietet (vergeblich) seinen Roman, seinen „Homburg", seine „Hermannsschlacht" den Buchhändlern an, verdüstert seine Freunde mit seinem Anblick: schließlich wird alles seiner müde, so wie er alles Suchens müde ist. „Meine Seele ist so wund", klagt er erschütternd in jenen Tagen, „daß mir, ich möchte fast sagen, wenn ich die Nase aus dem Fenster stecke, das Tageslicht wehe tut, das mir daraufschimmert." Alle seine Leidenschaften sind zu Ende, alle Kraft vertan, alle Hoffnung verbraucht, denn:

Machtlos schlägt sein Ruf an jedes Ohr,
Und wie er flatternd das Panier der Zeiten
Sich weiterpflanzen sieht von Tor zu Tor,
Schließt er sein Lied; er wünscht mit ihm zu enden
Und legt die Leier tränend aus den Händen.

Da in diesem ungeheuersten Schweigen, das jemals (vielleicht nur bei Nietzsche) um einen Genius stand – rührt eine dunkle Stimme an sein Herz, ein Ruf, der ihn immer sein ganzes Leben lang in den Augenblicken der Entmutigung, der Verzweiflung angeklungen: der Todesgedanke. Von frühester Jugend begleitet ihn diese Idee des Freitodes, und so wie er, ein halber Knabe noch, sich einen Lebensplan gefertigt, so war auch der Todesplan längst vorgedacht: immer wird der Gedanke mächtig in den Stunden der Unmacht, dann taucht er wie ein dunkler Fels, wenn die Flut der Leidenschaft, der aufgischtende Schwall der Hoffnung zurückebbt, in seiner Seele auf. Nicht zu zählen sind in Kleistens Briefen und Begegnungen diese fast brünstigen Schreie nach dem Ende, ja man könnte fast die Paradoxie wagen, zu sagen: er konnte das Leben überhaupt nur dadurch so lange ertragen, daß er stündlich bereit war, es wegzuwerfen. Immer will er sterben, und wenn er so lange zögert, ist es nicht aus Furcht, sondern aus dem Übertreiblichen, aus dem Exzessiven seiner Natur, denn auch den Tod will Kleist in Riesenmaßen, in einer Exaltation, einem Überschwang: er will nicht klein, nicht erbärmlich, nicht feige sich töten, er begehrt, wie er in jenem Briefe an Ulrike schreibt, „einen herrlichen Tod“ –selbst dieser finsterste, abgründigste Gedanke hat bei Kleist noch eine Lustbetonung, eine rauschhafte Wollüstigkeit. Er will sich in den Tod stürzen wie in ein ungeheures Brautbett, und in merkwürdigster Verschränkung träumt er sich den Tod als zweiseligen Untergang. Irgendeine Urangst – er hat sie unsterblich gemacht in der Szene des Prinzen von Homburg – läßt ihn, den Einsamsten, fürchten, diese Einsamkeit des Lebens noch durch die ganze Ewigkeit des Todes weiterzutragen: so bietet er, von Kindheit an, jedem, den er liebt, mit höchster Ekstase an, mit ihm zu sterben. Der Liebesbedürfigste des Lebens sehnt sich nach einem Liebestod. In der irdischen Existenz konnte keine Frau seinem Übermaß genügen, keine Schritt halten mit seinem fanatischen Fortrasen in eine Ekstatik des Gefühls, keine, nicht die Braut, nicht Ulrike, nicht Marie von Kleist können mit in die Siedehitze seiner Forderungen; nur der Tod, der Superlativ, der nicht mehr zu Überbietende, vermag einem Kleistischen Liebesbedürfnis – Penthesilea hat seine Gluten verraten – genügen. So ist nur die Frau, die mit ihm sterben will, die dieses äußerste, nicht mehr zu übersteigernde Gefühl aufbringt, die einzige, die er ersehnt, und ihm „ihr Grab lieber ist als die Betten aller Kaiserinnen der Welt“ (wie er in seinem Todesbrief aufjubelt). So bietet er, fast aufdringlich, allen, die ihm teuer sind, seine Gefolgschaft an für den Sturz ins Dunkel. Karoline von Schiller (die ihm fast fremd war) erklärt er sich bereit, „sie und mich zu erschießen“, und seinen Freund Rühle lockt er mit schmeichelnden leidenschaftlichen Worten: „Der Gedanke will mir nicht aus dem Kopf, daß wir noch einmal zusammen etwas tun müssen komm, laß uns etwas Gutes tun und dabei sterben! Einen der Millionen Tode, die wir schon gestorben sind und noch sterben werden. Es ist, als ob wir aus einem Zimmer in das andere gehen.“ Wie immer bei Kleist, wird der Gedanke, der kalte, zur Leidenschaft, zur Glut, zur Ekstase. Immer mehr berauscht er sich an der Idee, das langsame stückweise Zerbröckeln von Kraft und Widerkraft durch eine einmalige Explosion, durch eine heroische Selbstzerstörung großartig zu enden, aus der Kläglichkeit, Gehemmtheit, Gebrochenheit des ewig ungenügsamen Lebensgefühls in einen phantastischen Tod sich hinabzustürzen: herrlich reckt sich der Dämon in ihm auf, denn er will endlich zurück in seine Unendlichkeit. Diese Leidenschaft zur Todesgemeinschaft bleibt von seinen Freunden, von den Frauen unverstanden, wie alle seine Übersteigerungen des Gefühls: vergeblich drängt, ja bettelt er um einen Gefährten für den Abgrund – alle wehren sie erschreckt und entgeistert den phantastischen Vorschlag ab. Endlich – und gerade in der Stunde, da seine Seele schon überschwillt von Bitternis und Ekel – begegnet er einer, einer fast fremden, die ihm dankt für so sonderlichen Vorschlag. Es ist eine Kranke, eine Todgeweihte, im Innern ihres Leibes so vom Krebs zerfressen wie Kleist im Innern seiner Seele von Lebensüberdruß; unfähig selbst eines starken Entschlusses, aber exaltiert anempfinderisch an seine Ekstase, läßt sich die Verlorene gern mitreißen in den Abgrund. Nun hat er eine, die ihn erlöst von der Einsamkeit der letzten Sekunde des Sturzes, und so entsteht diese seltsame phantastische Brautnacht des Ungeliebten mit der Ungeliebten, so stürzt sich die alternde, todkranke, häßliche Frau (deren Antlitz er nur mit der Ekstase dieses Gedankens geschaut) mit ihm in die Unsterblichkeit hinein. Im Innersten war diese schöngeistige, sentimentalschwärmende Rendantenfrau ihm fremd, ja er hat es wahrscheinlich nie erfahren im geschlechtlichen Sinne, daß sie Frau war – aber er vermählt sich mit ihr unter anderm Stern und Zeichen, in der heiligen Priesterschaft des Todes. Die zu klein, zu weich, zu schwächlich gewesen wäre für sein Leben, wird ihm herrlich als Sterbegenossin. Er selbst hatte sich ihr angeboten: sie mußte ihn nur nehmen, und er war bereit.

Das Leben hatte ihn bereit gemacht, allzu bereit, es hatte ihn getreten, geknechtet, enttäuscht und erniedrigt – aber mit herrlicher Kraft hebt er sich noch einmal auf und formt aus seinem Tod seine letzte heroische Tragödie. Der Künstler in ihm, der ewige Übertreiber facht das lang schwelende Feuer des heimlich glimmenden Entschlusses mit mächtigem Atem an; und wie eine Lohe von Jubel und Seligkeit schlägt es aus Kleistens Brust, seit er seines Freitodes gewiß ist, seit er, wie er sagt, „zum Tod ganz reif geworden", seit er weiß, daß ihn das Leben nicht bemeistern wird, sondern er es bemeistert. Und der nie ein reines Ja zum Leben fand (wie Goethe), nun sagt und jubelt er sein freies seliges Ja zum Tode: herrlich ist dieser Klang, zum erstenmal tönt wie eine Glocke sein ganzes Wesen klar und ohne Dissonanz. Alle Sprödigkeit ist gebrochen, alle Dumpfheit zerstoben, prachtvoll dröhnt jetzt jedes Wort, das er spricht, das er schreibt, unter dem Hammer des Schicksals. Schon tut ihm der Tag nicht mehr weh, schon atmet er auf, schon atmet die aufgespannte Seele Unendlichkeit, das schmerzhaft Gemeine wird fern, das innere Leuchten Welt, und selig erlebt er seines eigenen Ich, seines Homburgs Verse vor dem Untergang:

Nun, o Unsterblichkeit, bist du ganz mein!
Du strahlst mir durch die Binde meiner Augen
Mir Glanz der tausendfachen Sonne zu!
Es wachsen Flügel mir an beiden Schultern,
Durch stille Ätherräume schwingt mein Geist;
Und wie ein Schiff, vom Hauch des Winds entführt,
Die muntre Hafenstadt versinken sieht,
So geht mir dämmernd alles Leben unter:
jetzt unterscheid ich Farben noch und Formen,
Und jetzt liegt Nebel alles unter mir.

Die Ekstase, die ihn dreiunddreißig Jahre lang durch das Dickicht des Lebens trieb, nun hat sie ihn milde aufgehoben in eine Seligkeit des Abschieds. In der letzten Stunde faßt sich der Zerrissene zusammen, das Zerspaltene seines Wesens schmilzt im äußersten Gefühl. Im Augenblick, da er frei und kühl in das Dunkel tritt, verläßt ihn sein Schatten: der Dämon seines Lebens schwebt aus dem zerrütteten Leib wie Rauch über dem Feuer und löst sich auf in die Sphären. In der letzten Stunde schmilzt Kleistens Schwere und Schmerz, und sein Dämon wird Musik.

Musik des Untergangs

Nicht jeden Schlag ertragen soll der Mensch,
Und welchen Gott faßt, denk ich, der darf sinken.

Die Familie Schroffenstein

Andere Dichter haben großartiger gelebt, weiter ausholend im Werke, Weltschicksal aus ihrer eigenen Existenz fördernd und verwandelnd: herrlicher als Kleist ist keiner gestorben. Von allen Toden ist kein Tod so umrauscht von Musik, so ganz Trunkenheit und Aufschwung wie der seine; als dionysisches Opferfest endet dies „qualvollste Leben, das je ein Mensch geführt“ (Todesbrief). Dem alles im Leben elend, ja jämmerlich mißlang, gelingt der dunkle Sinn seines Seins: der heroische Untergang. Manche (Sokrates, André Chénier) haben in jener letzten Sekunde es bis zu einem Moderato des Gefühls gebracht, zu einer stoischen, ja lächelnden Gleichgültigkeit, zu einem weisen, klaglos hingenommenen Sterben – Kleist, der ewige Übertreiber, steigert auch den Tod empor in eine Leidenschaft, einen Rausch, eine Orgie und Ekstase. Sein Untergang ist ein Seligsein, ein Hingegebensein, wie er es nie im Leben gekannt – entbreitete Arme, trunkene Lippen, Frohmut und Überschwang. Singend wirft er sich hinab in den Abgrund. Nur einmal, nur dieses einzige Mal ist Kleisten die Lippe, die Seele gelöst, zum erstenmal hört man diese dumpfe gepreßte Stimme in Jubel und Gesang. Niemand hat ihn gesehen außer der Sterbensgefährtin in jenen Abschiedstagen, aber man fühlt es, sein Auge muß wie das eines Trunkenen, sein Antlitz erhellt gewesen sein vom Widerstrahl innerer Freude. Was er tut, was er schreibt in jenen Stunden, übertrifft sein höchstes Maß – die Todesbriefe sind für mein Empfinden das Vollendetste, das er geschaffen, letzter Aufschwung wie die Dionysos-Dithyramben Nietzsches, die Nachtgesänge Hölderlins: in ihnen weht Luft unbekannter Sphären, eine Freiheit über alle Irdischkeit. Musik, seine tiefste Neigung, die er in der Jugend heimlich im stillen Gelaß an der Flöte übte, die aber sich der gepreßten, verkrampften Lippe des Dichters eigenwillig verschloß – nun tut sie sich ihm auf, zum erstenmal strömt der Verschlossene über in Rhythmus und Melodie. In diesen Tagen schreibt er sein einziges wirkliches Gedicht, einen mystisch-trunkenen Liebesüberschwall, die „Todeslitanei“ ein Gedicht, ganz voll Dunkelheit und Abendrot, halb Stammeln, halb Gebet und doch magisch schön jenseits allen wachen Sinns. Alle Stockigkeit, alle Härte, alle Schärfe und Geistigkeit, das kalte Licht von Geist, das sonst nüchternd über seiner heißesten Bemühung hinfällt, ist von der Musik erlöst, das Preußisch-Strenge, Krampfige seines Zugriffs schön gelockert in Melodie – zum erstenmal schwebt er im Wort, schwebt er im Gefühl: die Erde hat ihn nicht mehr.

Und so hochschwebend – „wie zwei fröhliche Luftschiffer", sagt er in seinem Todesbriefe – sieht er noch einmal nieder auf die Welt, und sein Abschied ist ohne Groll. Die eigene Bitternis, er versteht sie nicht mehr, alles scheint so nieder, so fern und sinnlos, was ihn bedrängt, seit er es schon aus der Unendlichkeit sieht. Bereits der andern Frau in den Tod verschworen, denkt er noch jener, für die er gelebt, die ihn geliebt: Marie von Kleist; ihr schreibt er aus innerster Seele Abschied und Bekenntnis. Er umarmt sie noch einmal im Geiste, aber nun ohne Gier und Überschwang, wie einer, der ins Ewige geht. Dann schreibt er Ulrike, der Schwester: noch zuckt die Erbitterung über die erlittene Schmach in seiner Seele, und die Worte werden hart. Aber acht Stunden später, im Sterbezimmer, bei Stimmings, ganz aufgeschwungen schon im Vorgefühl, erscheint's ihm als Unrecht, aus seiner Seligkeit noch irgend jemanden zu kränken; er schreibt ein zweites Mal, liebevoll der einst Geliebten und voll Vergebung, und wünscht ihr das Beste. Und dies Beste, das Kleist vom Leben zu wünschen weiß, heißt: „Möge Dir der Himmel einen Tod schenken, nur halb an Freude und unaussprechlicher Heiterkeit, dem meinigen gleich: das ist der herzlichste und innigste Wunsch, den ich für Dich aufzubringen weiß."

Nun ist Ordnung geschaffen, der Friedlose befriedet; unvergleichlichstes, unwahrscheinlichstes Geschehen, Kleist, der Zerrissene, fühlt sich in Verbundenheit mit der Welt. Der Dämon hat keine Macht mehr, ihn zu treiben; was er von seinem Opfer wollte, ist erreicht. Noch einmal blättert der schon Ungeduldige in seinen Papieren: ein Roman liegt vollendet, zwei Dramen, die Geschichte seines Innern – niemand will sie, niemand kennt sie, niemand soll sie kennen. Auch der Stachel des Ehrgeizes dringt nicht mehr in die gepanzerte Brust, achtlos verbrennt er seine Manuskripte (darunter den „Homburg", der nur durch eine zufällige Abschrift gerettet bleibt): zu klein scheint ihm der kärgliche Nachruhm, dies literarische Leben in Jahrhunderten, vor seinen Äonen. Nun ist nur Kleines mehr zu erledigen, aber auch dies tut er sachlich und sorglich, an jeder Verfügung erkennt man den klaren, durch keine Angst oder Leidenschaft verwirrten Geist. Ein paar Briefe soll Peguilhen besorgen, die Schulden bezahlen lassen, die er sorglich Pfennig für Pfennig registriert, denn das Pflichtgefühl begleitet Kleist bis in den „Triumphgesang seines Todes". Es gibt vielleicht keinen zweiten Abschiedsbrief, der dermaßen durchwaltet ist von der Dämonie der Sachlichkeit, wie jener an den Kriegsrat: „Wir liegen erschossen auf dem Wege nach Potsdam", beginnt er – mit der gleichen unerhörten Kühnheit wie in den Novellen das Geschehnis an den Anfang drängend, und wie in den Novellen ist die Erzählung eines unerhörten Schicksalfalles sachlich gehärtet in ehernster Plastik und Deutlichkeit. Und es gibt keinen zweiten Abschiedsbrief, der dermaßen durchwoben ist von der Dämonie des Überschwanges wie jener an die Geliebte, an Marie von Kleist in der letzten Stunde sieht man noch herrlich die Zweiheit seines Lebens, Zucht und Ekstase, aber beide hinausgetrieben ins Heldenhafte, ins herrlich Große.

Seine Unterschrift ist der letzte Strich unter der ungeheuren Schuld, die das Leben an ihn hat: stark setzt er sie hin, nun ist die komplizierte Rechnung endlich abgeschlossen, jetzt geht er daran, den Schuldbrief zu zerreißen. Heiter wie ein Brautpaar fahren die beiden zum Wannsee hinaus. Der Wirt hört sie lachen, über die Wiesen tollen, sie trinken heiter im Freien den Kaffee. Dann fällt – genau zur vereinbarten Stunde – der eine Schuß und sofort darauf der zweite, mitten in das Herz der Gefährtin, mitten in den eigenen Mund. Seine Hand hat nicht gezittert. In der Tat: er verstand es besser, zu sterben als zu leben.

Kleist ist der große tragische Dichter der Deutschen nicht aus einem Willen, sondern aus einem Gewolltwerden, einzig darum, weil er zwanghaft eine tragische Natur und seine Existenz eine Tragödie war: gerade dies Dunkle, Verschränkte, Versperrte und gleichzeitig Aufgetriebene, das Prometheische seines Wesens schafft das Unnachahmliche seiner Dramen, das die Nachfahren weder mit Hebbels kalter Geistigkeit noch mit Grabbes fahriger Hitze jemals erreichen können. Sein Schicksal und seine Atmosphäre sind integrierender Bestandteil seines Werkes: deshalb scheint mir die oft gestellte Frage, wie weit er, gesundet und von seinem Fatum erlöst, die deutsche Tragödie noch erhoben hätte, töricht und fremd. Seines Wesens Wesen war Spannung und Gespanntheit, seines Schicksals unabweisbarer Sinn Selbstzerstörung durch Übermaß: darum ist sein freiwilliger früher Tod ebensosehr sein Meisterwerk wie der „Prinz Friedrich von Homburg“: denn immer muß neben den Gewaltigen, die Herren des Lebens sind wie Goethe, von Zeit zu Zeit einer erstehen, der das Sterben meistert und aus dem Tode ein Gedicht über die Zeiten schafft. „Oft ist ein guter Tod der beste Lebenslauf“ – der unglückliche Günther, der diesen Vers sich schrieb, wußte ihn nicht zu formen, den guten Tod, er glitt nieder in sein Unglück und losch aus wie ein kleines Licht.

Kleist, der wahrhafte Tragiker dagegen, erhöht plastisch sein Leiden in das unsterbliche Denkmal eines Untergangs; alles Leiden aber wird sinnvoll, wenn es die Gnade der Gestaltung erlebt. Dann wird es höchste Magie des Lebens. Denn nur der ganz Zerstückte kennt die Sehnsucht nach Vollendung. Nur der Getriebene erreicht die Unendlichkeit.

Friedrich Nietzsche

Ich mache mir aus einem Philosophen gerade so viel,
als er imstande ist, ein Beispiel zu geben.

Unzeitgemäße Betrachtungen

Tragödie ohne Gestalten

Den größten Genuß vom Dasein
einzuernten heißt: gefährlich leben.

Unzeitgemäße Betrachtungen

Die Tragödie Friedrich Nietzsches ist ein Monodram: sie stellt keine andere Gestalt auf die kurze Szene seines Lebens als ihn selbst. In allen den lawinenhaft abstürzenden Akten steht der einsam Ringende allein, niemand tritt ihm zur Seite, niemand ihm entgegen, keine Frau mildert mit weicher Gegenwart die gespannte Atmosphäre. Alle Bewegung geht einzig von ihm aus und stürzt einzig auf ihn zurück: die wenigen Figuren, die anfangs in seinem Schatten auftreten, begleiten nur mit stummen Gesten des Staunens und Erschreckens sein heroisches Unterfangen und weichen allmählich wie vor etwas Gefährlichem zurück. Kein einziger Mensch wagt sich nahe und voll in den innern Kreis dieses Geschickes, immer spricht, immer kämpft, immer leidet Nietzsche für sich allein. Er redet zu niemandem, und niemand antwortet ihm. Und was noch furchtbarer ist: niemand hört ihm zu.

Sie hat keine Menschen, keine Partner, keine Hörer, diese heroische Tragödie Friedrich Nietzsches: aber sie hat auch keinen eigentlichen Schauplatz, keine Landschaft, keine Szenerie, kein Kostüm, sie spielt gleichsam im luftleeren Raum der Idee. Basel, Naumburg, Nizza, Sorrent, Sils-Maria, Genua, diese Namen sind nicht seine wirklichen Hausungen, sondern nur leere Meilensteine längs eines mit brennenden Flügeln durchmessenen Weges, kalte Kulissen, sprachlose Farbe. In Wahrheit ist die Szenerie der Tragödie immer dieselbe: Alleinsein, Einsamkeit, jene entsetzliche wortlose, antwortlose Einsamkeit, die sein Denken wie eine undurchlässige Glasglocke um sich, über sich trägt, eine Einsamkeit ohne Blumen und Farben und Töne und Tiere und Menschen, eine Einsamkeit selbst ohne Gott, die steinern ausgestorbene Einsamkeit einer Urwelt vor oder nach aller Zeit. Aber was ihre Öde, ihre Trostlosigkeit so grauenhaft, so gräßlich und zugleich so grotesk macht, ist das Unfaßbare, daß dieser Gletscher, diese Wüste Einsamkeit geistig mitten in einem amerikanisierten Siebzig-Millionen-Lande steht, mitten in dem neuen Deutschland, das klirrt und schwirrt von Bahnen und Telegraphen, von Geschrei und Gedränge, mitten in einer sonst krankhaft neugierigen Kultur, die vierzigtausend Bücher jährlich in die Welt wirft, an hundert Universitäten täglich nach Problemen sucht, in hunderten Theatern täglich Tragödie spielt und doch nichts weiß und nichts ahnt und nichts fühlt von diesem mächtigsten Schauspiel des Geistes in ihrer eigenen Mitte, in ihrem innersten Kreis.

Denn gerade in ihren größten Augenblicken hat die Tragödie Friedrich Nietzsches in der deutschen Welt keinen Zuschauer, keinen Zuhörer, keinen Zeugen mehr. Anfangs, solange er noch als Professor vom Katheder spricht und Wagners Lichtkraft ihn sichtbar macht, bei seinen ersten Worten, weckt seine Rede noch eine kleine Aufmerksamkeit. Aber je tiefer er in sich selbst, je tiefer er in die Zeit hinabgreift, um so weniger findet er Resonanz. Einer nach dem andern von den Freunden, von den Fremden steht während seines heroischen Monologs verschüchtert auf, von den immer wilderen Verwandlungen, von den immer glühenderen Ekstasen des Einsamen erschreckt, und läßt ihn auf der Szene seines Schicksals entsetzlich allein. Allmählich wird der tragische Schauspieler unruhig, so ganz ins Leere zu sprechen, er redet immer lauter, immer schreihafter, immer gestikulativer, um sich Widerklang oder wenigstens Widerspruch zu entzünden. Er erfindet sich zu seinem Wort eine Musik, eine strömende, rauschende, dionysische Musik – aber niemand hört ihm mehr zu. Er zwingt sich zu Harlekinaden, zu einer spitzen, schrillen, gewaltsamen Heiterkeit, er läßt seine Sätze Kapriolen springen und sich in Lazzi überschlagen, nur um mit künstlichem Spaß für seinen furchtbaren Ernst Hörer heranzuködern – aber niemand rührt zum Beifall die Hand. Er erfindet sich schließlich einen Tanz, einen Tanz zwischen Schwertern, und übt verwundet, zerfetzt, blutend seine neue tödliche Kunst vor den Menschen, aber niemand ahnt den Sinn dieser schreienden Scherze und die todwunde Leidenschaft in dieser aufgespielten Leichtigkeit. Ohne Hörer und Widerhall endet vor leeren Bänken das unerhörteste Schauspiel des Geistes, das unserem stürzenden Jahrhundert geschenkt war. Niemand wendet nur lässig den Blick, wie der auf stählerner Spitze hinschwirrende Kreisel seiner Gedanken zum letztenmal herrlich aufspringt und endlich taumelnd zu Boden fällt: „tot vor Unsterblichkeit“.

Dieses Mit-sich-allein-Sein, dieses Gegen-sich-selbst-allein-Sein ist der tiefste Sinn, die einzig heilige Not der Lebenstragödie Friedrich Nietzsches: nie war so ungeheure Fülle des Geistes gegen ein so metallen undurchdringliches Schweigen gestellt. Nicht einmal die Gnade bedeutender Gegner ist ihm gegeben – so muß der stärkste Denkwille „in sich selber eingehöhlt, sich selber angrabend“, aus der eigenen tragischen Seele sich Antwort und Widerstand holen. Nicht aus der Welt, sondern in blutenden Fetzen von der eigenen Haut reißt sich der Schicksalsrasende wie Herakles sein Nessushemd, die brennende Glut, um nackt gegen die letzte Wahrheit, gegen sich selbst zu stehen. Aber welcher Frost um diese Nacktheit, welches Schweigen um diesen ungeheuersten Schrei des Geistes, welch entsetzlicher Himmel voll Wolken und Blitze über dem „Mörder Gottes“, der nun, da keine Gegner ihn finden und er keinen mehr findet, sich selber anfällt, „Selbstkenner, Selbsthenker ohne Mitleid“! Von seinem Dämon hinausgetrieben über Zeit und Welt, hinaus selbst über den äußersten Rand seines Wesens,

Geschüttelt ach von unbekannten Fiebern,
Zitternd vor spitzen eisigen Frostpfeilen,
Von dir gejagt, Gedanke!
Unnennbarer! Verhüllter! Entsetzlicher!

schaudert er manchmal mit einem ungeheuren Schreckblick zurück, da er erkennt, wie weit ihn sein Leben über alles Lebendige und alles Gewesene hinausgeschleudert hat. Aber ein so übergewaltiger Anlauf kann nicht mehr zurück: mit voller Bewußtheit erfüllt er das Schicksal, das sein geliebter Hölderlin ihm vorausgedacht, sein Empedokles-Schicksal.

Heroische Landschaft ohne Himmel, gigantisches Spiel ohne Zuschauer, Schweigen und immer gewaltsameres Schweigen um den fürchterlichsten Schrei geistiger Einsamkeit – das ist die Tragödie Friedrich Nietzsches: man müßte sie als eine der vielen sinnlosen Grausamkeiten der Natur verabscheuen, hätte er ihr nicht selbst ein ekstatisches Ja gesagt und die einzige Härte um ihrer Einzigkeit willen gewählt und geliebt. Denn freiwillig, aus gesicherter Existenz und mit klarem Sinn hat er sich dies „besondere Leben“ aus dem tiefsten tragischen Instinkt gebaut und mit einer einzigen Kraft die Götter herausgefordert, in ihm „den höchsten Grad der Gefährlichkeit zu erproben, mit der ein Mensch sich lebt“. „Χαίρετε δαὶμοως“ „Seid gegrüßt, Dämonen!“ Mit diesem heitern Ruf der Hybris beschwören einmal in studentisch froher Nacht Nietzsche und seine philologischen Freunde die Mächte: zur Geisterstunde schwenken sie vom Fenster aus den gefüllten Gläsern roten Wein in die schlafende Straße der Baseler Stadt hinab als Opfergabe an die Unsichtbaren. Es ist nur ein phantastischer Scherz, der mit tieferer Ahnung sein Spiel treibt: aber die Dämonen hören den Ruf und folgen dem, der sie gefordert, bis aus dem Spiel einer Nacht grandios die Tragödie eines Schicksals wird.

Nie aber verwehrt sich Nietzsche dem ungeheuren Verlangen, von dem er sich übermächtig erfaßt und fortgeschleudert fühlt: je härter ihn der Hammer trifft, um so heller klingt der eherne Block seines Willens. Und auf diesem rotglühenden Amboß des Leidens wird härter und härter mit jedem verdoppelten Schlag die Formel geschmiedet, die seinen Geist dann ehern umpanzert, die „Formel für die Größe am Menschen, amor fati: daß man nichts anders haben will, vorwärts nicht, rückwärts nicht, in alle Ewigkeit nicht. Das Notwendige nicht bloß ertragen, noch weniger verhehlen, sondern es lieben". Dieser sein inbrünstiger Liebesgesang an die Mächte überklingt dithyrambisch den eigenen Schmerzensschrei: zu Boden geknickt, zerdrückt vom Schweigen der Welt, zerfressen von sich selber, geätzt mit allen Bitterkeiten des Leidens, hebt er niemals die Hände, das Schicksal möchte endlich von ihm lassen. Nur um mehr noch bittet er, um stärkere Not, um tiefere Einsamkeit, um volleres Leiden, um die äußerste Fülle seiner Fähigkeit; nicht in der Abwehr, einzig im Gebet hebt er die Hände, im herrlichsten Gebet des Helden: „Du Schickung meiner Seele, die ich Schicksal nenne, Du In-mir! Über-mir! Bewahre mich und spare mich einem großen Schicksal."

Wer aber so groß zu beten weiß, der wird erhört.

Doppelbildnis

> Das Pathos der Attitüde gehört nicht zur Größe; wer Attitüden überhaupt nötig hat, ist falsch ... Vorsicht vor allen pittoresken Menschen!

Pathetisches Heroenbild. So bildet ihn die marmorne Lüge, die pittoreske Legende: ein trotzig gerecktes Heldenhaupt, hohe wölbige Stirn, zerklüftet von düstern Gedanken, niederwuchtende Welle des Haares über gespanntem, auftrotzendem Nacken. Unter den buschigen Augenbrauen blitzt Falkenblick, jeder Muskel des gewaltigen Gesichts steht straff von Willen, Gesundheit und Kraft.

Der Vercingetorix-Schnurrbart männisch über herben Mund und das vorstoßende Kinn stürzend, zeigt den barbarischen Krieger, und unwillkürlich denkt man sich zu diesem muskelkräftigen Löwenhaupt eine germanische Wikingergestalt mit Siegschwert, Hifthorn und Speer. So, zum deutschen Übermenschen, zum antiken Promethiden der gefesselten Kraft gewaltsam übersteigert, lieben es unsere Bildhauer und Maler, den Einsamen im Geiste darzustellen, um ihn einer kurzgläubigen Menschheit anschaulicher zu machen, die von Schulbuch und Bühne her unfähig ist, das Tragische anders als in theatralischer Drapierung zu verstehen. Das wahrhaft Tragische aber ist niemals theatralisch und Nietzsches wahres Bildnis darum unendlich weniger pittoresk als seine Büsten und Bilder.

Bildnis des Menschen. Der dürftige Speiseraum einer Sechs-Franken-Pension in einem Alpenhotel oder am ligurischen Strand. Gleichgültige Gäste, zumeist ältere Damen im „small talk", im kleinen Gespräch. Die Glocke hat dreimal zu Tisch gerufen. Über die Schwelle tritt mit gedrückter Schulter eine leicht gebückte unsichere Gestalt: wie aus einer Höhle heraus tappt immer der „Sechs-Siebentel-Blinde" in fremdes Gelaß. Dunkles, sauber gebürstetes Kleid, dunkel auch das Antlitz mit dem buschigen, braunen, gewellten Haar. Dunkel auch die Augen hinter der fast rundgeschliffenen dicken Krankenbrille. Leise, ja sogar schüchtern tritt er heran, eine ungemeine Lautlosigkeit um sein Wesen. Man fühlt einen Menschen, der im Schatten lebt, jenseits jeder gesprächigen Geselligkeit, der alles Laute, allen Lärm mit fast neurasthenischer Ängstlichkeit fürchtet: höflich, mit ausgesucht vornehmer Artigkeit grüßt er die Gäste, höflich, mit liebenswürdiger Gleichgültigkeit grüßen die andern den deutschen Professor zurück. Vorsichtig rückt sich der Kurzsichtige an den Tisch, vorsichtig prüft der Magenempfindliche jedes Gericht: ob der Tee nicht zu stark sei, die Speisen nicht übermäßig gewürzt, denn jeder Irrtum in der Kost reizt seine empfindlichen Gedärme, jeder Verstoß in der Nahrung wühlt die zitternden Nerven für Tage gewaltsam um. Kein Glas Wein, kein Glas Bier, kein Alkohol, kein Kaffee vor seinem Platz, keine Zigarre, keine Zigarette nach der Mahlzeit, nichts, was aufmuntert, erfrischt oder ausruhen macht: nur die kurze magere Mahlzeit und ein kleines, urbanes, untiefes Gespräch mit leiser Stimme zum gelegentlichen Nachbar (wie einer spricht, der des Redens seit Jahren entwöhnt ist und sich fürchtet, zuviel gefragt zu werden).

Und wieder hinauf in das schmale, enge, dürftige, kalt möblierte Chambre garnie, der Tisch vollgehäuft mit unzähligen Blättern, Notizen, Schriften und Korrekturen, aber keine Blume, kein Schmuck, kaum ein Buch und selten ein Brief. Rückwärts in der Ecke ein schwerer klotziger Holzkoffer, seine einzige Habe, mit den zwei Hemden und dem zweiten vertragenen Anzug. Sonst nur Bücher und

Manuskripte, auf einem Tablett unzählige Flaschen und Fläschchen und Tinkturen: gegen die Kopfschmerzen, die ihn oft für Stunden sinnlos machen, gegen die Magenkrämpfe, gegen das spasmische Erbrechen, gegen die Trägheit der Eingeweide und vor allem die fürchterlichen Mittel gegen die Schlaflosigkeit, Chloral und Veronal. Ein entsetzliches Arsenal von Giften und Drogen, und doch die einzigen Helfer in dieser leeren Stille des fremden Raums, in dem er niemals anders ruht als in kurzem, künstlich erzwungenem Schlaf. In den Mantel verpackt, mit einem Wollschal umhüllt (denn der elende Ofen raucht bloß und wärmt nicht), mit frierenden Fingern, die doppelte Brille hart ans Papier gedrückt, schreibt die hastende Hand stundenlang Worte, die das trübe Auge dann kaum selbst entziffern kann. Stundenlang sitzt er so und schreibt, bis die Augen brennen und tränen: es sind die seltenen Glücksfälle seines Lebens, wenn sich irgendein Helfer seiner erbarmt und ihm seine Schreibhand borgt für eine Stunde oder zwei. Bei schönem Wetter geht der Einsame aus, immer allein, immer mit seinen Gedanken: nie ein Gruß unterwegs, nie ein Gefährte, nie eine Begegnung. Dunkles Wetter, das er haßt, Regen und Schnee, der seinen Augen weh tut, halten ihn unbarmherzig im Gefängnis seines Zimmers: nie geht er zu den andern, zu den Menschen hinab. Nur abends noch ein paar Kekse, eine Tasse dünnen Tee, und sofort wieder die lange, die unendliche Einsamkeit mit den Gedanken. Stunden und Stunden wacht er noch bei der zuckenden, qualmenden Lampe, ohne daß die Nerven, die heißgestrafften, sich lockerten zu einer sanften Müdigkeit. Dann ein Griff nach dem Chloral, nach irgendeinem Schlafmittel, und dann endlich, mit Gewalt erzwungen, der Schlaf der andern, der gedankenfreien, nicht vom Dämon gejagten Menschen.

Manchmal bleibt er tagelang im Bett. Erbrechen und Krämpfe bis zur Bewußtlosigkeit, sägende Schmerzen in den Schläfen, fast vollkommene Blindheit. Aber niemand kommt zu ihm, niemand für eine kleine Handreichung, für einen Umschlag auf die brennende Stirn, niemand, der ihm vorliest, mit ihm plaudert, mit ihm lacht.

Und dieses Chambre garnie ist überall dasselbe. Die Städte wechseln oft die Namen, sie heißen bald Sorrent, bald Turin, bald Venedig, bald Nizza, bald Marienbad, aber das Chambre garnie bleibt immer dasselbe, immer das fremde, gemietete Zimmer mit kalten, alten, abgenutzten Möbeln, dem Arbeitstisch, dem Schmerzensbett und der unendlichen Einsamkeit. Niemals in all den langen Nomadenjahren heiteres Ruhn in freundschaftlich-munterm Kreise, nie nachts der warme nackte Leib einer Frau an dem seinen, nie ein Morgenrot von Ruhm nach den tausend durchschwiegenen schwarzen Nächten der Arbeit! Oh, wieviel weiter, wie unendlich viel weiter ist Nietzsches Einsamkeit als das pittoreske Höhenplateau von Sils-Maria, wo jetzt die Touristen zwischen Lunch und Dinner seine Sphäre aufzusuchen pflegen: seine Einsamkeit reicht über die ganze Welt, über sein ganzes Leben von einem bis zum andern Ende. Hin und wieder ein Gast, ein fremder Mensch, ein Besucher. Aber die Kruste ist schon zu hart, zu stark um den sehnsüchtigen, den menschenwilligen Kern: der Einsame atmet erleichtert auf, wenn der Fremde ihn wieder seiner Einsamkeit läßt. Die „Vielsamkeit" ist in fünfzehn Jahren endgültig verloren, Gespräch ermüdet, erschöpft, erbittert den an sich selbst Zehrenden und doch nur auf sich selbst Hungernden. Manchmal glänzt ganz kurz ein kleiner Strahl von Glück: er heißt Musik. Eine Aufführung von „Carmen" in einem schlechten Theater in Nizza, ein paar Arien in einem Konzert, eine Stunde am Klavier. Aber auch dieses Glück wird gewaltsam, es „rührt ihn zu Tränen". Das Entbehrte ist schon dermaßen verloren, daß es sich als Schmerz anfühlt und weh tut.

Fünfzehn Jahre weit reicht dieser Höhlenweg von Chambre garnie zu Chambre garnie, unbekannt, unerkannt, nur ihm selbst bekannt, dieser grausige Gang im Schatten der Großstädte, durch schlecht möblierte Zimmer, arm gedeckte Pensionen, schmierige Eisenbahnwagen und viele Krankenstuben, indes draußen an der Oberfläche der Zeit das bunte Jahrmarkttreiben der Künste und Wissenschaften sich heiser schreit: nur Dostojewskis Flucht in den fast gleichen Jahren durch gleiche Armut, gleiche Vergessenheit hat dieses graue kalte Gespensterlicht. Hier wie dort verbirgt das Werk des Titanen die hagere Gestalt des armen Lazarus, der täglich hinstirbt an seiner Not und seinem Gebrest und den nur wieder täglich das Erlöserwunder des gestaltenden Willens aus seiner Tiefe weckt. Fünfzehn Jahre lang steigt Nietzsche so aus dem Sarg seines Zimmers empor und wieder hinab, von Leiden zu Leiden, von Tod zu Tod, von Auferstehung zu Auferstehung, bis dann endlich das mit allen Energien überhitzte Gehirn zerklirrt. Auf der Straße hingestürzt, finden fremde Menschen den fremdesten Menschen der Zeit. Fremde bringen ihn hinauf in das fremde Zimmer der Via Carlo Alberto in Turin. Niemand ist Zeuge seines geistigen Todes, so wenig einer Zeuge seines geistigen Lebens war. Um seinen Untergang ist Dunkel und heilige Einsamkeit. Unbegleitet und unerkannt stürzt der hellste Genius des Geistes in seine eigene Nacht.

Apologie der Krankheit

Was mich nicht umbringt,
macht mich stärker.

Unzählbar die Schreie des gemarterten Körpers. Eine hundertstellige Tabelle aller körperlichen Notstände, und darunter der fürchterliche Schlußstrich: „In allen Lebensaltern war der Überschuß des Leidens ungeheuer bei mir." Und tatsächlich, keine teuflische Marter fehlt in diesem schauerlichen Pandämonium der Krankheit: Kopfschmerzen, betäubende, hämmernde Kopfschmerzen, die für Tage den Taumelnden sinnlos hinschlagen auf Sofa und Bett, Magenkrämpfe mit blutigem Erbrechen, Migränen, Fieber, Appetitlosigkeiten, Müdigkeiten, Hämorrhoiden, Darmstockungen, Schüttelfröste, Nachtschweiß – ein grausiger Kreislauf. Dazu die „dreiviertelblinden Augen", die bei der geringsten Anstrengung sofort anschwellen und zu tränen beginnen und dem geistigen Arbeiter nur „anderthalb Stunden Augenlicht täglich erlauben". Aber Nietzsche verachtet diese Hygiene des Leibes und arbeitet zehn Stunden am Schreibtisch, und für dieses Übermaß rächt sich das überhitzte Gehirn mit rasenden Kopfschmerzen und einem nervösen Überlauf, denn es läßt sich, wenn abends der Leib längst müde geworden ist, nicht plötzlich abkurbeln, sondern wühlt weiter in Visionen und Gedanken, bis es mit Schlafmitteln gewaltsam betäubt wird. Aber immer größere Mengen sind notwendig (in zwei Monaten verbraucht Nietzsche fünfzig Gramm Chloral-Hydrat, um diese Handvoll Schlummer zu erkaufen) – dann weigert sich der Magen, seinerseits so hohen Preis zu zahlen, und revoltiert. Und nun – Circulus vitiosus – spasmisches Erbrechen, neue Kopfschmerzen, die neue Mittel erfordern, ein unerbittliches unersättliches leidenschaftliches Gegeneinander der aufgereizten Organe, die sich wechselseitig im tollen Spiel den Stachelball des Leidens zuschleudern. Nie ein Ruhepunkt in diesem Auf und Ab, nie eine flache Spanne Zufriedenheit, ein knapper Monat voll Behagen und Selbstvergessen; in zwanzig Jahren kann man sich kein Dutzend Briefe herauszählen, wo nicht aus irgendeiner Zeile ein Stöhnen bricht. Und immer rasender, immer wütiger werden die Schreie des von seinen überwachen, überzarten und schon entzündeten Nerven Gestachelten. „Mach es dir doch leichter; stirb!" ruft er sich zu, oder er schreibt: „Eine Pistole ist mir jetzt eine Quelle relativ angenehmer Gedanken" oder „die furchtbare und fast unablässige Marter läßt mich nach dem Ende dürsten, und nach einigen Anzeichen ist der erlösende Hirnschlag nahe". Längst findet er für seine Leiden keine Superlative des Ausdrucks mehr, fast wirken sie schon monoton in ihrer Schrille und raschen Wiederholtheit, diese gräßlichen Schreie, die fast nichts Menschliches mehr haben und wirklich aus der „Hundestallexistenz" seines Lebens hin zu den Menschen gellen. Da plötzlich flammt – und man schrickt auf vor so ungeheurem Widerspruch – in Ecce homo das starke, stolze, steinerne Bekenntnis auf, das scheinbar alle diese Schreie Lügen straft: „Als summa summarum war ich (in den letzten fünfzehn Jahren) gesund."

Was soll nun gelten? Die tausend Schreie oder das monumentale Wort? Beides! Nietzsches Körper war organisch stark und widerstandsfähig, der innere Stamm breit gewölbt und fähig, auch getürmteste Last zu tragen; seine Wurzeln greifen tief hinab in das Erdreich deutscher, gesunder Pastorengeschlechter. Im Ganzen „summa summarum", als Anlage, als Organismus, im fleischgeistigen Fundament war Nietzsche wirklich gesund. Nur die Nerven sind zu zart für das Ungestüm seiner Empfindung und darum in ständiger unruhiger Revolte (einer Revolte, die aber niemals die eherne Herrschkraft seines Geistes zu erschüttern vermag): Nietzsche selbst hat einmal sinnlich glücklichsten Ausdruck für diesen halb gefährlichen, halb gesicherten Zustand gefunden, wenn er von einem „Kleingewehrfeuer" seiner Leiden spricht. Denn niemals kommt es bei diesem Krieg zu einem wirklichen Einbruch in den innern Wall seiner Kraft: er lebt wie Gulliver in Brobdignac, nur ständig umlagert von einem kribbelnden Pygmäengezücht von Schmerzen. Ewiger Alarm der Nerven ist um ihn, der unablässig auf Ausguck und Wachtturm steht, ständig in einer aufreibenden, quälenden Selbstverteidigung der Aufmerksamkeit. Nirgends aber gelingt einer wirklichen Krankheit (außer vielleicht jener einzigen, die einen Minengang zwanzig Jahre lang bis unter die Zitadelle seines Geistes vorgräbt und sie dann plötzlich in die Luft sprengt) ein Einbruch, eine Eroberung: ein monumentaler Geist wie Nietzsche erliegt keinem Kleingewehrfeuer, nur eine Explosion kann den Granit solchen Gehirns zerschmettern. So steht einer ungeheuren Leidensfähigkeit eine ungeheure Leidenskraft entgegen, eine zu starke Vehemenz des Gefühls einer zu feinen Durchnervtheit des motorischen Systems. Denn jeder Nerv des Magens wie des Herzens und der Sinne stellt bei Nietzsche ein überexaktes, filigranzartes Manometer dar, das die kleinsten Veränderungen und Spannungen mit ungeheurem Ausschlag an schmerzhafter Erregung erwidert. Nichts bleibt dem Körper (wie dem Geiste) unbewußt. Die kleinste Fiber, die bei andern stumme, signalisiert ihm sofort mit zuckendem Riß ihre Botschaft, und diese „rasende Reizbarkeit" zersplittert seine naturhafte, starke Vitalität in tausend stechende, schneidende, gefährliche Splitter. Darum dann jene entsetzlichen Schreie, wenn er bei der geringsten Bewegung, bei jedem plötzlichen Schritt seines Lebens an einen dieser offenen zuckenden Nerven rührt.

Diese unheimliche, geradezu dämonische Überempfindlichkeit von Nietzsches Nerven, die schon die flüchtigst verzitternden, für andere tief unter der Schwelle des Bewußtseins dämmernden Nuancen deutlich als Schmerz auswägen, ist seiner Leiden einzige Wurzel und ebenso Urzelle seiner genialen Wertungsfähigkeit. Bei ihm muß es gar nichts Substantielles sein, kein wirklicher Affekt, der das Blut schon zu physiologischer Reaktion aufzucken läßt – die bloße Luft mit ihren stündlichen Veränderungen meteorologischer Natur wird schon Ursache unendlicher Peinigungen. Vielleicht war überhaupt noch niemals ein geistiger Mensch so sehr atmosphärisch empfindlich, so ganz Manometer, Quecksilber und Reizbarkeit: zwischen seinem Puls und dem Luftdruck, zwischen seinen Nerven und dem Feuchtigkeitsgehalt der Sphäre scheinen geheime elektrische Kontakte zu bestehen. Seine Nerven melden jeden Meter Höhe, jeden Druck des Wetters sofort als Schmerz in den Organen und reagieren mit rebellischem Takt auf jede Revolte in der Natur. Regen, verdüsterter Himmel deprimieren seine Vitalität („bedeckter Himmel setzt mich tief herab"), Belastung mit tiefen Wolken spürt er bis hinab in die Gedärme, Regen „depotenziert", Feuchtigkeit ermattet, Trockenheit belebt, Sonne erlöst. Winter ist eine Art Starrkrampf und Tod. Nie steht die zitternde Barometernadel seiner aprilhaft wetterschwankenden Nerven jemals still: am ehesten noch in wolkenloser Landschaft, auf den windstillen Hochplateaus des Engadin. Und so wie vom äußeren Himmel jede Belastung und jeden Druck, spüren die entzündlichen Organe auch jede Belastung, Trübung und gewitterliche Befreiung auf dem innern Himmel des Geistes. Denn immer, wenn ein Gedanke aufzuckt, so schmettert er wie ein Blitz durch die straff gespannten Stränge seiner Nerven: der Denkakt vollzieht sich bei Nietzsche dermaßen ekstatisch rauschhaft, dermaßen elektrisch niederzuckend, daß er immer gewitterhaft auf den Körper wirkt und bei jeder „Explosion des Gefühls ein Augenblick im strengsten Sinne hinreicht, um die Blutzirkulation zu verändern". Körper und Geist sind bei diesem vitalsten aller Denker so spannungshaft mit dem Atmosphärischen verbunden, daß er die Reaktionen von innen und außen als eines empfindet: „Ich bin nun einmal nicht Geist und Körper, sondern etwas Drittes. Ich leide ganz und am Ganzen."

Gewaltsam herausgezüchtet wird nun diese eingeborene Veranlagung zur Differenzierung aller Reize durch die unbewegte brütende Luft seines Lebens, durch Nietzsches jahrzehntelanges Einsiedlertum. Da in den dreihundertfünfundsechzig Tagen des Jahres nichts Körperliches ihm nahe kommt als sein eigener Körper, weder Frau noch Freund, da kaum jemand anderer mit ihm in den vierundzwanzig Stunden des Tages spricht als das eigene Blut, so führt er gleichsam einen ununterbrochenen Dialog mit seinen Nerven. Ständig hält er in dieser ungeheuren Stille die Bussole seines Empfindens in seinen Händen und beobachtet wie alle Einsiedler, Arbeitsmenschen, Hagestolze und Sonderlinge hypochondrisch auch die kleinsten funktionellen Veränderungen seines Leibes. Andere vergessen sich selbst, weil ihre Aufmerksamkeit durch Gespräch und Geschäft, durch Spiel und Lässigkeit abgelenkt wird, weil sie sich durch Wein und Gleichgültigkeit abdumpfen. Ein Nietzsche aber, ein so genialer Diagnostiker, unterliegt ständig der Versuchung, als Psychologe an seinem eignen Leiden noch eine neugierige Lust zu haben, sich zu seinem „eigenen Experiment und Versuchstier" zu machen. Unablässig legt er mit der spitzen Pinzette – Arzt und Kranker in einer Person – das Schmerzhafte seiner Nerven bloß und reizt damit wie alle nervösen und phantasievollen Naturen die schon überstarken Empfindlichkeiten noch gesteigert empor. Mißtrauisch gegen die Ärzte, wird er sein eigener Arzt und „beärztelt" sich unablässig sein ganzes Leben lang. Er versucht alle erdenklichen Mittel und Kuren, elektrische Massagen, diätetische Vorschriften, Trinkkuren, Bäderkuren, er stumpft bald die Erregungen mit Brom herab, bald stachelt er sie mit andern Mixturen wieder hinauf. Seine meteorologische Empfindlichkeit jagt ihn ununterbrochen auf die Suche nach einer besonderen Atmosphäre, nach einem nur ihm gemäßen Ort, nach einem „Klima seiner Seele". Bald ist er in Lugano, um der Seeluft und Windstille willen, dann in Pfäfers und Sorrent; dann meint er wieder, die Bäder von Ragaz könnten ihm von seinem schmerzhaften Selbst helfen, die heilkräftige Zone von St. Moritz, die Quellen von Baden-Baden oder Marienbad ihn begnaden. Einen Frühling lang ist es das Engadin, das er als sich wesensverwandt entdeckt mit seiner „stark ozonhaltigen Luft", dann muß es wieder eine Südstadt sein, Nizza mit seiner „trockenen" Luft, dann wieder Venedig oder Genua. Bald strebt er den Wäldern zu, bald den Meeren, bald den Seen, bald den kleinen heiteren Städten „mit guter leichter Kost". Weiß Gott, wie viele Tausende Kilometer Eisenbahn der fugitivus errans durchfahren hat, nur um diesen märchenhaften Ort zu finden, wo das Brennen und Ziehen seiner Nerven, dieses ewige Wachsein der Organe aufhörte. Allmählich destilliert er sich aus seinen Leidenserfahrungen eine eigne Art Gesundheitsgeographie, er durchforscht dickleibige geologische Werke um dieses Ortes willen, den er wie Aladins Ring sucht, um endlich die Herrschaft über seinen Leib und Frieden seiner Seele zu gewinnen. Keine Reise wäre ihm zu weit: Barcelona ist in seinen Plänen und das Hochgebirge von Mexico. Argentinien und sogar Japan wird erwogen. Die geographische Lage, die Diätetik des Klimas und der Kost werden allmählich seine private zweite Wissenschaft. Bei jedem Ort notiert er sich die Temperatur, den Luftdruck, mißt mit Hydroskop und Hydrostat die Niederschlagsmenge auf den Millimeter und den Feuchtigkeitsgehalt. Die gleiche Übertreiblichkeit in der Diät. Auch da ein ganzes Register, eine medizinische Tabulatur von Vorsichtigkeiten: der Tee muß eine bestimmte Marke haben und in bestimmter Stärke dosiert, um ihm bekömmlich zu sein; Fleischkost ist gefährlich; Gemüse müssen auf bestimmte Art zubereitet sein; allmählich kommt in dieses Medizinieren und Diagnostizieren ein kranker solipsistischer Zug, ein gespanntes, überspanntes Auf-sich-selber-Starren. Nichts hat Nietzsches Schmerz so schmerzhaft gemacht als diese ewige Vivisektion; wie immer leidet der Psychologe zwiefach stark als jeder andere, weil er sein Leiden verdoppelt erlebt, einmal in der Realität und noch einmal in der Selbstbetrachtung.

Aber Nietzsche ist ein Genie der gewaltsamen Umwendungen; im Gegensatz zu Goethe, der Gefahren genial auszuweichen verstand, hat er eine ungeheuer verwegene Art, ihnen geradewegs auf den Leib zu gehen und den Stier bei den Hörnern zu fassen. Die Psychologie, das Geistige – ich versuchte es eben zu schildern – treibt den bloß Empfindlichen tief ins Leiden; aber gerade die Psychologie, gerade der Geist reißt ihn wieder in die Gesundheit zurück. Schon ist er nach zehn Jahren unaufhörlichen Gequältseins auf einem „Tiefpunkt der Vitalität“, schon meint man ihn zerrissen, zermürbt von seinen Nerven, einer verzweifelten Depression, einer pessimistischen Selbstaufgabe zur Beute. Da plötzlich gibt es in Nietzsches geistiger Haltung eine jener blitzartigen, wahrhaft inspirativen „Überwindungen“, eine jener Selbsterkennungen und Selbstrettungen, die seine geistige Geschichte so großartig dramatisch und aufregend machen. Mit einem Ruck reißt er die Krankheit, die ihm den Boden unterwühlt, plötzlich zu sich hinauf und drückt sie ans Herz: es ist das ein ganz geheimnisvoller (nicht auf den Tag bestimmbarer) Augenblick, eine jener blitzartigen Inspirationen inmitten seines Werkes, wo Nietzsche seine Krankheit für sich „ *entdeckt*“, wo er im Staunen darüber, daß er noch immer, noch immer am Leben ist, im Staunen, daß in den tiefsten Depressionen ihm die Produktivität, statt zu erlahmen, nur gewachsen ist, proklamiert, daß diese Leiden, diese Entbehrung für ihn „zur Sache“, zur heiligen, ihm einzig heiligen Sache seines Lebens gehören. Und von diesem Augenblick an, wo sein Geist kein Mitleid mehr mit dem Körper hat, kein Mit-Leiden mit seinem Leiden, sieht er zum erstenmal sein Leben in einer neuen Perspektive, seine Krankheit in tieferem Sinn. Mit ausgebreiteten Armen nimmt er sie in sein Schicksal wissend hinein als ein Notwendiges, und da er als der fanatische „Fürsprecher des Lebens“ alles an seiner Existenz liebt, so sagt er auch zu seinem Leiden jenes hymnische Ja Zarathustras, jenes jubelnde „Noch einmal! noch einmal in alle Ewigkeit!“

Aus dem bloßen Anerkennen wird ein Erkennen, aus dem Erkennen eine Dankbarkeit. Denn aus dieser höheren Schau, die den Blick weghebt vom eigenen Leiden, entdeckt er (mit jener übertreiblichen Freude an der Magie des Extrems), daß er keiner Macht der Erde so sehr verbunden und verschuldet ist wie seiner Krankheit, daß er gerade dem grimmigsten Folterknecht sein Höchstes dankt: die Freiheit. Die Freiheit der äußeren Existenz, die Freiheit des Geistes. Denn überall, wo er ruhen, träg werden, verdicken, verflachen, wo er vorzeitig sich in Amt, Beruf und Geistesform versteinern wollte, hat sie ihn mit ihrem Stachel gewaltsam herausgetrieben. Der Krankheit dankt er, daß er vom Militärdienst errettet und der Wissenschaft zurückgegeben war, der Krankheit dankt er, daß er in dieser Wissenschaft und Philologie nicht stocken blieb; sie hat ihn aus dem Baseler Universitätskreis hinaus in die „Pension" und damit in die Welt, zurück in sich selbst gejagt. Den kranken Augen ist er verpflichtet für die „Erlösung vom Buche", „der größten Wohltat, die ich mir selbst erwiesen habe". Aus allen Rinden, die ihn umwachsen wollten, aus allen Bindungen, die ihn zu umschließen begannen, hat sein Leiden ihn (schmerzhaft, aber hilfreich) herausgeschält. „Die Krankheit löst mich gleichsam aus sich selbst heraus", bekennt er selbst – sie war ihm Geburtshelfer des innern Menschen, Wehemutter und Wehetäter zugleich. Ihr dankt er, daß das Leben für ihn statt einer Gewohnheit eine Erneuerung wurde, eine Entdeckung: „Ich entdeckte das Leben gleichsam neu, mich selber eingerechnet."

Denn – so überjauchzt der Gequälte nun dankbar seine Qualen in seiner großen Hymne an den heiligen Schmerz – nur das Leiden allein macht wissend. Die bloß angeerbte und nie erschütterte Bärengesundheit ist dumpf und ahnungslos zufrieden. Sie will nichts, sie fragt nichts, und darum gibt es keine Psychologie bei den Gesunden. Alles Wissen kommt aus dem Leiden, „der Schmerz fragt immer nach den Ursachen, während die Lust geneigt ist, stehenzubleiben und nicht nach rückwärts zu schauen". Man wird „immer feiner im Schmerz", das Leiden, das stete wühlende, schabende Leiden gräbt das Erdreich der Seele um, und gerade das Pflughafte, das Schmerzhafte dieses innern Umwühlens schafft erst Auflockerung für die neue geistige Frucht. „Erst der große Schmerz ist der letzte Befreier des Geistes, er allein zwingt uns, in unsere letzte Tiefe zu steigen", und gerade wem er beinahe tödlich war, darf dann das stolze Wort von sich sagen: „Ich weiß mehr vom Leben, weil ich so oft nahe daran war, es zu verlieren."

Nicht durch einen Kunstgriff also, durch ein Verneinen seines körperlichen Notstandes überwindet Nietzsche alles Leiden, sondern durch Erkennen: der souveräne Wertfinder entdeckt sich den Wert seiner Krankheit. Ein umgekehrter Märtyrer, hat er nicht zuerst den Glauben, für den er sich quälen läßt; sondern erst aus der Qual, aus der Folter formt er sich den Glauben. Aber seine wissende Chemie entdeckt nicht nur den Wert seines Krankseins, sondern auch seinen Gegenpol: den Wert der Gesundheit; sie beide erst schenken das Vollgefühl des Lebens, den ewigen Spannungszustand von Qual und Ekstase, mit dem der Mensch sich ins Unendliche schnellt. Beide sind notwendig, Krankheit als Mittel, Gesundheit als Zweck, Krankheit als Weg, Gesundheit als Ziel. Denn Leiden im Sinne Nietzsches ist ja nur das eine dunkle Ufer der Krankheit, das andere erglänzt in einem unsäglichen Licht, es heißt Genesen, und nur vom Ufer des Leidens wird es erreicht. Genesen, Gesundwerden bedeutet aber mehr als Erreichung des normalen Lebenszustandes, nicht nur Verwandlung, sondern unendlich mehr, es ist auch Steigerung, Erhöhung und Verfeinerung: man geht aus der Krankheit „gehäuteter, kitzliger, mit einem feineren Geschmack für die Freude, mit einer zarteren Zunge für alle guten Dinge, mit lustigeren Sinnen und einer zweiten gefährlicheren Unschuld in der Freude“ hervor, kindlich zugleich und hundertmal raffinierter, als man je gewesen ist. Und diese zweite Gesundheit hinter der Krankheit, diese nicht blind hingenommene, sondern sehnsüchtig ersehnte, gewaltsam erzwungene, mit hundert Seufzern, Schreien und Notständen erkaufte, diese „eroberte, erlittene“ Gesundheit ist tausendmal lebendiger als das stumpfe Wohlbehagen der immer Gesunden. Und wer von der zitternden Süße, dem prickelnden Rausch solchen Genesens einmal gekostet, der verbrennt vor Gelüst, ihn immer wieder zu erleben: er wirft sich gern immer und immer wieder in die schweflige Feuerflut der brennenden Qualen, nur um immer wieder zu diesem „bezaubernden Gefühl des Gesundens“ zu gelangen, zu dieser goldenen Trunkenheit, die Nietzschen all die gemeinen Stimulantia des Alkohols und Nikotins tausendfach ersetzt und sie übertrifft. Aber kaum daß Nietzsche den Sinn seines Leidens sich entdeckt und die große Wollust des Gesundens, so will er sie in ein Apostolat verwandeln, in den Sinn der Welt. Wie alle Dämonischen, erliegt er der eigenen Ekstase und kann nun nicht mehr satt werden an dem funkelnden Wechselspiel von Lust und Leiden; er will noch tiefer hinabgemartert sein in die Qual, um sich höher hinaufzuschwingen in das allerletzte, allerseligste, allerklarste, allerkraftvollste Genesen. Und in diesem funkelnden, lechzenden Rausch verwechselt er allmählich seinen rasenden Willen zur Gesundheit mit der Gesundheit selbst, sein Fieber mit Vitalität, seinen Untergangstaumel mit errungener Kraft. Gesundheit! Gesundheit! – wie ein Panier schwenkt der von sich selber Trunkene das Wort über sich her: sie soll der Sinn der Welt sein, das Ziel des Lebens, das Maß aller Dinge, sie allein der Pegel aller Werte; und der selbst von Qual zu Qual im Dunkel jahrzehntelang getappt, überschreit sich nun in einem Hymnus der Vitalität, der brutalen, machttrunkenen Kraft. Ungeheuer, mit brennenden Farben, entrollt er die Fahne des Willens zur Macht, des Willens zum Leben, zur Härte, zur Grausamkeit, und trägt sie ekstatisch einer kommenden Menschheit voran – ahnungslos, daß die Kraft, die ihn beseelt, das Panier so hoch zu halten, dieselbe ist, die gleichzeitig den Bogen spannt mit dem für ihn tödlichen Pfeil.

Denn diese letzte Gesundheit Nietzsches, die sich selbst im Überschwang zum Dithyrambus hinaufstimuliert, ist eine Autosuggestion, eine „erfundene" Gesundheit. Gerade wie er die Hände jubilierend zum Himmel hebt im Rausche seiner Kraft, wie er im Ecce homo die Worte hinschreibt von seiner großen Gesundheit und beeidet, nie krank, nie dekadent gewesen zu sein, zuckt schon der Blitz in seinem Blut. Was in ihm lobsingt, was in ihm triumphiert, ist nicht das Leben, sondern schon sein Tod. Was er für Licht hält, für die Hochglut seiner Kraft, birgt gerade den tödlichen Ansprung seiner Krankheit, und jenes wunderbare Wohlgefühl, das ihn in den letzten Stunden überströmt, diagnostiziert der klinische Blick jedes Arztes heute klar für die Euphorie, das typische Wohlbefinden vor dem Zusammenbruch. Schon von anderer, von dämonischer, von jenseits-weltlicher Sphäre zittert ihm die silberne Helligkeit entgegen, die seine letzten Stunden überflutet: er aber, der Trunkene, er weiß es nicht mehr. Er fühlt sich nur überschüttet von allem Glanz, aller Gnade der Erde: die Gedanken glühen ihm feurig zu, die Sprache quillt mit Urgewalt aus allen Poren seiner Rede, Musik überflutet ihm die Seele. Wohin er blickt, strahlt ihn Friede an – die Menschen auf der Straße lächeln ihm zu, jeder Brief ist eine Botschaft mit göttlichem Inhalt, und taumelnd vor Glück ruft er dem Freunde Peter Gast in seinem letzten Schreiben zu: „Singe mir ein neues Lied: die Welt ist verklärt und alle Himmel freuen sich." Eben aus diesem verklärten Himmel trifft ihn der feurige Strahl, Leiden und Seligkeit in eine einzige unlösbare Sekunde verschmelzend. Beide Enden des Gefühls bohren sich ihm gleichzeitig in die aufgebäumte Brust, und in seinen zerspringenden Schläfen rauscht das Blut Tod und Leben zusammen in eine einzige apokalyptische Musik.

Der Don Juan der Erkenntnis

Auf die ewige Lebendigkeit kommt es an, nicht
auf das ewige Leben.

Immanuel Kant lebt mit der Erkenntnis wie mit einem ehelich angetrauten Weibe, beschläft sie vierzig Jahre lang im gleichen geistigen Bette und zeugt mit ihr ein ganzes deutsches Geschlecht philosophischer Systeme, von denen Nachkommen noch heute in unserer bürgerlichen Welt wohnen. Seine Beziehung zur Wahrheit ist absolut monogam und ebenso jene all seiner intellektuellen Söhne: Schelling, Fichte, Hegel und Schopenhauer. Was sie zur Philosophie treibt, ist ein durchaus undämonischer höherer Ordnungswille, ein guter deutscher, fachlicher und sachlicher Wille zur Disziplinierung des Geistes, zu einer ordnungshaften Architektonik des Daseins. Sie haben Liebe zur Wahrheit, eine ehrliche, dauerhafte, durchaus beständige Liebe: aber in dieser Liebe fehlt vollkommen die Erotik, die flackernde Gier des Zehrens und Sich-selber-Verzehrens; sie fühlen die Wahrheit, ihre Wahrheit als Gattin und gesicherten Besitz, von der sie sich bis zur Stunde des Absterbens nie loslösen und gegen die sie niemals untreu sind. Darum bleibt ewig etwas Hausbackenes, etwas Haushälterisches in ihrer Beziehung zur Wahrheit, und tatsächlich hat jeder von ihnen über Braut und Bett sich ein eigenes Haus erbaut: sein gesichertes System. Und diesen ihren eigenen Bezirk, ihren eroberten Acker des Geistes, den sie aus dem urweltlichen Dickicht des Chaos für die Menschheit ausgerodet haben, bestellen sie meisterlich mit Egge und Pflug. Vorsichtig schieben sie die Gemarken ihrer Erkenntnis weiter hinaus in die Kultur der Zeit und mehren mit Fleiß und Schweiß die geistige Frucht.

Nietzsches Leidenschaft zur Erkenntnis dagegen kommt aus ganz anderem Temperament, aus einer geradezu antipodischen Welt des Gefühls. Seine Einstellung zur Wahrheit ist eine durchaus dämonische, eine zitternde atemheiße, nervengejagte, neugierige Lust, die sich nie befriedigt und nie erschöpft, die nirgends stehenbleibt bei einem Resultat und über alle Antworten hin sich immer wieder ungeduldig und unbändig weiterfragt. Niemals zieht er eine Erkenntnis dauernd an sich und macht sie mit Eid und Treuschwur zu seinem Weibe, zu seinem „System", zu seiner „Lehre". Alle reizen ihn an, und keine kann ihn halten. Sobald ein Problem die Jungfräulichkeit, den Reiz und das Geheimnis der erbrochenen Scham verloren hat, läßt er es mitleidslos, eifersuchtslos den andern nach ihm, so wie Don Juan, sein Bruder im Triebe, seine mille e tre, ohne sich weiter um sie zu bekümmern. Denn wie jeder große Verführer durch alle Frauen hindurch die Frau, so sucht Nietzsche durch alle Erkenntnis hindurch die Erkenntnis, die ewig irreale und nie ganz erreichbare; ihn reizt bis zum Schmerz, bis zur Verzweiflung nicht das Erobern, nicht das Halten und Haben, sondern immer nur das Fragen, das Suchen und Jagen. Unsicherheit, nicht Gewißheit ist seine Liebe – Erkenntnis im Sinne der Bibel, wo der Mann das Weib „erkennt" und damit gleichsam geheimnislos macht. Er weiß, der ewige Relativist der Werte, daß keiner dieser Erkenntnisakte, dieser Besitzergreifungen mit heißem Geist schon ein wirkliches

„Zu-Ende-Kennen“ ist, daß sich Wahrheit im letzten Sinn nicht besitzen läßt: denn „wer da empfindet, ich bin im Besitz der Wahrheit, wie vieles läßt der nicht fahren“. Darum richtet sich Nietzsche niemals haushälterisch ein im Sinne des Sparens und Bewahrens und baut kein geistiges Haus: er will – oder er muß vielmehr aus dem nomadischen Zwang seiner Natur – der ewig Besitzlose bleiben, der nicht Dach hat und Weib und Kind und Gesind, aber dafür die Lust und die Freude der Jagd: er liebt gleich Don Juan nicht die Dauer des Gefühls, sondern die „großen und verzückten Augenblicke“, ihn locken einzig die Abenteuer des Geistes, jene „gefährlichen Vielleichts“, die heiß machen und anspornen, solange man sie jagt, und nicht satt machen, sobald man sie greift – er will keine Beute, sondern (wie er sich selbst im Don Juan der Erkenntnis schildert) nur den „Geist, Kitzel und Genuß an Jagd und Intriguen der Erkenntnis – bis an die höchsten und fernsten Sterne der Erkenntnis hinauf –, bis ihm zuletzt nichts mehr zu erjagen übrigbleibt als das absolut Wehetuende der Erkenntnis, gleich dem Trinker, der am Ende Absinth und – Scheidewasser trinkt“.

Denn der Don Juan im Geiste Nietzsches ist kein Epikureer, kein üppiger Genießer: dazu fehlt diesem Aristokraten, diesem feinnervigen Edelmann das dumpfe Behagen des Verdauens, das träge Ausruhen in der Sattheit, das Prahlen mit seinen Triumphen, das jemals Zufriedensein. Der Jäger der Frauen ist – wie der Nimrod des Geistes – selbst der ewig Gejagte eines unstillbaren Triebes, der rücksichtslose Verführer selbst ein Verführter seiner brennenden Neugier, ein Versucher, der versucht ist, alle Frauen in ihrer unerkannten Unschuld immer wieder zu versuchen, so wie Nietzsche fragt um der Frage willen, um der unstillbaren psychologischen Lust. Für Don Juan ist das Geheimnis in allen und in keiner, in jeder für eine Nacht und in keiner für immer: genauso für den Psychologen die Wahrheit in allen Problemen für einen Augenblick und in keinem für immer.

Darum ist Nietzsches geistiges Leben so ganz ohne Ruhepunkte, ohne stille spiegelnde Flächen: es ist durchaus stromhaft, wanderhaft, voll plötzlicher Umwendungen, Kehren und Stromschnellen. Bei den andern deutschen Philosophen geht ihr Dasein episch-gemächlich dahin, ihre Philosophie stellt das behaglich-handwerkliche Fortspinnen eines einmal entwirrten Fadens dar, sie philosophieren gleichsam seßhaft, mit entspannten Gliedern, und kaum spürt man während ihres Denkaktes einen gesteigerten Blutdruck im Körper, ein Fieber in ihrem Schicksal. Niemals hat man bei Kant jene erschütternde Empfindung eines von seinen Gedanken vampirisch gefaßten, eines an der Schöpfung und Gestaltung als einem entsetzlichen Muß *leidenden* Geistes: und Schopenhauers Leben vom dreißigsten Jahr an, sobald er „Die Welt als Wille und Vorstellung“ einmal vollendet hat, trägt einen pensionistisch-behaglichen Zug mit allen kleinen Verbitterungen des Stehengebliebenen. Sie alle gehen mit gutem, festem, klarem Schritt vorwärts einen selbstgewählten Weg, indes Nietzsche immer gejagt erscheint und immer in ein ihm selbst Unbekanntes hinein. Darum gestaltet sich Nietzsches Erkenntnisgeschichte (wie die Abenteuer Don Juans) durchaus dramatisch, eine Kette gefährlicher, überraschender Episoden, eine Tragödie, die vollkommen pausenlos in unablässiger zuckender Erregung von einer Peripetie zur nächsten höheren überspringt, um dann schließlich bei dem unvermeidlichen Absturz ins Bodenlose zu zerschmettern. Und gerade dies Ruhelose im Suchen, dies unablässig *Denken-Müssen*, der dämonische Zwang zum Vorwärts gibt dieser einzigen Existenz eine unerhörte Tragik und macht sie (durch die totale Abwesenheit jedes handwerklichen, jedes bürgerlich gelassenen Zuges) uns so verlockend als Kunstwerk. Nietzsche ist *verflucht*, ist verurteilt zum unablässigen Denken, wie der Wilde Jäger im Märchen zur ewigen Jagd: was seine Lust war, ist seine Qual, seine Not geworden, und sein Atem, sein Stil hat das Springende, Heiße, Pochende eines Gehetzten, seine Seele das Lechzende, Verschmachtende eines nie ausruhenden, eines nie befriedeten Menschen: „Man gewinnt etwas lieb, und kaum ist es einem vom Grunde lieb geworden, so sagt der Tyrann in uns (den wir sogar unser höheres Selbst nennen möchten): Gerade das gib mir zum Opfer. Und wir geben es auch, aber es ist Tierquälerei dabei und Verbranntsein mit langsamem Feuer." Und wie Aufschrei flüchtenden, vom Pfeil getroffenen Wildes klingt es gell, wenn Nietzsche, der zum Erkennen Getriebene, der Ruhelose, aufschreit: „Es gibt überall Gärten Armidens für mich und daher immer neues Losreißen und neue Bitterkeiten des Herzens. Ich muß den Fuß heben, den müden, verwundeten Fuß, und weil ich muß, so habe ich oft für das Schönste, das mich nicht halten konnte, einen grimmigen Rückblick – weil es mich nicht halten konnte!"

Solche Schreie von innen, solch urmächtiges Aufstöhnen aus der letzten Tiefe des Leidens vermißt man vollkommen in alldem, was sich vor Nietzsche in Deutschland Philosophie genannt hat: bei den mittelalterlichen Mystikern vielleicht, bei den Häretikern und Heiligen der Gotik bricht manchmal ähnliche Schmerzensinbrunst durch dunkelgewandetes Wort. Pascal, auch einer, der mit der ganzen Seele im Fegefeuer des Zweifels steht, kennt diese Aufgewühltheit, diese Zernichtung der suchenden Seele, niemals aber, weder bei Leibniz, noch bei Kant, Hegel und Schopenhauer, erschüttert uns dieser elementare Ton. Denn so rechtlich diese wissenschaftlichen Naturen auch sind, so tapfer, so entschlossen ihre Anspannung auf das Ganze wirkt – sie werfen sich doch nicht dermaßen mit ihrem ganzen ungeteilten Wesen, mit Herz und Eingeweiden und Nerven und Fleisch, mit ihrem ganzen Schicksal in das heroische Spiel um die Erkenntnis. Sie brennen immer nur so, wie Kerzen brennen, nur oben, nur zu Häupten, nur mit dem Geist. Ein Teil, der weltliche, der private und damit auch das Persönlichste ihrer Existenz, bleibt immer schicksalsgesichert, indes Nietzsche sich voll und ganz riskiert, er, der sich unaufhörlich nicht „bloß mit den Fühlhörnern des kalten neugierigen Gedankens“, sondern mit der ganzen Wucht seines Schicksals in die Gefahr wirft. Seine Gedanken kommen nicht bloß von oben, aus dem Gehirn, sondern sind herausgefiebert aus einem gehetzten, aufgestachelten Blute, aus zitternd gereizten Nerven, aus unersättlichen Sinnen, aus dem ganzen Zusammenfassen des Lebensgefühls: darum ballen seine Erkenntnisse wie jene Pascals sich „zu einer leidenschaftlichen Seelengeschichte“ tragisch auf, sie werden eine gesteigerte Folge gefährlicher und fast tödlicher Abenteuer, ein Lebensdrama, das wir erschüttert miterleben (indes jene andern Philosophen-Biographien nicht um einen Zoll das geistige Bild erweitern). Und doch, selbst in bitterster Not möchte er sein Leben, sein „gefährliches Leben“ nicht mit ihrem geordneten vertauschen, denn gerade, was die andern in ihrer Erkenntnis suchen, eine Aequitas animae, eine gesicherte Seelenrast, einen Schutzwall gegen das überströmende Gefühl, das haßt Nietzsche als Minderung der Vitalität. Ihm, dem Tragiker, dem heldischen Menschen, geht es nicht um das „elende Ringen um das Dasein“, um erhöhte Sicherheit, um eine Brustwehr gegen das Erleben. Nur keine Sicherheit, nur nie ein Befriedigtsein, ein Sich-Genügen! „Wie kann man in der ganzen wundervollen Ungewißheit und Vieldeutigkeit des Daseins stehen und nicht fragen, nicht zittern vor Begierde und Lust des Fragens“, so höhnt er den Häuslichen, den rasch Zufriedenen hochmütig entgegen. Mögen sie erfrosten in ihren Gewißheiten, ruhig sich einkapseln in die Muschelschalen ihrer Systeme: ihn lockt nur die gefährliche Flut, das Abenteuer, das ewige Entzücken und die ewige Enttäuschung. Mögen sie weiter ihre Philosophie treiben im gewärmten Haus ihres Systems wie ein Geschäft, ehrlich und sparsam ihren Besitz zum Reichtum mehrend: ihn lockt nur das Spiel, der Einsatz des Letzten, der eigenen Existenz. Denn nicht einmal sein eigenes Leben lüstet es ihn, den Abenteurer, zu besitzen: auch hier will er noch ein heroisches Mehr: „Auf die ewige Lebendigkeit kommt es an, nicht auf das ewige Leben.“

Mit Nietzsche erscheint die schwarze Freibeuterflagge des Piraten zum erstenmal auf den Meeren der deutschen Erkenntnis: ein Mensch anderer Art, anderen Stammes, Philosophie nicht mehr im wissenschaftlichen Kathedertalar, sondern kriegerisch gepanzert und bewehrt. Die andern vor ihm, gleichfalls kühne und heldenhafte Seefahrer des Geistes, hatten Kontinente und Reiche entdeckt, aber gewissermaßen in einer zivilisatorischen, einer nutzhaften Absicht, um sie der Menschheit zu erobern, die Landkarte weiter in die Terra incognita des Denkens zu ergänzen. Sie pflanzen die Fahnen in ihrem eroberten Neuland auf, bauen Städte, Tempel und neue Straßen in das neue Unbekannte, und hinter ihnen kommen die Gouverneure und Verwalter, das Gewonnene zu pflügen und zu ernten, die Kommentatoren und Professoren, die Menschen der Bildung. Aber ihrer Mühe letzter Sinn war immer Ruhe, Frieden und Sicherung: sie wollen Normen und Gesetze, also eine höhere Ordnung verbreiten. Nietzsche dagegen bricht in die deutsche Philosophie wie die Flibustier am Ende des 16. Jahrhunderts in die spanische Welt, ein Schwarm wilder, verwegener, zuchtloser Desperados ohne Nation, ohne Herrscher, ohne König, ohne Flagge, ohne Heim und Aufenthalt. Wie jene erobert er nichts für sich und für keinen andern nach ihm, weder für einen Gott, noch einen König, noch einen Glauben, sondern einzig um der Freude der Eroberung willen, denn er will nichts besitzen, erwerben, erringen.

Ihn, den leidenschaftlichen Störenfried aller „braunen Ruhe", aller Behaglichkeit lüstet es einzig, die gesicherte, genießerische Ruhe der Menschen zu zerstören, mit Feuer und Schreck Wachheit zu verbreiten, die ihm so kostbar ist wie den Friedensmenschen der dumpfe, braune Schlaf. Hinter ihm sind, wie nach jener Flibustierfahrt, erbrochene Kirchen, entweihte jahrtausendalte Heiligtümer, gestürzte Altäre, geschändete Sentiments, gemordete Überzeugungen, erbrochene Moralhürden, ein brennender Horizont, ein ungeheures Fanal der Kühnheit und der Kraft. Aber er wendet sich nie zurück, weder um sich des Gewonnenen zu freuen, noch um es zu besitzen: das Unbekannte, nie Eroberte, nie Erkannte ist seine unendliche Zone, das Entladen seiner Kraft, das „Aufstören der Schläfrigkeit" seine einzige Lust. Keinem Glauben gehörig, keinem Lande verschworen, die schwarze Flagge des Immoralisten auf dem umgestürzten Mast, vor sich das heilige Unbekannte, ewig Ungewisse, dem er sich dämonisch verschwistert fühlt, rüstet er unablässig zu neuen gefährlichen Fahrten. Und einsam in allen Gefahren singt er sich selber zum Ruhme seinen herrlichen Piratengesang, sein Flammenlied, sein Schicksalslied:

Ja, ich weiß, woher ich stamme,
Ungesättigt gleich der Flamme
Glühe und verzehr ich mich,
Licht wird alles, was ich fasse,
Kohle alles, was ich lasse,
Flamme bin ich sicherlich.

Leidenschaft der Redlichkeit

Nur ein Gebot gilt dir: Sei rein.

„Passio nuova oder Leidenschaft der Rechtlichkeit", so sollte der Titel eines von Nietzsche früh geplanten Buches lauten. Er hat es nie geschrieben, aber – was mehr ist – er hat es gelebt. Denn leidenschaftliche Redlichkeit, eine fanatisch, eine passionierte, bis zur Qual emporgespannte Wahrhaftigkeit ist die schöpferische Urzelle von Nietzsches Wachstum und Verwandlung.

Redlichkeit, Rechtlichkeit, Reinlichkeit – man ist ein wenig überrascht, gerade bei dem „Amoralisten" Nietzsche keinen absonderlicheren Urtrieb zu entdecken als gerade, was auch Bürger stolz ihre Tugend nennen – Ehrlichkeit, Redlichkeit bis ans kühle Grab, eine rechte und echte Armeleute-Tugend des Geistes also, ein durchaus mittleres und konventionelles Gefühl. Aber bei Gefühlen ist die Intensität alles, der Inhalt nichts; und dämonischen Naturen ist es gegeben, auch den längst eingefriedeten und temperierten Begriff noch einmal empor in eine unendliche Anspannung zurückzureißen. Sie geben selbst den unbetontesten, den abgenutztesten Elementen das Feuerfarbene und Ekstatische des Überschwangs: was ein Dämonischer ergreift, wird immer wieder neu chaotisch und voll unbändiger Gewalt. Darum hat die Redlichkeit eines Nietzsche nicht das mindeste zu tun mit der ins Korrekte abgeflauten Rechtlichkeit der Ordnungsmenschen – seine Wahrheitsliebe ist ein Wahrheitsdämon, ein Klarheitsdämon, ein wildes, jagdhaftes, beutegieriges Raubtier mit den feinsten Instinkten der Witterung und den gewalttätigsten der Raublust. Eine Nietzsche-Rechtlichkeit hat nicht ein Zollbreit mehr gemein mit dem haustierhaften, gezähmten, durchaus temperierten Vorsichtsinstinkt der Händler und ebensowenig mit der vierschrötigen bullenhaften Michael-Kohlhaas-Redlichkeitmancher Denker, die, mit Scheuklappen, nur auf eine, nur auf ihre Wahrheit tollwütig losstürzen. So gewalttätig, so brutal oft Nietzsches Wahrheitsleidenschaft ausbrechen mag, so ist sie doch immer zu nervenhaft, zu kultiviert, um je borniert zu werden: niemals rennt sie sich fest, niemals hakt sie sich ein, sondern durchaus flammenhaft zuckt sie weiter von Problem zu Problem, jedes aufzehrend und durchleuchtend und doch von keinem gesättigt. Herrlich ist diese Zweiheit: nie setzt bei Nietzsche die Leidenschaft aus; niemals die Redlichkeit. Vielleicht hat noch nie ein so großes psychologisches Genie gleichzeitig so viel ethische Stetigkeit, so viel Charakter gehabt.

Darum ist Nietzsche zum Klardenker ohnegleichen prädestiniert: wer selber Psychologie als eine Leidenschaft versteht und betreibt, empfindet sein ganzes Wesen mit jener Wollust, die man einzig Vollendetem entgegenbringt. Redlichkeit, Wahrhaftigkeit, diese – ich sagte es ja schon – bürgerliche Tugend, die man sonst als notwendiges Ferment des geistigen Lebens sachlich empfindet, genießt man bei ihm wie Musik. Klarheit wird hier zu Magie. Dieser halbblinde, mühsam vor sich hin tappende, dieser eulenhaft im Dunkel lebende Mensch hatte in psychologicis einen Falkenblick, jenen Blick, der in einer Sekunde raubvogelhaft aus dem unendlichen Himmel seines Denkens auf das feinste Merkmal, auf die verzitterndsten, verschwindendsten Nuancen mit unfehlbarer Sicherheit niederstößt. Vor diesem unerhörten Erkenner, vor diesem einzigen Psychologen hilft kein Verbergen und Verstecken: sein Röntgenblick dringt durch Kleider und Haut und Fleisch und Haar bis ins Innerste jedes Problems hinab. Und genauso, wie seine Nerven auf jeden Druck der Atmosphäre wie ein präziser Apparat reagieren, so zeichnet sein gleich durchnervter Intellekt mit gleich fehllosem Rückschlag jede Nuance im Moralischen auf. Nietzsches Psychologie kommt gar nicht aus seinem diamantharten und klaren Verstand, sie ist immanenter Teil jener übersensiblen Wertempfindlichkeit seines ganzen Körpers, er schmeckt, er wittert – „mein Genie ist in meinen Nüstern" – alles nicht ganz Reine, nicht ganz Frische in menschlichen und geistigen Angelegenheiten absolut funktionell: „Mir eignet eine vollkommen unheimliche Reizbarkeit des Reinlichkeitsinstinktes, so daß ich die Nähe oder das Innerlichste, die Eingeweide jeder Seele physiologisch wahrnehme – rieche." Mit unfehlbarer Sicherheit wittert er heraus, wo etwas mit Moralin, Kirchenweihrauch, Kunstlüge, Vaterlandsphrase, mit irgendeinem Narkotikum des Gewissens durchsetzt ist; er hat einen überscharfen Geruchssinn für alles Faulige, Brackige und Ungesunde, für den Armeleutegeruch im Geistigen; Klarheit, Reinheit, Sauberkeit bedeuten darum für seinen Intellekt so sehr notwendige Existenzbedingung, wie für seinen Körper – ich schilderte es früher – reine Luft mit klaren Konturen: hier ist wirklich Psychologie, wie er es selber fordert, „Auslegung des Leibes", Verlängerung einer Nervendisposition ins Zerebrale. Alle andern Psychologen scheinen neben dieser seiner divinatorischen Sensibilität irgendwie dumpf und plump. Selbst Stendhal, der mit ähnlich zarten Nerven instrumentiert war, kann sich ihm nicht vergleichen, weil ihm die leidenschaftliche Betonung, der vehemente Ausschlag fehlt: er notiert nur lässig Beobachtungen, indes Nietzsche mit der ganzen Wucht seines Wesens sich auf jede einzelne Erkenntnis stürzt, so wie der Raubvogel aus seiner unendlichen Höhe auf ein winziges Getier. Einzig Dostojewski hat noch ähnlich hellsichtige Nerven (gleichfalls aus einer Überspannung, aus einer krankhaften, schmerzhaften Sensibilität); aber Dostojewski steht wieder hinter Nietzsche an Wahrhaftigkeit zurück. Er kann ungerecht sein und übertreiberisch mitten in seinem Erkennen, indes Nietzsche auch in der Ekstase nicht einen Zoll seiner Rechtlichkeit preisgibt. Nie war darum ein Mensch vielleicht so sehr naturbestimmter, geborener Psychologe, nie ein Geist so sehr zum feinempfindlichen Druckmesser für die Meteorologie der Seele zugeschliffen; nie hatte die Erforschung der Werte ein so präzises, ein so sublimes Instrument.

Aber für vollendete Psychologie genügt es nicht, das feinste, schneidendste Skalpell, das erlesenste Instrument des Geistes zu besitzen – auch die Hand des Psychologen muß stählern sein, geschmeidiges und hartes Metall, sie darf nicht zittern und zurückzucken bei ihren Operationen. Denn Psychologie ist mit Begabung noch nicht erschöpft, sie ist vor allem auch Sache des Charakters, jenes Mutes, „alles zu denken, was man weiß", sie ist im idealen Fall wie bei Nietzsche Erkenntnis*fähigkeit*, gepaart mit einer ganz urhaften männlichen Kraft des Erkenntnis*willens*. Der wirkliche Psychologe muß dort, wo er sehen *kann*, auch sehen *wollen*, er darf nicht aus einer sentimentalen Nachsicht, einer privaten Ängstlichkeit und Scheu vorbeisehen und vorbeidenken oder sich von Rücksichten und Sentimenten einschläfern lassen. Bei ihnen, den gerechten Wägern und Wächtern, „deren Aufgabe das Wachsein ist", darf es keine Konzilianz geben, keine Gutmütigkeit, keine Ängstlichkeit, kein Mitleid, keine der Schwächen (oder Tugenden) des bürgerlichen, des mittleren Menschen. Ihnen, den Kriegern, den Eroberern des Geistes, ist es nicht erlaubt, auf ihren verwegenen Patrouillengängen irgendeine Wahrheit, die sie ertappen, gutmütig entwischen zu lassen. In Dingen der Erkenntnis ist „Blindheit nicht Irrtum, sondern Feigheit", Gutmütigkeit ein Verbrechen, denn wer Rücksicht hat auf Scham und Wehetun, Furcht vor dem Geschrei der Entblößten, vor der Häßlichkeit der Nacktheit, der entdeckt niemals letztes Geheimnis. Jede Wahrheit, die nicht bis zum Äußeren geht, jede Wahrhaftigkeit ohne Radikalismus hat keinen ethischen Wert. Deshalb auch Nietzsches Härte gegen alle, die aus Trägheit oder Denkfeigheit die heilige Pflicht zur Entschlossenheit versäumen, deshalb sein Zorn gegen Kant, daß er den Gottbegriff durch eine heimliche Tür in sein System wieder einschleichen ließ, darum sein Haß gegen alles Blinzeln und Augenzudrücken in der Philosophie, gegen den „Teufel oder Dämon der Unklarheit", der die letzte Erkenntnis feige verschleiert oder verwischt. Es gibt keine abgeschmeichelten Wahrheiten großen Stils, keine zutraulich und lockend herausgeplauderten Geheimnisse: nur mit Gewalt, Kraft und Unerbittlichkeit läßt sich die Natur ihr Kostbarstes abringen, nur mit Brutalität werden in der Moral des „großen Stils" die „Furchtbarkeit und Majestät unendlicher Forderungen" gestellt. Alles Verborgene fordert harte Hände, unerbittliche Intransigenz: ohne Redlichkeit gibt es kein Erkennen, ohne Entschlossenheit keine Redlichkeit, keine „Gewissenhaftigkeit des Geistes." „Wo meine Redlichkeit aufhört, bin ich blind; wo ich wissen will, will ich auch redlich sein, nämlich hart, strenge, enge, grausam und unerbittlich."

Diesen Radikalismus, diese Härte und Unerbittlichkeit hat der Psychologe in Nietzsche nicht geschenkt bekommen vom Schicksal wie seinen falkenhaften Blick: ihn hat er erkauft um den Preis seines ganzen Lebens, seiner Ruhe, seines Schlafes, seiner Bequemlichkeit. Von Anfang an eine weiche, gütige, umgängliche, eher heitere und durchaus wohlgesinnte Natur, muß sich Nietzsche erst durch eine spartanische Gewaltsamkeit des Willens unzugänglich und unerbittlich gegen das eigene Gefühl machen: sein halbes Leben hat er gleichsam im Feuer verbracht. Man muß tief in ihn hineinsehen, um die ganze Schmerzhaftigkeit dieses sittlichen Prozesses nachfühlend zu erleben. Denn mit dieser „Schwäche", mit seiner Milde und Güte brennt Nietzsche auch alles Menschliche aus, das ihn mit den Menschen verbindet; er verdirbt sich seine Freundschaften, seine Beziehungen, seine Bindungen, und sein letztes Stück Leben wird allmählich so heiß, so weißglühend in der eigenen Flamme, daß jeder sich die Hand verbrennt, der an ihn rühren will. So wie man mit Höllenstein eine Wunde ätzt, um sie rein zu erhalten, so beizt Nietzsche sein Gefühl gewaltsam aus, um es rein, um es redlich zu bewahren; er behandelt sich selbst schonungslos mit dem rotglühenden Eisen seines Willens zur äußersten Wahrhaftigkeit: auch seine Einsamkeit ist darum eine erzwungene. Aber als echter Fanatiker gibt er alles preis, was er liebt, selbst Richard Wagner, dessen Freundschaft ihm heiligste Begegnung gewesen; er macht sich arm, er macht sich menscheneinsam und verhaßt, einsiedlerisch und unglücklich, nur um wahr zu bleiben, nur um das Apostolat der Redlichkeit vollkommen zu erfüllen. Wie bei allen Dämonischen wird die Leidenschaft – bei ihm jene der Redlichkeit – allmählich monomanisch und zehrt in ihrer Flamme den ganzen Besitz seines Lebens auf; wie alle Dämonischen kennt er schließlich nichts mehr als diese eine Leidenschaft. Man lasse darum doch endlich die schullehrerhafte Frage: Was wollte Nietzsche, was meinte Nietzsche, welchem System, welcher Weltanschauung strebt er zu? Nietzsche wollte nichts: in ihm genießt eine übermächtige Leidenschaft zur Wahrheit sich selbst.

Sie weiß von keinem „Um zu" – Nietzsche denkt nicht, um die Welt zu verbessern oder zu belehren, noch um sie oder sich zu beruhigen: sein ekstatischer Denkrausch ist Selbstzweck, Selbstgenuß, eine ganz private, eine vollkommen selbstsüchtige und elementare Wollust wie jede dämonische Leidenschaft. Niemals geht es bei diesem ungeheuren Kraftaufwand um eine „Lehre" – er ist längst hinaus über „die edle Kinderei und Anfängerei des Dogmatisierens" – und noch weniger um eine Religion. („In mir ist nichts von einem Religionsstifter. Religionen sind Pöbelaffären.") Nietzsche treibt Philosophie wie eine Kunst, und als echter Künstler sucht er darum nicht Resultate, kalte Endgültigkeiten, sondern nur einen Stil, den „großen Stil in der Moral", und ganz als Künstler erlebt und genießt er alle Schauer der plötzlichen Inspirationen. Vielleicht, ja, wahrscheinlich bleibt es darum ein Wortirrtum, Nietzsche einen Philosophen, also einen Freund der Sophia, der Weisheit, zu nennen. Denn der Leidenschaftliche ist immer unweise, und nichts war Nietzsche fremder, als zum gewohnten Philosophenziel zu kommen, zu einer Schwebe des Gefühls, zu einer Rast und Entspannung, zu einer Tranquillitas, einer gesättigten „braunen" Weisheit – zu dem starren Standpunkt einer einmaligen Überzeugung. Er „braucht und verbraucht" Überzeugungen, wirft wieder weg, was er gewinnt, und wäre darum besser ein Philaleth genannt, ein leidenschaftlich Passionierter der Aletheia, der Wahrheit, jener jungfräulichen grausamen Versuchergöttin, die immer wie Artemis ihre Liebhaber in ewige Jagd treibt, um ihnen doch hinter allen ihren zerrissenen Schleiern immer unerreichbar zu bleiben. Wahrheit, wie Nietzsche sie versteht, ist eben keine starre, keine kristallene Form der Wahrheit, sondern der feurig glühende Wille zum *Wahrsein* und *Wahrbleiben*, eine Lebenserfüllung im Sinne der höchsten Fülle: Nietzsche will nie und niemals glücklich, immer aber wahrhaftig sein. Er sucht nicht (wie neun Zehntel aller Philosophen) die Rast, sondern als Knecht und Höriger des Dämons den Superlativ aller Erregung und Bewegung. Jeder Kampf aber um das Unerreichbare steigert sich zum Heldischen und alles Heroische wiederum notwendig empor in seine heiligste Konsequenz, in den Untergang.

Denn ganz unausweichlich muß eine solche fanatische Überspannung des Redlichkeitsverlangens, eine so unerbittliche und gefährliche Forderung wie jene Nietzsches, mit der Welt in einen mörderischen, selbstmörderischen Konflikt geraten. Alles Leben ist im letzten auf Konzilianz, auf Nachgiebigkeit angelegt (was Goethe, der in seinem Wesen das Wesen der Natur so weise wiederholte, frühzeitig erkannte und nachbildete). Es bedarf, um sich im Gleichgewicht zu erhalten, ebenso wie die Menschen der Mittelzustände, der Nachgiebigkeiten, der Kompromisse und Paktierungen. Und wer die durchaus unnaturhafte, die absolut anthropomorphe Forderung stellt, in dieser Welt nicht mitoberflächlich, nicht mitkonziliant, nicht mitnachgiebig zu sein, wer sich gewaltsam loslösen will aus dem durch Jahrtausende gewobenen Netz von Bindungen und konventionellen

Vereinbarungen, tritt ungewollt in tödliche Gegnerschaft zur Gesellschaft und zur Natur. Je unerbittlicher ein einzelner die Forderung stellt, es „ganz rein haben zu wollen", um so feindseliger stellt sich die Zeit gegen ihn ein. Ob er nun wie Hölderlin darauf besteht, das vorwiegend prosaische Leben einzig dichterisch zu führen, oder wie Nietzsche, die unendliche Verwirrung der irdischen Zusammenhänge „klar zu denken" – in jedem Fall bedeutet solches unweise, aber heroische Verlangen eine Empörung gegen Sitte und Regel und treibt den Verwegenen in unüberbrückbare Isoliertheit, in einen herrlichen, aber aussichtslosen Krieg. Was Nietzsche die „tragische Gesinnung" nennt, die Entschlossenheit zum Äußersten in irgendeinem Gefühl, greift über vom Geist in das Schicksal und *erzeugt* die Tragödie. Jeder, der vom Leben ein einzelnes Gesetz erzwingen will, der in diesem Chaos der Leidenschaften eine einzige, *seine* Leidenschaft durchsetzen will, wird einsam und als Einsamer vernichtet – ein törichter Schwärmer, wenn er unbewußt handelt, ein Held, wenn er die Gefahr kennt und sie dennoch herausfordert. Nietzsche, so leidenschaftlich er in seiner Redlichkeit ist, gehört zu den Wissenden. Er kennt die Gefahr, in die er sich begibt, er weiß vom ersten Augenblick, von der ersten geschriebenen Schrift an, daß sein Denken um ein gefährliches, ein tragisches Zentrum kreist, daß er ein *gefährliches* Leben lebt, aber – als der wahrhaft tragische Held des Geistes – liebt er das Leben nur um dieser Gefahr willen, die ihm das seine vernichtet. „Baut eure Häuser an den Vesuv", ruft er den Philosophen zu, um sie zu höherer Schicksalsbewußtheit zu spornen, denn „der Grad der Gefährlichkeit, mit der ein Mensch mit sich selber lebt", ist für ihn das einzige gültige Maß aller Größe. Nur wer das Ganze im erhabenen Spiel um das Ganze einsetzt, kann die Unendlichkeit gewinnen, nur wer sein eigenes Leben riskiert, seiner engen Erdenform den Wert einer Unendlichkeit geben. „Fiat veritas, pereat vita", möge es uns das Leben kosten, wenn nur die Wahrhaftigkeit verwirklicht wird: die Leidenschaft ist mehr als das Dasein, der Sinn des Lebens mehr als das Leben selbst. Mit ungeheurer Macht reißt der Ekstatiker allmählich diesen Gedanken ins Große und weit über sein eigenes Schicksal hinaus: „Wir alle wollen lieber den Untergang der Menschheit als den Untergang der Erkenntnis."

Je gefahrvoller sein Schicksal wird, je näher schon in dem immer höheren Himmel des Geistes er den Blitz über sich hängen fühlt, um so herausfordernder, um so schicksalslustiger wird sein Verlangen nach diesem letzten Konflikt. „Ich kenne mein Los", sagt er knapp vor dem Untergang, „es wird sich einmal an meinen Namen die Erinnerung an etwas Ungeheures anknüpfen, an eine Krisis, wie es keine auf Erden gab, an die tiefste Gewissenskollision, an eine Entscheidung, heraufbeschworen gegen alles, was bis dahin geglaubt, und geheiligt war" – aber Nietzsche liebt diesen letzten Abgrund alles Wissens, und sein ganzes Wesen drängt dieser tödlichen Entscheidung entgegen. „Wieviel Wahrheit kann der Mensch ertragen?" das war die Frage des tapferen Denkers ein ganzes Leben hindurch – aber um dieses Maß der Erkenntnisfähigkeit ganz zu ergründen, muß er die Zone der Sicherheit überschreiten und die Stufe erreichen, wo der Mensch sie *nicht* mehr erträgt, wo die letzte Erkenntnis tödlich wird, wo das Licht zu nahe kommt und das Schauen blendet. Und gerade diese letzten Schritte empor sind die unvergeßlichsten und mächtigsten in der Tragödie seines Schicksals: nie war sein Geist heller, seine Seele leidenschaftlicher, sein Wort mehr Jubel und Musik, als da er sich wissend und wollend von der Höhe seines Lebens in die Tiefe der Vernichtung stürzt.

Wandlungen zu sich selbst

> Die Schlange, welche sich nicht häuten kann, geht zugrunde. Ebenso die Geister, welche man verhindert, ihre Meinungen zu wechseln: sie hören auf, Geist zu sein.

Die Menschen der Ordnung, so farbblind sie sonst dem Einzigartigen gegenüberstehen mögen, haben doch einen untrüglichen Instinkt für das ihnen Feindselige; lange bevor Nietzsche sich als der Amoralist, der Brandstifter ihrer umfriedeten Moralhürden enthüllte, haben sie ihn befeindet: ihre Witterung wußte mehr von ihm als er selbst. Er war ihnen unbequem als ewiger Außenseiter aller Kategorien, als Mischling von Philosoph, Philolog, Revolutionär, Künstler, Literat und Musikant – von der ersten Stunde ist er den Fachmenschen als Überschreiter der Grenzen verhaßt. Kaum veröffentlicht der Philologe sein Frühwerk, so prangert der Philologe Wilamowitz (er ist es geblieben ein halbes Jahrhundert, indes sein Gegner hinauswuchs in Unsterblichkeit) den Grenzüberschreiter bei den Kollegen an. Ebenso mißtrauen – und wie mit Recht! – die Wagnerianer dem leidenschaftlichen Panegyriker, die Philosophen dem Erkenner: noch im Puppenzustand des Philologen, noch als Unbeflügelter hat Nietzsche bereits die Fachlichen gegen sich. Nur das Genie, der Wissende um den Wandel, nur Richard Wagner liebt im Werdenden den zukünftigen Feind. Die andern aber, sie spüren und wittern an seinem weit ausholenden kühnen Gang sofort sein Unverläßlichsein, das Nicht-treu-Bleiben an der Überzeugung, jene maßlose Freiheit, die der Freieste gegen alles, also auch gegen sich selber fühlt. Und selbst heute, da seine Autorität sie duckt und einschüchtert, möchten die Fachmenschen gerne den „Prinzen Vogelfrei“ wieder in ein System eingittern, in eine Lehre, eine Religion, in eine Botschaft. Sie möchten ihn starr haben wie sich selbst, an Überzeugungen gebunden, in eine Weltanschauung vermauert – gerade das, was er am meisten fürchtete. Ein Definitives, ein Unwidersprochenes möchten sie dem Wehrlosen aufzwingen und den Nomadischen (nun, da er die Welt des Geistes, die unendliche, erobert) festbannen in ein Haus, das er niemals hatte und niemals ersehnte.

Aber Nietzsche ist nicht zu bannen in eine Lehre, nicht festzunageln an eine Überzeugung – nie ist auch auf diesen Blättern das Schulmeisterkunststück versucht, aus einer erschütternden Tragödie des Geistes eine kalte „Erkenntnistheorie“ zu exzerpieren – denn nie hat sich der leidenschaftliche Relativist aller Werte an irgendein Wort seiner Lippe, an eine Überzeugung seines Gewissens, an eine Leidenschaft seiner Seele dauernd gebunden oder gar verpflichtet erachtet. „Ein Philosoph braucht und verbraucht Überzeugungen“, antwortet er überlegen den Seßhaften, die stolz sich ihres Charakters und ihrer Überzeugungen rühmen. Jede seiner Meinungen hat er nur als Durchgang, ja sogar sein eigenes Ich, seine Haut, seinen Leib, sein geistiges Gebilde hat er immer nur als Vielzahl, als „Gesellschaftsbau vieler Seelen“ empfunden: wörtlich sagt er einmal das allerkühnste Wort: „Es ist nachteilig für den Denker, an eine einzige Person gebunden zu sein. Wenn man sich selbst gefunden hat, muß man versuchen, sich von Zeit zu Zeit zu verlieren – und dann wieder zu finden.“

Sein Wesen ist fortwährende Verwandlung, Selbsterkennen durch Selbstverlust, also ewiges Werden, und niemals ein starres, ruhendes Sein: „Werde, der du bist“ darum der einzige Lebensimperativ, der sich in seinen ganzen Schriften findet. Nun hat ja auch Goethe ähnlich gespottet, er sei immer schon in Jena, wenn man ihn in Weimar suche, und Nietzsches Lieblingsbild von der abgestreiften Schlangenhaut steht hundert Jahre früher in einem Goethe-Brief, aber doch, wie kontradiktorisch sind Goethes besonnene Entwicklung und Nietzsches eruptive Verwandlung! Denn Goethe verbreitert sein Leben um ein fixes Zentrum, so wie ein Baum um einen verborgenen inneren Schaft jährlich Ring an Ring setzt und, während er die äußere Rinde sprengt, immer fester, wuchtender, höher und weit ausschauender wird. Seine Entwicklung geschieht durch Geduld, durch eine stetige zähe, aufzunehmende Kraft, und bei allem Fortwachsen gleichzeitig durch Resistenz der Selbstverteidigung – die Nietzsches aber immer durch Gewalt, durch stoßhafte Vehemenz des Willens. Goethe erweitert sich, ohne je einen Teil seines Selbst preiszugeben, er braucht sich nie zu verleugnen, um sich zu steigern; Nietzsche dagegen, der Wandelhafte, muß immer sich ganz zerstören, um sich ganz wieder aufzubauen. Alle seine Selbstgewinnungen und Neuentdeckungen resultieren aus mörderischen Selbstzerätzungen und Glaubensverlusten, aus Dekomposition – um höher zu kommen, muß er immer einen Teil seines Ichs wegwerfen (indes Goethe nichts preisgibt und nur chemisch verwandelt und destilliert). Nichts bleibt in seinem wandelhaften Weltbild vom Früheren, vom Vergangenen gültig und unwidersprochen: darum sind auch seine einzelnen Phasen gar nicht brüderhaft, sondern feindselig gegeneinandergestellt. Immer ist er auf dem Weg nach Damaskus; nicht bloß eine einmalige Umwendung seines Glaubens, seines Gefühls wird ihm zuteil, sondern unzählige, denn jedes neue geistige Element dringt bei ihm nicht bloß ins Geistige ein, sondern bis ins Eingeweide: moralische und intellektuelle Erkenntnisse formen sich bei ihm chemisch in andern Blutlauf, anderes Gefühl, anderes Denken um. Als verwegener Spieler setzt Nietzsche (wie Hölderlin einmal von sich fordert) „die *ganze Seele* der zerstörenden Macht der Wirklichkeit aus", und von allem Anfang an haben Erfahrung und Eindrücke auf ihn diese Form vehementer und völlig vulkanischer Einbrüche. Wie er als junger Student in Leipzig Schopenhauers „Die Welt als Wille und Vorstellung" liest, kann er zehn Tage nicht schlafen, sein ganzes Wesen wird von einem Zyklon umgewühlt, der Glaube, auf den er sich stützt, stürzt schmetternd ein; und als sich der geblendete Geist allmählich aus dem Taumel ernüchtert, findet er eine vollkommen veränderte Weltanschauung, eine neue Lebensauffassung. Ebenso wird die Begegnung mit Richard Wagner zum leidenschaftlichen Liebeserlebnis, das die Spannkraft seines Gefühls ins Unendliche erweitert. Von Triebschen nach Basel zurückgekehrt, hat sein Leben einen neuen Sinn: der Philologe in ihm ist über Nacht abgestorben, die Perspektive von der Vergangenheit, die Historie, hat sich in die Zukunft verschoben.

Und eben weil von dieser geistigen Liebesglut die ganze Seele durchdrungen war, reißt dann die Loslösung von Wagner eine klaffende, beinahe tödliche Wunde, die sich nie mehr schließt und die völlig vernarbt. Immer stürzt wie bei einem Erdbeben bei jeder dieser geistigen Erschütterungen der ganze Bau seiner Überzeugungen in Trümmer zusammen, immer wieder muß Nietzsche sich von Grund aus neu gestalten. Nichts wächst sanft, still und unhörbar, naturhaft organisch in ihm empor, nie dehnt und spannt sich in heimlicher Arbeit das innere Wesen zu breiterem Stand: alles, selbst die eigenen Ideen, schlagen in ihn hinein „wie Blitzschläge", immer muß eine Welt in ihm vernichtet sein, damit sein Kosmos neu entstehe. Diese Schlagwetterkraft der Idee bei Nietzsche ist ohne Beispiel: „Ich will", so schreibt er einmal, „von der Expansion des Gefühls erlöst sein, die solche Produktionen mit sich führen; es ist mir öfter der Gedanke gekommen, daß ich an so etwas plötzlich sterben werde." Und tatsächlich stirbt immer etwas bei seiner geistigen Erneuerung ab, immer wird etwas im innern Gewebe zerrissen, gleichsam als ob ein stählernes Messer hineingefahren wäre, das alle früheren Verbindungen zertrennte. Nie vielleicht hat sich ein Mensch so entsetzlich qualvoll entwickelt, so aus sich selber blutig herausgeschunden. Alle seine Bücher sind darum eigentlich nichts anderes als die klinischen Berichte dieser Operationen, die Methoden seiner Vivisektionen, eine Art Geburtshelferlehre des freien Geistes. „Meine Bücher reden nur von meinen Überwindungen" – sie sind die Geschichte seiner Verwandlungen, seiner Kindbetten und Schwangerschaften, seiner Tode und Neuauferstehungen, die Geschichte der gegen das eigene Ich rücksichtslos geführten und gerichteten Kriege, Exekutionen und Züchtigungen, und in summa eine Biographie all der Menschen, die Nietzsche die zwanzig Jahre seines geistigen Lebens gewesen und geworden ist.

Das unvergleichbar Eigentümliche dieser fortwährenden Verwandlungen Nietzsches ist nun, daß seine Lebenslinie im gewissen Sinne eine *rückläufige* Bewegung darstellt. Nehmen wir Goethe – immer wieder ihn, die sinnfälligste aller Erscheinungen – als den Prototyp einer organischen Natur, die geheimnisvoll mit dem Weltlauf im Einklange steht, so sehen wir, daß die Formen seiner Entwicklung symbolisch die Lebensalter spiegeln. Goethe ist überschwenglich-feurig als Jüngling, besonnen-tätig als Mann, begrifflich-klar als Greis: der Rhythmus seines Denkens entspringt organisch der Lebenstemperatur seines Blutes. Sein Chaos ist im Anfang (wie immer beim Jüngling), seine Ordnung am Ende (wie immer beim Greis), er wird konservativ, nachdem er Revolutionär gewesen, wissenschaftlich aus anfänglichem Lyrismus, selbstbewahrend nach anfänglicher Selbstverschwendung. Nietzsche geht nun den umgekehrten Weg wie Goethe; strebt jener zu immer fülligerer Bindung seines Wesens, so drängt er zu immer leidenschaftlicherer Auflösung: wie alle dämonischen Charaktere wird er immer hitziger, unduldsamer, ungestümer, revolutionärer, chaotischer mit den fortschreitenden Jahren. Schon die äußere Lebenshaltung deutet den vollkommenen Rücklauf gegen gewohnte Entwicklung. Nietzsche beginnt damit, alt zu sein. Mit vierundzwanzig Jahren, während seine Kommilitonen noch Studentenulk treiben, mit den breiten Biergläsern Zerevis reiben und im Gänsemarsch auf den Straßen herummarschieren, ist Nietzsche schon wohlbestallter Professor, wirklicher Ordinarius der Philologie an der berühmten Universität Basel. Seine wahren Freunde sind damals die fünfzig- und sechzigjährigen Menschen, die großen und greisen Gelehrten, wie Jakob Burckhardt und Ritschl, sein Intimus, der ernste und erste Künstler der Zeit: Richard Wagner. Mit Gewalt unterdrückt er seine dichterischen Kräfte, den Aufstrom der Musik: wie nur irgendein verknöcherter Hofrat sitzt er gebückt über griechischen Handschriften, verfaßt Indices, begnügt sich an der Revidierung verstaubter Pandekten. Der Blick des beginnenden Nietzsche ist vollkommen nach rückwärts gewandt in die „Historie", in Totes und Gewesenes, seine Lebensfreude vermauert in eine Alte-Männer-Manie, seine Heiterkeit, sein Übermut in eine professorale Würde, sein Blick in Bücher und gelehrte Probleme. Mit siebenundzwanzig Jahren bricht die „Geburt der Tragödie" einen ersten geheimen Stollen in die Gegenwart: noch trägt aber der Verfasser die ernste Maske der Philologie auf seinem geistigen Gesicht, und nur unterirdisch ist ein erstes Flackern darin von zukünftigen Dingen, ein erstes Entbrennen der Liebe zur Gegenwart, der Leidenschaft zur Kunst. Mit etwa dreißig Jahren, zu der Zeit, wo der normale Mensch seine bürgerliche Karriere erst inauguriert, in dem Alter, wo Goethe Staatsrat, Kant und Schiller Professoren wurden, hat Nietzsche seine Karriere bereits hinter sich geworfen und das Katheder der Philologie aufatmend verlassen. Es ist sein erster Abschluß gegen sich selbst, sein Abstoß in die eigene Welt, seine erste innere Umschaltung, und in diesem Aufhören ist des Künstlers eigentlicher Anfang. Der wahre Nietzsche beginnt mit seinem Einbruch in die Gegenwart, der tragische Nietzsche, der unzeitgemäße, mit seinem Blick in die Zukunft, mit seiner Sehnsucht nach dem neuen, dem kommenden Menschen. Dazwischen liegen ununterbrochene Schlagwetter von Verwandlungen, vollkommene Umstülpungen des innersten Wesens, der brüske Windwechsel von Philologie zur Musik, vom Ernst zur Ekstase, von sachlicher Geduld zum Tanz. Mit sechsunddreißig Jahren ist Nietzsche Prinz Vogelfrei, Immoralist, Skeptiker, Dichter und Musikant, „besser jung" als je in seiner Jugend, frei von aller Vergangenheit und eigenen Wissenschaft, frei schon von der Gegenwart und ganz Geselle des jenseitigen, des zukünftigen Menschen. Statt daß also die Jahre der Entwicklung wie bei dem normalen Künstler sein Leben stabilisieren, verwurzelter, ernster, zielhafter machen, lösen sie es nur leidenschaftlich von allen Bindungen und Beziehungen los. Ungeheuer, unvergleichbar ist das Tempo dieser Verjugendlichung. Mit vierzig Jahren hat Nietzsches Sprache, seine Gedanken, sein Wesen mehr rote Blutkörperchen, mehr frische Farbe, Verwegenheit, Leidenschaft und Musik als mit siebzehn, und der Einsame von Sils-Maria geht leichteren, beschwingteren, tanzhafteren Schrittes durch sein Werk als der frühere vierundzwanzigjährige, frühalte Professor. Bei Nietzsche *intensifiziert* sich also das Lebensgefühl, statt sich zu beruhigen: immer geschwinder, freier, flughafter, vielfältiger, spannkräftiger, boshafter, zynischer werden seine Verwandlungen; nirgends findet er mehr einen „Standpunkt" für seinen eilenden Geist. Kaum hat er sich wo eingewachsen, so „krümmt und bricht sich die Haut": schließlich kommt er seinem eigenen Leben gar nicht mehr nach mit seinem Sich-selbst-Erleben, und die Veränderungen geraten allmählich in ein kinematographisches Tempo, wo das Bild ständig zittert und verflirrt. Gerade die ihn am nächsten zu kennen meinen, die Freunde seiner früheren Lebensalter, von denen fast alle festgenagelt sitzen in ihrer Wissenschaft, ihrer Meinung, ihrem System, staunen ihn immer fremder von Begegnung zu Begegnung an. Erschreckt sehen sie in seinem immer mehr verjugendlichten geistigen Gesicht neue Züge, die auf nichts Früheres zurückdeuten; und ihm selbst, dem immerzu Verwandelten, kommt es geradezu gespenstig vor, wenn er seinen eigenen Titel hört, wenn er mit jenem „Professor Friedrich Nietzsche in Basel", dem Philologen, „verwechselt" wird, mit diesem greisen und weisen Mann, der er selbst einmal vor zwanzig Jahren gewesen zu sein sich nur mühsam erinnert! Vielleicht hat noch nie jemand mit solchem Radikalismus alles von sich weggelebt wie Nietzsche, alles aus sich herausgestoßen, was von früheren Rudimenten und Sentiments noch zurückgeblieben ist: darum auch sein furchtbares Alleinsein in den letzten Jahren. Denn alle Verbindungen mit dem Einst hat er abgerissen; und um sich Neuem zu verbinden, dazu ist das Tempo seiner letzten Jahre, seiner letzten Verwandlungen doch ein zu hitziges. Er saust an allen Menschen, an allen Erscheinungen gleichsam nur vorüber; und je näherer sich selber kommt oder zu kommen scheint, desto hitziger wird seine Gier, sich wieder zu entweichen. Immer radikaler werden die Verfremdungen seines Wesens, immer brüsker seine Sprünge vom Nein zum Ja, seine elektrischen Umschaltungen der inneren Kontakte: er verbrennt sich in unablässigen Selbstaufzehrungen, und sein Weg ist eine einzige Flamme.

Aber in dem gleichen Maße, als die Verwandlungen sich beschleunigen, werden sie auch gewaltsamer und schmerzhafter. Nietzsches erste „Überwindungen" bedeuten bloß Abschälung knabenhafter, jünglingshafter Gläubigkeiten, mitgelernter, aus der Schule übernommener Autoritätsmeinungen: sie waren leicht hinter sich geworfen wie eine abgesprungene trockene Schlangenhaut. In je tieferem Sinne er aber Psychologe wird, in um so tiefere Schicht seiner innern Substanz muß er mit dem Messer hinein: je subkutaner, durchnervter, blutdurchdrungener, je mehr vom eigenen Plasma geformter die Überzeugungen werden, um so mehr ist brutale Gewaltsamkeit, Blutverlust und Entschlossenheit vonnöten: es wird „Selbsthenkerdienst", Shylockarbeit, Schnitt ins offene Fleisch. Schließlich kommen die Selbstbloßlegungen bis in das innerste Erdreich des Gefühls heran, sie werden gefährliche Operationen; die Amputation des Wagner-Komplexes vor allem ist ein solcher schneidendster, fast tödlicher Eingriff in das Innerste seines Leibes, hart an der Herznaht, ein Selbstmord fast, und in dem Grausam-Gewaltsamen seiner Plötzlichkeit eine Art Lustmord auch, denn in liebender Umschlingung, in der Sekunde intimster Annäherung vergewaltigt und erdrosselt sein wilder Wahrheitstrieb die ihm nächste und geliebteste Gestalt.

Aber je gewaltsamer, desto lieber: je mehr Blut, je mehr Schmerz, je mehr Grausamkeit Nietzsche eine seiner „Überwindungen“ kostet, um so lustvoller genießt sein Ehrgeiz die Probe auf die eigene Willenskraft. Allmählich wird der Selbstzerstörungstrieb Nietzsches geistige Passion: „Ich kenne die Lust am Vernichten in einem Grade, die meiner Kraft zum Vernichten gemäß ist.“ Aus dem bloßen Sichverwandeln wächst Lust, sich zu widersprechen, sein eigener Widerpart zu sein: einzelne Aussprüche seiner Bücher schlagen einander brüsk ins Gesicht, jedem Nein setzt der leidenschaftliche Proselyt seiner Überzeugungen herrisch ein Ja, jedem Ja ein Nein entgegen – unendlich reckt er sich aus, um die Pole seines Wesens bis ins Unendliche zu spannen und die elektrische Spannung zwischen diesen beiden äußersten Enden als das wahre Leben des Geistes zu spüren. Immer sich entfliehen, immer sich erreichen – „die sich selbst entfliehende Seele, die sich im weitesten Kreise einholt“ –, das treibt am Ende in eine rasende Hitzigkeit hinein, und diese Übertreibung wird sein Verhängnis. Denn gerade, wie er die Form seines Wesens bis ins Äußerste dehnt, birst die Spannung des Geistes: der feurige Kern, die dämonische Urgewalt bricht durch, und das urmächtige Element vernichtet mit einem einzigen vulkanischen Stoß die großartige Folge der Gestalten, die der bildnerische Geist sich aus seinem eigenen Blut und Leben bis hinein in die Unendlichkeit gejagt.

Entdeckung des Südens

Wir haben Süden um jeden Preis,
helle, harmlose, muntere, glückliche
und zärtliche Töne nötig.

„Wir Luftschiffer des Geistes“, sagt Nietzsche einmal stolz, um diese einzige Freiheit des Denkens zu rühmen, das im unbegrenzten, unbetretbaren Element sich seine neuen Wege findet. Und wirklich, die Geschichte seiner geistigen Fahrten, Umwendungen und Erhebungen, diese Jagd ins Unendliche, spielt durchaus im oberen, im geistig unbegrenzten Raum: wie ein Fesselballon, der ständig Last und Ballast abwirft, wird Nietzsche durch seine Entschwerungen, seine Loslösungen immer freier. Mit jedem abgekappten Tau, mit jeder abgeworfenen Abhängigkeit hebt er sich immer herrlicher auf zu weiterem Umblick, zu umfassender Schau, zu zeitloser, persönlicher Perspektive. Es gibt da unzählige Veränderungen der Richtung, ehe das Lebensschiff in den großen Sturm gerät, der es zerschellt: kaum kann man sie aufzählen und unterscheiden. Nur ein besonders schicksalswendender Augenblick der Entscheidungen hebt sich haarscharf und sinnlich im Leben Nietzsches ab: es ist gleichsam die dramatische Minute, da das letzte Tau abgelöst wird und das Luftschiff vom Festen ins Freie, vom Schweren ins unbegrenzte Element sich erhebt. Diese Sekunde in Nietzsches Leben bedeutet der Tag, da auch er den Standort verläßt, die Heimat, die Professur, die Profession, um nie mehr anders als im vorüberstreifenden, verächtlichen Fluge – ewig nun in anderem freieren Element – nach Deutschland zurückzukehren. Denn alles, was bis zu jener Stunde geschieht, ist für den wesentlichen, den welthistorischen Nietzsche nicht sonderlich belangvoll: die ersten Wandlungen bedeuten nichts als Vorbereitungen zu sich selbst. Und ohne jenen entscheidenden Abstoß in die Freiheit hinein wäre er bei aller Geistigkeit doch ein Gebundener geblieben, eine professorale fachmännische Natur, ein Erwin Rhode, ein Dilthey, einer jener Männer, die wir in ihrem Kreise ehren, ohne sie doch für unsere eigene geistige Welt als eine Entscheidung zu fühlen. Erst der Durchbruch der dämonischen Natur, die Entbindung der Denkleidenschaft, das Urfreiheitsgefühl macht Nietzsche zur prophetischen Erscheinung und verwandelt sein Schicksal in einen Mythus. Und da ich hier sein Leben nicht als eine Historie, sondern als ein Schauspiel, durchaus als Kunstwerk und Tragödie des Geistes zu bilden versuche, beginnt für mich seine Lebenstat erst in dem Augenblick, da der Künstler in ihm beginnt und sich seiner Freiheit besinnt. Nietzsche im philologischen Puppenstand ist ein Philologenproblem: erst der Beflügelte, der „Luftschiffer des Geistes" gehört der Gestaltung.

Diese erste Entscheidung Nietzsches auf der Argonautenfahrt zu sich selbst ist der Süden: und sie bleibt die Verwandlung seiner Verwandlungen. Auch in Goethes Leben bedeutet die italienische Reise ähnlich scharfe Zäsur; auch er flüchtet nach Italien zu seinem wahren Selbst, aus Gebundenheiten in eine Freiheit, aus bloßem Weiterleben ins Erlebnis. Auch über ihn bricht beim Überschreiten der Alpen aus dem ersten Glanz der italienischen Sonne eine Verwandlung mit eruptiver Gewalt herein: „Mir ist", schreibt er noch im Trento, „als ob ich von einer Grönlandfahrt zurückkehrte." Auch er ein „Winterkranker", der in Deutschland unter dem „bösen Himmel leidet", auch er, eine durchaus auf Licht und höhere Helligkeit angelegte Natur, fühlt sofort ein elementares Aufschießen innersten Gefühls, ein Aufgelockert-, ein Losgelöstsein, einen Drang neuer, persönlichster Freiheit beim Betreten italienischen Bodens. Aber Goethe erlebt das Wunder des Südens zu spät, erst in seinem vierzigsten Jahr; die Kruste ist schon hart um seine, im letzten planhafte und besonnene Natur: ein Teil seines Wesens, seines Denkens ist zurückgeblieben in Weimar bei Hof und Haus und Würde und Amt. Er ist bereits zu stark in sich selbst kristallisiert, um noch jemals von irgendeinem Element vollkommen aufgelöst oder verwandelt zu werden. Sich überwältigen zu lassen, wäre gegen seine organische Lebensform: Goethe will immer Herr seines Schicksals bleiben, von den Dingen nur genau so viel nehmen, als er ihnen erlaubt (indes Nietzsche, Hölderlin, Kleist, die Verschwender, sich immer ungeteilt mit ganzer Seele jedem Eindruck hingeben, beglückt, von ihm ganz wieder ins Strömende, ins Feuerflüssige aufgelöst zu werden). Goethe findet in Italien, was er sucht, und nicht viel mehr: er sucht tiefere Zusammenhänge (Nietzsche höhere Freiheiten), die großen Vergangenheiten (Nietzsche die große Zukunft und die Loslösung von aller Historie); er forscht eigentlich nach den Dingen *unter* der Erde: der antiken Kunst, dem römischen Geist, den Mysterien von Pflanze und Gestein (indes Nietzsche sich trunken und gesund blickt an den Dingen über sich: dem saphirnen Himmel, dem bis ins Unendliche klaren Horizont, der Magie des hingeworfenen Lichts, das ihm in alle Poren dringt). Das Erlebnis Goethes ist darum vor allem *zerebral* und *ästhetisch*, jenes Nietzsches *vital*: bringt jener aus Italien vor allem einen Kunststil zurück, so entdeckt sich Nietzsche dort einen Lebensstil. Goethe wird bloß befruchtet, Nietzsche umgepflanzt und erneuert. Auch der Weimarer fühlt zwar das Bedürfnis nach Erneuerung („Gewiß, es wäre besser, ich käme gar nicht wieder, wenn ich nicht wiedergeboren zurückkommen kann"), aber er hat nur wie jede schon halberstarrte Form die Fähigkeit für „Eindrücke". Für eine so vollkommene Verwandlung bis ins letzte aber wie jene Nietzsches ist der Vierzigjährige eben schon zu durchgestaltet, zu eigenmächtig, und vor allem unwillig: sein starker namhafter Selbstbehauptungstrieb (der ja in späteren Jahren ganz zu Starre und Panzer erfrostet) gibt der Wandlung neben der Beharrung nur gemessenen Raum, er nimmt, der Weise und Diätetische, nur genau so viel an, als er meint, daß es seiner Natur förderlich sein könne (indes ein dionysischer Charakter von allem nimmt bis zum Exzeß und zur Gefahr). Goethe will sich nur bereichern an den Dingen, niemals sich aber an sie bis zur Neige, zum Umgewandeltwerden verlieren. Darum ist auch sein letztes Wort an den Süden bedächtig messender, sorgsam abwägender Dank und im Letzten doch Abwehr: „Unter den löblichen Dingen, die ich auf dieser Reise gelernt habe", lautet sein Endwort über die italienische Reise, „ist auch dies, daß ich auf keine Weise mehr allein sein und nicht außerhalb des Vaterlandes leben kann."

Diese wie eine Münze hartgeprägte Formel, man braucht sie nur umzuwenden und hat in nuce Nietzsches Erlebnis des Südens. Sein Fazit ist der glatte Gegensatz zu Goethes Resultat, nämlich, daß er von nun ab *nur* mehr allein und *nur*-mehr außerhalb des Vaterlandes zu leben vermag: während Goethe aus Italien genau an den Punkt seines Ausganges zurückkehrt wie von einer belehrenden und anregenden Reise, und in Koffer und Kisten, in Herz und Hirn Wertvolles in ein Heim, in sein Heim, wiederbringt, ist Nietzsche endgültig expatriiert und bei sich selber angelangt, „Prinz Vogelfrei", selig heimatlos, ohne Heim und Habe, für alle Zeit losgelöst von jeder „Vaterländerei", von jeder „patriotischen Einklemmung". Von nun an gibt es für ihn keine andere Perspektive mehr als die Vogelschau des „guten Europäers", jener „wesentlich übernationalen und nomadischen Art Mensch", deren unausbleibliches Kommen er atmosphärisch fühlt und in der er sich einzig wohnhaft macht – in einem jenseitigen, einem zukünftigen Reich. Nicht, wo er geboren war – Geburt ist Vergangenheit, „Historie" –, sondern wo er zeugt, wo er selbst gebiert, ist für Nietzsche der geistige Mensch zu Hause: „Ubi pater sum, ibi patria" – „Wo ich Vater bin, wo ich zeuge, ist meine Heimat", nicht wo er gezeugt wurde. Das wird die unschätzbare, unverlierbare Gabe der Südenfahrt an Nietzsche, daß für ihn nun die ganze Welt gleichzeitig Ausland und Heimat wird, daß er jenen Vogelschaublick, jenen hellen, niederstoßenden Raubvogelblick von einem Darüber behält, einen Blick nach allen Seiten, nach überall offenen Horizonten (indes Goethe sich nach seinen Worten durch das „Umstellen mit geschlossenen Horizonten" gefährdete, freilich aber auch bewahrte). Mit seiner Übersiedlung ist Nietzsche für immer jenseits von allen seinen Vergangenheiten, er hat sich endgültig entdeutscht, so wie er sich endgültig entphilologisiert, entchristlicht, entmoralisiert; und nichts charakterisiert seine unbändig fortschreitende exzessive Natur so sehr, als daß er niemals mehr einen Schritt oder auch nur einen sehnsüchtig-wehmütigen Blick ins Überwundene zurückgetan hat. Der Seefahrer ins Zukunftsland ist viel zu beglückt, „mit dem schnellsten Schiff nach Kosmopolis" gefahren zu sein, als daß es ihn jemals noch nach seiner einsprachigen, einseitigen, einförmigen Heimat gelüstet: darum verurteilt sich jeder Versuch, ihn zurückzudeutschen, als eine (jetzt sehr übliche) Gewaltsamkeit. Aus der Freiheit gibt es für den Erzfreien kein Zurück mehr; seit er die Klarheit des italienischen Himmels über sich erlebt, erschauert ihm die Seele vor jeder Art „Verdüsterung", mag sie nun von Wolkentrübe, Hörsaal, Kirche oder Kaserne kommen; seine Lungen, seine atmosphärischen Nerven vertragen keinerlei Art Norden, keine Deutschheit, keine Dumpfheit mehr: er kann nicht mehr leben bei geschlossenen Fenstern, bei zugemachten Türen, im Halbdunkel, in einer geistigen Dämmerung und Vernebelung. Wahr sein ist für ihn von nun ab klar sein – weit sehen, scharfe Konturen ziehen bis in die Unendlichkeit; und seit er dies Licht, dieses elementare, scheidende, schneidende Licht des Südens mit allem Rausch seines Blutes vergöttert, hat er dem „eigentlichen deutschen Teufel, dem Genius oder Dämon der Unklarheit", für immer entsagt.

Seine fast gastronomische Reizbarkeit empfindet, seit er im Süden, seit er im „Ausland" lebt, alles Deutsche als zu schwere, zu drückende Kost für sein aufgeheitertes Gefühl, als eine „Indigestion", ein Nie-fertig-Werden mit den Problemen, ein Nachschleppen und Wälzen der Seele durch das ganze Leben hin: das Deutsche ist ihm nicht mehr und niemals mehr frei und leicht genug. Selbst seine einst geliebtesten Werke verursachen ihm jetzt eine Art geistigen Magendrucks: in den „Meistersingern" spürt er das Schwere, Verschnörkelte, Barocke, die gewaltsame Anstrengung zur Heiterkeit, bei Schopenhauer die verdüsterten Eingeweide, bei Kant den hypokritischen Beigeschmack von Staatsmoralin, bei Goethe die Beschwertheit mit Amt und Würde, die gewaltsam abgesperrten Horizonte. Aber es ist nicht nur Unbehagen des Geistigen an der damaligen (wirklich am tiefsten Punkte angelangten) geistigen Verfassung des neuen, allzu neuen Deutschland, nicht nur politische Erbitterung über das „Reich" und alle jene, die dem Kanonenideal die deutsche Idee geopfert haben, nicht bloß ästhetischer Abscheu vor dem Plüschmöbel-Deutschland und Siegessäulen-Berlin. Seine neue Südlehre verlangt nun von allen Problemen, und nicht bloß den nationalen, von der ganzen Lebenshaltung klare, freiströmende, sonnenhafte Helligkeit, „Licht, nur Licht auch über schlimme Dinge", höchste Lust durch höchste Deutlichkeit – eine „gaya scienza", eine heitere Wissenschaft, nicht die mürrisch-tragische des „Lernvolkes", die deutsche geduldige, sachliche, professoral-ernste Bildungsgelehrsamkeit, die nach Stube und Hörsaal muffelt. Nicht aus dem Geist, nicht aus der Intellektualität, sondern aus Nerv, Herz, Gefühl und Eingeweide kommt seine endgültige Absage an den Norden, an Deutschland, an die Heimat; sie ist Aufschrei von Lungen, die endlich ihre freie Luft spüren, Jubel eines Entlasteten, der endlich das „Klima seiner Seele" gefunden hat: die Freiheit. Darum dies sein Jauchzen aus dem Innersten, der boshafte Jubelschrei: „Ich entsprang!"

Gleichzeitig mit dieser definitiven Entdeutschung verhilft ihm der Süden zu seiner vollkommenen Entchristlichung. Nun, da er, wie eine Lazerte sich der Sonne freuend und die Seele durchleuchtet bis in ihr letztes Nervengefäß hinab, sich zurückfragt, was ihn so lange Jahre verdüsterte, was seit zweitausend Jahren die ganze Welt so zag, ängstlich, gedrückt, so feige schuldbewußt gemacht, die heitersten, natürlichsten, kraftvollsten Dinge und ihr Kostbarstes, das Leben selbst, so entwertet habe, erkennt er im Christentum, im Jenseitsglauben das Verdüsterungsprinzip der modernen Welt. Dieses „übelriechende Judain von Rabinismus und Aberglauben" hat die Sinnlichkeit, die Heiterkeit der Welt durchsetzt und betäubt, es ist für fünfzig Generationen das gefährlichste Narkotikum geworden, in dem alles, was früher wahrhaft Kraft gewesen, in moralische Lähmung verfiel. Nun aber – und hier empfindet er sein Leben mit einem Mal als Mission –, nun muß endlich der Kreuzzug der Zukunft gegen das Kreuz beginnen, die Wiedereroberung des heiligsten Menschenlandes: unseres Diesseits. Das „Übergefühl des Daseins“ hat ihn den leidenschaftlichen Blick für alles Diesseitige, Animalisch-Wahre und Unmittelbare gelehrt; seit dieser Entdeckung weiß er erst, wie lange das „gesunde, rote Leben“ ihm von Weihrauch und Moral verschleiert gewesen war. Im Süden, in jener „großen Schule der Genesung im Geistigen und Sinnlichen“, hat er die Fähigkeit des Naturhaften, des schuldlos sich *freuenden*, des spielhaft heiteren Lebens ohne Winterfurcht und Gottesfurcht erlernt, den Glauben, der zu sich selbst ein herzhaftes, schuldloses Ja sagt. Aber auch dieser Optimismus kommt von oben, freilich nicht von einem verborgenen Gott, sondern vom offensten, vom seligsten Geheimnis, von Sonne und Licht. „In Petersburg wäre ich Nihilist. Hier glaube ich, wie die Pflanze glaubt, an die Sonne.“ Alle seine Philosophie ist unmittelbar aus erlöstem Blut aufgegoren: „Bleiben Sie südlich, sei es nur dem Glauben nach“, ruft er einem Freunde zu. Wem aber Helligkeit so sehr Heilung geworden, dem wird sie auch heilig: in ihrem Namen beginnt er den Krieg, jenen furchtbarsten seiner Feldzüge gegen alles auf Erden, was die Helligkeit, die Heiterkeit, die Klarheit, die nackte Ungebundenheit und sonnige Rauschkraft des Lebens verstören will. „... mein Verhältnis zur Gegenwart ist nunmehr Krieg bis aufs Messer.“

Mit diesem Mut kommt aber auch Übermut in dies krankhaft unbewegt hingelebte, hinter verhangenen Fenstern verbrachte Philologenleben, eine Aufstörung, Aufjagung des erstarrten Blutkreislaufes: bis in unterste Nervenenden, durchfiltert von Licht, taut die kristallhafte, klare Form der Gedanken beweglich auf, und im Stil, in der plötzlich aufschießenden und beweglichen Sprache, glitzert Sonne mit diamantenen Funken. In der „Sprache des Tauwinds“, wie er selbst vom ersten seiner Südbücher sagte, ist alles geschrieben: ein aufbrechender, gewaltsam sich befreiender Ton ist darin, wie wenn eine Kruste Eis zerbricht und schon weich, mit einer schmeichlerischen, spielerischen Wollust, der Frühling über die Landschaft rinnt. Licht bis hinab in die letzte Tiefe, Klarheit bis in das kleinste, sprühende Wort, Musik in jeder Pause – und über dem Ganzen jener halkyonische Ton, jener Himmel voller Helligkeit. Welche Verwandlung des Rhythmus von der früheren, der zwar schön geschwungenen, kraftvoll gewölbten, aber doch steinernen, und dieser neuen, klingend aufgesprungenen Sprache, dieser biegsam übermütigen, ganz freudigen Sprache, die gern alle Glieder nützt und reckt, die – wie die Italiener – gestikuliert mit tausend mimischen Zeichen, nicht bloß wie der

Deutsche mit unbewegtem, unbeteiligtem Leib spricht. Es ist nicht das würdige, sonore, schwarzbefrackte Humanistendeutsch mehr, dem der neue Nietzsche seine frei geborenen, auf Spaziergängen wie Schmetterlinge zugeflogenen Gedanken anvertraut – seine Freiluftgedanken wollen eine Freiluftsprache, eine sprungleichte, geschmeidige Sprache mit einem turnerisch nackten, gewandten Leib und lockeren Gelenken, eine Sprache, die laufen, springen, sich hochheben, sich ducken, sich spannen und alle Tänze tanzen kann vom Reigen der Schwermut bis zur Tarantella der Tollheit – die alles tragen und alles sagen kann, ohne Lastträgerschultern zu haben und einen Schwermännerschritt. Alles Haustierhaft-Geduldige, alles Gemächlich-Würdige ist vom Stil gleichsam weggeschmolzen, er wirbelt sich von Spaßen zu höchsten Heiterkeiten sprunghaft empor und hat doch wieder in anderen Augenblicken ein Pathos wie der dröhnende Ton einer uralten Glocke. Er schwillt von Gärung und Kraft, er ist champagnisiert mit vielen kleinen, blinkenden aphoristischen Perlen und kann doch überschäumen mit plötzlichem rhythmischem Schwall. Er hat ein goldenes Licht von Feierlichkeit wie alter Falerner und eine magische Durchsichtigkeit bis zum untersten Grund, eine Durchsonntheit ohnegleichen im heiteren, blitzblanken Fluß. Vielleicht hat sich niemals die Sprache eines deutschen Dichters so rasch, so plötzlich, so vollkommen verjüngt, und gewiß ist keine andere dermaßen von Sonne durchglüht, so weinhaft, so südhaftig, so göttlich tanzleicht, so heidnisch frei geworden. Nur im Bruderelement van Goghs erleben wir noch einmal dies Wunder eines solchen plötzlichen Sonneneinbruchs in einen Nordmenschen: nur der Übergang von dem braunen, schwermassigen, trüben Kolorit seiner holländischen Jahre zu den brennweißen, schrillen, grellen, klirrenden Farben in der Provence, nur dieser Einbruch äußerster Lichtbesessenheit in einen halb schon geblendeten Sinn ist mit der Durchleuchtung zu vergleichen, die Nietzsche in seinem Wesen vom Süden geschieht. Nur bei diesen beiden Fanatikern der Verwandlung ist dieses Sich-Berauschen, dies Einsaugen des Lichts mit vampirischen Kräften der Inbrunst so rasch und unerhört. Nur die Dämonischen erleben das Wunder des glühenden Aufgeschlossenseins bis in die letzte Ader ihrer Farbe, ihres Klanges, ihrer Worte hinab.

Aber Nietzsche wäre nicht aus dem Geblüt der Dämonischen, könnte er an irgendeinem Rausche sich schon satt trinken: so sucht er zum Süden, zu Italien, noch immer einen Komparativ, ein „Überlicht" für das Licht, eine „Überklarheit" für die Klarheit. Wie Hölderlin sein Hellas nach „Asia", also ins Orientalische, ins Barbarische allmählich hinüberdrängt, so funkelt am Ende Nietzsches Leidenschaft einer neuen Ekstase des Tropischen, des „Afrikanischen" entgegen. Er will

Sonnenbrand statt Sonnenlicht, Klarheit, die grausam schneidet, statt bloß deutlich zu umrunden, ein Spasma der Lust statt der Heiterkeit: unendlich bricht aus ihm die Gier, diese feinen Aufstachelungen seiner Sinne ganz in Rausch zu verwandeln, den Tanz in Flug, sein heißes Daseinsgefühl bis zum Zustand des Weißglühens zu steigern. Und wie dies erhöhte Begehren in seinen Adern aufschwillt, genügt seinem unbändigen Geist nicht mehr die Sprache. Auch sie wird ihm zu eng, zu stoffhaft, zu schwer. Er braucht neues Element für den Dionysos-Tanz, der trunken in ihm begonnen, eine höhere Ungebundenheit als das gebundene Wort – so greift er zurück in sein urtümliches Element, in die Musik. Musik des Südens, das ist seine letzte Sehnsucht, eine Musik, wo die Klarheit melodisch wird und der Geist ganz flügelhaft. Und er sucht sie und sucht sie, diese diaphane südliche Musik, in allen Zeiten und Zonen, ohne sie zu finden – bis er sie sich selber erfindet.

Flucht zur Musik

Heiterkeit, güldene, komm!

Die Musik war von Anfang an in Nietzsche gewesen, nur immer latent, immer von dem stärkeren Willen nach geistiger Rechtfertigung bewußt beiseite geschoben. Der Knabe schon begeistert durch kühnes Improvisieren seine Freunde, und in den Jugendtagebüchern finden sich zahlreiche Hinweise auf eigene Komposition. Aber je entschlossener sich der Student zur Philologie und dann zur Philosophie bekennt, um so mehr dämmt er die unterirdisch nach elementarem Ausbruch drängende Macht seiner Natur ab. Musik, das bleibt für den jungen Philologen ein willkommenes Otium, ein Ausruhen von dem Ernst, eine Liebhaberei, wie Theater, Lektüre, Reiten oder Fechten, eine geistig gymnastische Müßigkeit. Durch diese sorgfältige Abkanalisierung, durch diese bewußte Absperrung sickert in den ersten Jahren auch kein Tropfen befruchtend in sein Werk ein: wie er die „Geburt der Tragödie aus dem Geiste der Musik" schreibt, bleibt die Musik nur Gegenstand, Objekt, ein geistiges Thema – aber keine Schwingung musikalischen Gefühls flutet in die Sprache, in die Dichtung, in die Denkart modulierend ein. Selbst Nietzsches Jugendlyrik entbehrt aller Musikalität, und sogar – was noch erstaunlicher anmutet – seine kompositorischen Versuche scheinen nach Bülows doch kompetentem Urteil amorpher Geist, typische Antimusik gewesen zu sein. Musik ist und bleibt ihm lange bloß eine Privatneigung, die der junge Gelehrte mit der ganzen Lust der Unverantwortlichkeit, mit der reinen Freude des Dilettierens betreibt, aber immer jenseits und abseits der „Aufgabe".

Der Einbruch der Musik in Nietzsches innere Welt erfolgt erst, wie die philologische Kruste, die gelehrte Sachlichkeit um sein Leben gelockert, wie der ganze Kosmos von vulkanischen Stößen erschüttert und aufgerissen ist. Da bersten die Kanäle und strömen urplötzlich über. Immer bricht ja die Musik am stärksten in den aufgewühlten, geschwächten, in den gewaltsam angespannten, von irgendeiner Passion bis ins Unterste aufgerissenen Menschen herein – das hat Tolstoi richtig erkannt und Goethe tragisch gefühlt. Denn selbst er, der gegen die Musik eine vorsichtige, eine abwehrend ängstliche Haltung einnahm (wie gegen alles Dämonische: in jeder Verwandlung erkannte er den Versucher), auch er erliegt der Musik immer nur in aufgelockerten (oder wie er sagt: „in den auseinandergefaltenen") Augenblicken, da sein ganzes Wesen aufgewühlt ist, in den Stunden seiner Schwäche, seines Aufgetanseins. Immer wenn er (zum letztenmal bei Ulrike) einem Gefühl zur Beute ist und nicht Herr seiner selbst, dann überflutet sie auch den starrsten Damm, zwingt ihm die Träne ab als Tribut und Musik, gedichtete, herrlichste Musik als ungewollten Dank. Musik – wer hat es nicht erlebt? – braucht immer ein Aufgetansein, ein Offensein, ein Weibwerden in einem selig lechzenden Sinne, um fruchtend in ein Gefühl einzugehen: so trifft sie auch Nietzsche im Augenblick, da der Süden ihn weich aufgetan, in dem Zustand gierigsten, lechzendsten Lebensverlangens. Mit einer merkwürdigen Symbolik setzt sie gerade in der Sekunde ein, da sein Leben sich vom Gelassenen, vom Episch-Fortgebildeten durch eine plötzliche Katharsis zum Tragischen wendet; die „Geburt der Tragödie aus dem Geist der Musik" vermeinte er darzustellen und erlebt die Umkehr: die Geburt der Musik aus dem Geist der Tragödie. Die Übermächtigkeit der neuen Gefühle findet ihren Ausdruck nicht mehr in der gemessenen Rede, sie drängt nach stärkerem Element, nach höherer Magie: „Du wirst singen müssen, o du meine Seele."

Gerade weil diese unterste, die dämonische Quelle seines Wesens so lange verschüttet war mit Philologie, Gelehrsamkeit und Gleichgültigkeit, schießt sie so gewaltsam auf und preßt ihren flüssigen Strahl mit solcher Druckkraft bis in die letzten Nervenfasern, in die letzte Intonation seines Stils. Wie nach einer Infiltration neuer Vitalität beginnt die Sprache, die bis dahin nur darstellen wollte, mit einemmal musikalisch zu atmen: das vortragshafte Andante maestoso, der schwere Sprechstil seiner früheren Schriften, hat jetzt das „Undulatorische", die vielfache Bewegung der Musik. Alle kleinen Raffinements eines Virtuosen funkeln darin auf, die kleinen spitzen Staccati der Aphorismen, das lyrische Sordino in den Gesängen, die Pizzicati des Spottes, die kühnen Verschleifungen und Harmonisationen von Prosa, Spruch und Gedicht. Selbst die Interpunktionen, das Ungesprochene der Sprache, die Gedankenstriche, die Unterstreichungen haben absolut die Wirkung von musikalischen Vortragszeichen: nie hat man so sehr in der deutschen Sprache das Gefühl einer instrumentierten Prosa gehabt. Ihre nie vordem erreichte Polyphonie bis ins einzelne durchzufühlen, bedeutet für einen Sprachartisten gleiche Wollust wie für einen Musiker das Studium einer Meisterpartitur: wieviel versteckte und verkapselte Harmonie hinter den überspitzten Dissonanzen, wieviel klarer Formgeist in der erst rauschhaften Fülle! Denn nicht nur die Nervenenden der Sprache vibrieren von Musikalität: auch die Werke selbst sind symphonisch empfunden, sie entstammen nicht mehr geistig planender, kalt gedanklicher Architektur, sondern unmittelbar musikalischer Inspiration. Vom „Zarathustra" hat er selbst gesagt, daß er „im Geiste des ersten Satzes der neunten Symphonie" geschrieben sei; und das sprachlich einzige, wahrhaft göttliche Vorspiel zum „Ecce homo" – sind diese monumentalen Sätze nicht ein Orgelpräludium, für einen ungeheuren zukünftigen Dom gedacht? Gedichte wie das „Nachtlied", das „Gondellied", sind sie nicht Urgesang der Menschenstimme aus einer unendlichen Einsamkeit? Und wann war der Rausch so tanzhaft, so sehr heroische, so sehr griechische Musik geworden, als im Päan seines letzten Jubels, in dem Dithyrambus des Dionysos? Von oben durchstrahlt von aller Klarheit des Südens, von unten durchwühlt von strömender Musik, wird hier Sprache wahrhaft zur niemals ruhenden Welle, und in diesem meerhaft großartigen Element kreist nun Nietzsches Geist bis zum Wirbel des Untergangs.

Wie nun die Musik so stürmisch und gewaltsam in ihn einbricht, erkennt Nietzsche, der dämonisch Wissende, sofort ihre Gefahr: er fühlt, daß dieser Strom ihn über sich selbst hinausreißen könnte. Aber indes Goethe seinen Gefahren ausweicht – „Goethes vorsichtige Haltung zur Musik", notiert Nietzsche einmal –, faßt sie Nietzsche immer an den Hörnern; Umwertungen, Umwendungen sind seine Art der Verteidigung. Und so macht er (wie bei seiner Krankheit) aus dem Gift eine Arznei. Musik muß ihm jetzt ein anderes sein als in seinen philologischen Jahren: damals verlangte er erhöhte Spannungen der Nerven, Aufschwülung des Gefühls (Wagner!), ein Gegengewicht gegen seine gelassene, gelehrte Existenz. Jetzt aber, da sein Denken selbst schon Exzeß ist und ekstatische Gefühlsverschwendung, bedarf er der Musik als einer Art seelischen Broms, einer innern Zurückberuhigung. Nicht mehr Trunkenheit soll sie ihm geben (alles Geistige wird ihm ja jetzt klingender Rausch), sondern nach Hölderlins herrlichem Wort die „heilige Nüchternheit": „Musik als *Erholung*, nicht als Aufregungsmittel." Er will eine Musik, in die er *flüchten* kann, wenn er todwund und müde vom Weidwerk seiner Gedanken taumelt, ein Refugium, ein Bad, kristallene Flut, die kühlt und läutert – Musica divina, eine Musik von oben her, Musik aus klaren Himmeln und nicht aus gepreßter, schwüler, brünstiger Seele. Eine Musik, die ihn sich vergessen läßt, nicht eine, die ihn wieder in sich zurücktreibt, eine „jasagende, jatuende" Musik, eine Südmusik, wasserklar in ihren Harmonien, ureinfach und rein, eine Musik, „die sich pfeifen läßt". Eine Musik nicht des Chaos (das glüht in ihm selbst), sondern des siebenten Schöpfungstages, da alles ruht und nur die Sphären ihren Gott heiter preisen, Musik als Rast: „Nun, da ich im Hafen bin: Musik, Musik!"

Leichtigkeit, das ist Nietzsches letzte Liebe, sein höchstes Maß an allen Dingen. Was leicht macht, was gesundet, ist gut: in Kost, in Geist, in Luft, in Sonne, in Landschaft, in Musik. Was schweben macht, was die Dumpfheit und Dunkelheit des Lebens, die Häßlichkeit der Wahrheit vergessen hilft, das allein schenkt Gnade. Darum diese letzte, diese späte Liebe zur Kunst, als der „Ermöglicherin des Lebens", als „großer Stimulans zum Leben". Musik, helle, erlösende, leichte Musik, wird von nun ab das geliebteste Labsal des tödlich Aufgeregten. „Das Leben ohne Musik ist einfach eine Strapaze, ein Irrtum." Ein Fieberkranker kann nicht wilder mit zersprungenen, brennheißen Lippen nach Wasser verlangen, als er in seinen letzten Krisen nach ihrem silbernen Trank: „Ob schon je ein Mensch solchen Durst nach Musik gehabt hat?" Sie ist seine letzte Rettung, seine Rettung vor sich selbst: darum auch dieser apokalyptische Haß gegen Wagner, der durch Narkotika und Stimulantia ihre kristallene Reinheit getrübt, darum dies Leiden „am Schicksal der Musik wie an einer offenen Wunde". Alle Götter hat der Einsame verstoßen, nur dies will er sich nicht rauben lassen, sein Nektar und Ambrosia, das die Seele erfrischt und ewig verjüngt. „Die Kunst und nichts mehr als die Kunst – wir haben die Kunst, daß wir nicht an der Wahrheit zugrunde gehen." Mit dem klammernden Griff des Ertrinkenden heftet er sich an sie, an die einzige Macht des Lebens, die nicht der Schwere unterliegt, daß sie ihn fasse und auftrüge in ihr seliges Element.

Und Musik, sie beugt sich, die erschütternd Beschworene, gütig herab und umfängt seinen stürzenden Leib. Alle habenden Fiebernden verlassen; die Freunde sind längst gegangen, die Gedanken immer fernab am Wege, immer auf waghalsiger Wanderschaft: nur sie begleitet ihn bis in seine letzte, seine siebente Einsamkeit. Was er berührt, berührt sie mit ihm; wo er spricht, tönt ihre klare Stimme mit: gewaltsam reißt sie den gewaltsam Hinabgezogenen immer wieder empor. Und wie er endlich stürzt, wacht sie noch über seiner erloschenen Seele; Overbeck, der zu dem geistig Geblendeten ins Zimmer tritt, findet ihn am Klavier, mit zuckenden Händen noch hohe Harmonien suchend, und wie sie den Verstörten heimbringen, singt er in erschütternden Melodien auf der ganzen Fahrt sein Gondellied. Bis hinab ins Dunkel des Geistes begleitet ihn die Musik, Tod und Leben ihm durchwaltend mit ihrer dämonischen Gegenwart.

Die siebente Einsamkeit

Ein großer Mensch wird gestoßen,
gedrückt, hinaufgemartert zu seiner
Einsamkeit.

„O Einsamkeit, du meine Heimat Einsamkeit" – aus der Gletscherwelt der Stille tönt dieser schwermütige Gesang. Zarathustra dichtet sich sein Abendlied, sein Lied vor der letzten Nacht, sein Lied von der ewigen Heimkehr. Denn Einsamkeit, war sie nicht immer des Wanderers einzige Heimstatt, sein kalter Herd, sein steinernes Dach? In unzähligen Städten ist er gewesen, auf unendlichen Fahrten des Geistes; oft hat er versucht, ihr zu entweichen in der anderen Land – aber immer kehrt er zu ihr zurück, verwundet, ermattet, enttäuscht, zu seiner „Heimat Einsamkeit".

Aber da sie immer mit ihm gewandert, dem Wandelbaren, hat sie sich selber gewandelt, und er erschrickt nun, wie er ihr ins Antlitz blickt. Denn sie ist ihm allzu ähnlich geworden im langen Beieinandersein, härter, grausamer, gewalttätiger gleich ihm selbst, sie hat das Wehetun gelernt und das Wachstum ins Gefährliche. Und wenn er sie zärtlich noch Einsamkeit nennt, seine alte, geliebte, gewohnte Einsamkeit, so ist es längst ihr Name nicht mehr: sie heißt Vereinsamung, diese letzte, diese siebente Einsamkeit, und ist kein Alleinsein mehr, sondern ein Alleingelassensein. Denn es ist furchtbar leer geworden um den letzten Nietzsche, grauenhaft still: kein Eremit, kein Wüstenanachoret, kein Säulenheiliger war so verlassen; denn sie, die Fanatiker ihres Glaubens, haben noch ihren Gott, dessen Schatten in ihrer Hütte wohnt und von ihrer Säule fällt. Er aber, „der Mörder Gottes", hat nicht Gott und nicht Menschen mehr: je mehr er sich selbst gewinnt, um so mehr hat er die Welt verloren; je weiter er wandert, desto weiter wächst „die Wüste" um ihn. Sonst verstärken die einsamsten Bücher langsam und still ihre menschenmagnetische Macht: mit dunkel wirkender Kraft ziehen sie einen wachsenden Kreis um ihre noch unsichtbare Gegenwart; Nietzsches Werk aber übt eine repulsive Wirkung, es drängt in gesteigertem Maße alles Befreundete von ihm ab und schält ihn immer gewaltsamer aus der Gegenwart heraus. Jedes neue Buch kostet ihn einen Freund, jedes Werk eine Beziehung. Allmählich ist auch die letzte dünne Vegetation von Interesse an seinem Tun abgefroren: erst hat er die Philologen verloren, dann Wagner und seinen geistigen Kreis, zuletzt noch die Jugendgefährten. Kein Verleger findet sich mehr in Deutschland für seine Bücher, vierundsechzig Zentner schwer lastet in ungebundenen Stapeln die Produktion seiner zwanzig Jahre im Keller; er muß sein eigenes, kümmerlich gespartes und geschenktes Geld angreifen, um die Bücher überhaupt noch erscheinen zu lassen. Aber nicht nur, daß niemand sie kauft – selbst wenn er sie verschenkt, findet Nietzsche, der letzte Nietzsche, keine Leser mehr. Vom vierten Zarathustrateil läßt er auf eigene Kosten bloß vierzig Exemplare mehr drucken – und findet dann nur sieben Menschen im deutschen Siebzigmillionenreich, denen er ein Exemplar zuschicken kann, so fremd, so unfaßbar fremd ist Nietzsche auf der Höhe seines Schaffens der Zeit geworden. Niemand gibt ihm einen Brocken Zutrauen, ein Senfkorn Dank: im Gegenteil, um den allerletzten der Jugendfreunde, um Overbeck nicht zu verlieren, muß er sich entschuldigen, daß er Bücher schreibt, sie sich verzeihen lassen. „Alter Freund", – man hört den ängstlichen Ton, man sieht das verstörte Gesicht, die aufgehobenen Hände, die Geste eines Zurückgestoßenen, der noch einen neuen Schlag fürchtet – „lies es von vorn und von hinten, laß Dich nicht verwirren und entfremden. Nimm alle Kraft Deines Wohlwollens für mich zusammen. Ist Dir das Buch unerträglich, so vielleicht hundert Einzelheiten nicht." So reicht 1887 der größte Geist des Jahrhunderts seinen Zeitgenossen die größten Bücher der Zeit, und an einer Freundschaft weiß er nichts Heroischeres zu rühmen, als daß sie nichts hätte zerstören können – „auch der Zarathustra nicht". Auch der Zarathustra nicht! – eine solche Belastungsprobe, eine solche Peinlichkeit ist Nietzsches Schaffen für seine nächsten Menschen geworden, so unüberbrückbar die Distanz seines Genies zur Inferiorität der Zeit. Immer dünner wird die Luft um seinen Atem, immer stiller, immer leerer.

Diese Stille macht die letzte, die siebente Einsamkeit Nietzsches zur Hölle: an ihrer metallenen Wand zerstößt er sich das Gehirn. „Nach einem solchen Anrufe, wie mein Zarathustra es war, aus der innersten Seele heraus, nicht einen Laut von Antwort zu hören, nichts, nichts, immer nur die lautlose, nunmehr vertausendfachte Einsamkeit – das hat etwas über alle Begriffe Furchtbares, daran kann der Stärkste zugrunde gehen", stöhnt er einmal auf und fügt bei: „Und ich bin nicht der Stärkste. Mir ist seitdem zumute, als sei ich tödlich verwundet." Aber es ist nicht Beifall, Zustimmung, Ruhm, den er verlangt – im Gegenteil, nichts wäre seinem kriegerischen Temperament willkommener als Zorn, Entrüstung, Verachtung, ja selbst Hohn – „in dem Zustand eines bis zum Zerspringen gespannten Bogens tut einem jeder Affekt wohl, vorausgesetzt, daß er gewaltsam ist“ –, aber nur irgendeine Antwort, kalt oder heiß, oder sogar lau, nur etwas, irgend etwas, das ihm seine Existenz, sein geistiges Dasein bezeugt. Aber selbst seine Freunde weichen ängstlich aus, biegen in ihren Briefen an jedem Urteil wie an etwas Peinlichem vorbei. Und das ist die Wunde, die sich immer tiefer nach innen frißt, seinen Stolz vereitert, sein Selbstbewußtsein entzündet, seine Seele brandig macht, „die Wunde, keine Antwort zu haben“. Sie allein hat seine Einsamkeit vergiftet und fiebrig gemacht.

Und dieses Fieber schwillt plötzlich kochend aus dem Verwundeten heraus. Legt man das Ohr näher an die Schriften und Briefe seiner letzten Jahre, so hört man, wie unter dem ungeheuren Druck dieser zu dünnen Luft ein gereiztes, krankes Pochen im Blute beginnt: das Herz von Bergsteigern, von Luftschiffern hat diesen heftigen hämmernden Ton aufgepumpter Lungen, die letzten Briefe Kleistens dieses heftige hämmernde Gespanntsein, dies gefährliche Dröhnen und Knistern einer Maschine knapp vor dem Zerspringen. Ein ungeduldiger nervöser Zug kommt in Nietzsches geduldiges, vornehmes Gehaben: „das lange Schweigen hat meinen Stolz exasperiert“ – er will, er fordert jetzt Antwort um jeden Preis. Er hetzt den Druck mit Briefen und Telegrammen, nur rasch, nur rasch muß gedruckt werden, als gelte es etwas zu versäumen. Er wartet nicht mehr, seinem Plan gemäß, bis der „Wille zur Macht“, sein Hauptwerk, vollendet ist, sondern reißt ungeduldig Teile davon los und schleudert sie wie Brandfackeln in die Zeit hinein. Der „halkyonische Ton“ ist verloschen, ein Stöhnen ist in diesen letzten Werken von verpreßtem Leiden, von maßlosem höhnischem Zorn: sie sind mit der Peitsche der Ungeduld aus ihm herausgehetzt. Der Gleichgültige beginnt, in seinem Stolz „exasperiert“, die Zeit zu provozieren, damit sie endlich mit einem Wutschrei gegen ihn reagiere. Und um sie noch mehr herauszufordern, erzählt er im „Ecce homo“ sein Leben, „mit einem Zynismus, der welthistorisch werden wird“. Nie sind Bücher aus einer solchen Gier, aus einem so kranken zuckenden Fieber der Ungeduld nach Antwort geschrieben worden wie die letzten monumentalen Pamphlete Nietzsches. Eine entsetzliche Angst, nicht mehr den Erfolg zu überleben, eine dämonische Ungeduld ist in diesem Lechzen nach Antwort. Und man spürt, wie er nach jedem Geißelschlag eine Sekunde innehält, wie er sich aus sich selber in entsetzlicher Spannung herausbeugt, um den Schrei der Getroffenen zu hören. Aber nichts rührt sich. Keine Antwort kommt mehr herauf in die „azurne“ Einsamkeit. Wie ein eiserner Ring liegt das Schweigen um seine

Kehle, von keinem Schrei, nicht von dem furchtbarsten, den die Menschheit gekannt, mehr zu zerbrechen. Und er fühlt: kein Gott erlöst ihn mehr aus dem Kerker der letzten Einsamkeit.

Da packt den Verschmachtenden in seinen letzten Stunden apokalyptischer Zorn. Wie der geblendete Polyphem schleudert er brüllend mit Felsblöcken um sich, ohne zu sehen, ob sie treffen; und weil er niemanden hat, mit ihm zu leiden, mit ihm zu fühlen, so faßt er sich selbst an sein eigenes zuckendes Herz. Alle Götter hat er ermordet, so macht er sich selber zum Gott – „müssen wir nicht selber zu Göttern werden, um solcher Tat würdig zu erscheinen?" – Alle Altäre hat er zerschlagen, so baut er sich selber seinen Altar, den „Ecce homo", um sich zu feiern, den niemand feiert; sich zu rühmen, den niemand rühmt. Die wuchtigsten Steine der Sprache türmt er auf, es hallen Hammerschläge, wie sie nie in diesem Jahrhundert mit gleicher Wucht gedröhnt; begeistert beginnt er sein Sterbelied der Trunkenheit und des Überschwangs, den Päan seiner Taten und Siege. Dunkel hebt er an, und großes Brausen wie von kommendem Gewitter ist darin, dann zuckt Gelächter nieder, ein grelles, böses, irres Gelächter, eine Desperado-Heiterkeit, die einem die Seele zersägt: Ecce-homo-Gesang. Aber immer sprunghafter wird das Lied, immer schneidender schrillt das Gelächter in die schweigenden Gletscher hinein, in Selbstverzückung hebt er die Hände, dithyrambisch zuckt ihm der Fuß: und plötzlich beginnt der Tanz, jener Tanz über dem Abgrund, dem Abgrund seines eigenen Unterganges.

Der Tanz über dem Abgrund

Wenn du lange in einen Abgrund
blickst, blickt auch der Abgrund in
dich hinein.

Die fünf Monate des Herbstes 1888, Nietzsches letzte bildnerische Zeit, stehen einzig da in den Annalen schöpferischer Produktivität. Vielleicht ist nie in einem so engen Zeitraum von einem einzigen Genius so viel, so intensiv, so ununterbrochen, so hyperbolisch und radikal gedacht worden; nie war ein irdisches Gehirn so überströmt von Ideen, so durchschossen von Bildern, so umwogt von Musik als dies schon vom Schicksal gezeichnete. Für diese Fülle, für diese rauschhaft niederstürzende Ekstase, für diesen fanatischen Furor des Schaffens hat die Geistesgeschichte aller Zeiten kein Gegenspiel in ihrer unendlichen Weise – nur im Nächsten vielleicht noch, im gleichen Jahr, unter gleichem Himmelsstrich erlebt ein Maler gleich aufgepeitschte, schon in den Wahnsinn hineingejagte Produktivität: im Garten von Arles und in der Irrenanstalt malt van Gogh mit gleicher Geschwindigkeit, mit der gleichen ekstatischen Lichtbesessenheit, mit der gleichen manischen Schaffensüberfülltheit. Kaum hat er eines seiner weißglühenden Bilder vollendet, so fährt sein fehlerloser Strich schon über neue Leinwand, es gibt da kein Zögern, kein Planen mehr, kein Überlegen. Schöpfung ist Diktat geworden, dämonische Hellsichtigkeit und Schnellsichtigkeit, eine ununterbrochene Kontinuität der Visionen. Freunde, die van Gogh vor einer Stunde verlassen haben, staunen bei ihrer Rückkehr, von ihm schon ein neues Bild vollendet zu sehen, und schon beginnt er mit nassem Pinsel, mit erhitzten Augen, ohne abzusetzen, das dritte: der Dämon, der ihn an der Kehle hat, duldet kein Atemholen, keine Intervalle, gleichgültig, ob er, der rasende Reiter, den keuchenden und glühenden Leib unter sich zuschanden hetzt. Genauso schafft Nietzsche Werk auf Werk, pausenlos, atemlos, in der gleichen, nicht mehr wieder dagewesenen Helligkeit und Schnelligkeit. Zehn Tage, vierzehn Tage, drei Wochen: das sind die Dauer seiner letzten Werke – Zeugung, Austragung, Gebärung, Entwurf und endgültige Gestaltung, das zuckt schußartig ineinander. Es gibt da keine Inkubationsfrist, keine Ruhepausen, kein Suchen, kein Tasten, kein Verändern und Korrigieren, alles ist gleich makellos, definitiv, unveränderlich, heiß und ausgekühlt zugleich. Nie hat ein Gehirn so dauernde Hochspannung so elektrisch weitergetragen bis ins letzte zuckende, Wort, nie haben mit so magischen Geschwindigkeiten Assoziationen sich gegliedert; Vision ist zugleich schon Wort, Idee vollendete Klarheit, und trotz dieser gigantischen Fülle spürt man nichts von Mühe, von Anstrengung – Schaffen hat längst aufgehört, ein Tun, eine Arbeit zu sein, es ist bloß ein laisser faire, ein Geschehenlassen höherer Gewalten. Der vom Geist Durchschütterte braucht nur den Blick zu heben, jenen weitsichtigen, „weitdenkenden“ Blick, und er übersieht (wie Hölderlin im letzten Aufschwung zur mythischen Schau) ungeheure Zeiträume im Vergangenen und Zukünftigen: er aber, der Klardämonische, sieht sie dämonisch klar zum Greifen. Er muß nur die Hand ausstrecken, die heiße rasche Hand, um sie zu fassen; und kaum hat er sie ergriffen, sind sie schon durchblutet von Bildern, zuckend von Musik, lebend und beseelt. Und dieser Zustrom der Ideen, der Bilder setzt nicht eine Sekunde dieser wahrhaft napoleonischen Tage aus. Der Geist wird hier überflutet, es wird ihm Gewalt, Elementargewalt angetan. „Der Zarathustra überfiel mich“ – immer ist es ein Überfallenwerden, ein Wehrloswerden vor einem Übermächtigen, das er berichtet – als sei irgendwo in seinen Sinnen ein geheimer Staudamm der Vernünftigkeit, der organischen Abwehr vor einer Flut eingestürzt, die nun sturzbachhaft über den ohnmächtig, den herrlich Willenlosen hereinstürzt. „Es ist vielleicht überhaupt niemals etwas aus einem gleichen Überfluß von Kraft heraus getan worden", sagt Nietzsche ekstatisch von jenen letzten Werken; aber mit keinem Worte wagt er zu sagen, daß es seine eigene Kraft war, die ihn beschenkt und zersprengt. Im Gegenteil, er fühlt sich trunken – fromm nur als „Mundstück jenseitiger Imperative", als heilig Besessenen höheren dämonischen Elements.

Aber dies Wunder der Inspiration, den Schrecken und Schauer dieses fünf Monate lang ohne Pause niederbrechenden Gewitters von Produktion, wer darf es schildern, da er selbst in der Verzückung des Dankes, in der Leuchtkraft unmittelbarster, erlebtester Durchführung sein Erleben geschildert hat? Man darf nur diese mit Blitzen gehämmerte Prosaseite abschreiben, wie er sie schrieb: „– Hat jemand, Ende des neunzehnten Jahrhunderts, einen deutlichen Begriff davon, was Dichter starker Zeitalter *Inspiration* nannten? Im anderen Falle will ich's beschreiben. – Mit dem geringsten Rest von Aberglauben in sich würde man in der Tat die Vorstellung, bloß Inkarnation, bloß Mundstück, bloß Medium übermächtiger Gewalten zu sein, kaum abzuweisen wissen. Der Begriff Offenbarung, in dem Sinn, daß plötzlich, mit unsäglicher Sicherheit und Feinheit, Etwas *sichtbar*, hörbar wird, Etwas, das Einen im Tiefsten erschüttert und umwirft, beschreibt einfach den Tatbestand. Man hört, man sucht nicht; man nimmt, man fragt nicht, wer da gibt; wie ein Blitz leuchtet ein Gedanke auf, mit Notwendigkeit, in der Form ohne Zögern ich habe nie eine Wahl gehabt. Eine Entzückung, deren ungeheure Spannung sich mitunter in einen Tränenstrom auslöst, bei der der Schritt unwillkürlich bald stürmt, bald langsam wird; ein vollkommnes Außer-sich-Sein mit dem distinktesten Bewußtsein einer Unzahl feiner Schauder und Überrieselungen bis in die Fußzehen; eine Glückstiefe, in der das Schmerzlichste und Düsterste nicht als Gegensatz wirkt, sondern als bedingt, als herausgefordert, als eine *notwendige* Farbe innerhalb eines solchen Lichtüberflusses; ein Instinkt rhythmischer Verhältnisse, der weite Räume von Formen überspannt – die Länge, das Bedürfnis nach einem*weitgespannten* Rhythmus ist beinahe das Maß für die Gewalt der Inspiration, eine Art Ausgleich gegen deren Druck und Spannung ... Alles geschieht im höchsten Grade unfreiwillig, aber wie in einem Sturme von Freiheitsgefühl, von Unbedingtsein, von Macht, von Göttlichkeit ... Die Unfreiwilligkeit des Bildes, des Gleichnisses ist das Merkwürdigste; man hat keinen Begriff mehr, was Bild, was Gleichnis ist, alles bietet sich als der nächste, der richtigste, der einfachste Ausdruck. Es scheint wirklich, um an ein Wort Zarathustras zu erinnern, als ob die Dinge selber herankämen und sich zum Gleichnis anböten (›– hier kommen alle Dinge liebkosend zu deiner Rede und schmeicheln dir; denn sie wollen auf deinem Rücken reiten. Auf jedem Gleichnis reitest du hier zu jeder Wahrheit. Hier springen dir alles Seins Worte und Wort-Schreine auf; alles Sein will hier Wort werden, alles Werden will von dir reden lernen –‹). Dies ist meine Erfahrung von Inspiration; ich zweifle nicht, daß man Jahrtausende zurückgehen muß, um jemanden zu finden, der mir sagen darf: es ist auch die meine."

Dieser taumelnde, dieser selbst-hymnische Glückston, ich weiß es, die Ärzte sehen heute darin die Euphorie, das Endlustgefühl des Untergehenden und das Stigma der Megalomanie, jener bei Geisteskranken typischen Selbstüberhebung. Aber doch, ich frage, wann ist mit einer so diamantenen Klarheit je der Zustand des schöpferischen Rausches so ins Ewige gegraben worden? Denn dies ist ja das eigenste, das unerhörte Wunder der letzten Werke Nietzsches, daß ein höchster Grad der Klarheit den höchsten Grad des Rausches traumwandlerisch mitbegleitet, daß sie klug sind wie Schlangen inmitten ihrer bacchantischen, fast bestialischen Kraft. Sonst haben die Überschwenglichen, haben alle jene, denen Dionysos die Seele trunken gemacht hat, eine schwere Lippe, ein von Dunkel durchklungenes Wort. Wie aus Träumen reden sie deutsam und verwirrt; sie haben alle, die in den Abgrund hinabgesehen, den orphischen, den pythischen, den urgeheimnisvollen Ton einer Sprache von drüben her, den nur unsere Sinne fürchtig erahnen und unser Geist nicht mehr ganz versteht – Nietzsche aber ist diamantenklar inmitten des Rausches, unaufzehrbar hart und schneidend bleibt sein Wort in allen Feuern der Trunkenheit. Vielleicht hat sich noch nie ein lebendiger Mensch so weit und so wach, so vollkommen schwindelfrei und klar über den Rand des Irrsinns hinabgebeugt: Nietzsches Ausdruck ist nicht (wie Hölderlin, wie die Mystiker und Pythischen) angefärbt, angedunkelt vom Geheimnis; im Gegenteil, nie war er klarer und wahrer als in seinen letzten Sekunden, ja man könnte sagen: *überlichtet* von Geheimnis. Freilich, es ist ein gefährliches Licht, das hier auffunkelt, es hat die phantastische kranke Helligkeit einer Mitternachtssonne, die rotglühend über Eisbergen aufsteigt, es ist ein Nordlicht der Seele, das in seiner einmaligen Grandiosität erschauern macht. Es wärmt nicht und erschreckt; es blendet nicht, aber es tötet. Nicht vom dunkel wogenden Rhythmus des Gefühls wie Hölderlin, nicht von flutender Schwermut wird er hinabgerissen: er verbrennt an seiner eigenen Helligkeit, in einer Art Sonnenstich allerhöchster Glut, allerhöchster Leuchtkraft, einer weißglühenden und nicht mehr zu ertragenden Heiterkeit. Nietzsches Zusammenbruch ist eine Art Lichttod, ein Verkohltwerden des Geistes von der eigenen Stichflamme.

Schon lange flammt und zuckt ihm die Seele von diesen zu starken Helligkeiten; er selbst erschrickt oft, der magisch Wissende, über diese Lichtfülle von oben und die wilden Heiterkeiten seiner Seele. „Die Intensitäten meines Gefühls machen mich schauern und lachen." Aber nichts vermag diesen ekstatischen Strom mehr zu dämmen, dieses aus dem Himmel gleich Falken Herabstürzen von Gedanken, die ihn klirrend und klingend umschwirren Tag und Nacht, Nacht und Tag, Stunde um Stunde, bis ihm das Blut in den Schläfen dröhnt. In der Nacht hilft Chloral, baut ein schwaches Schutzdach Schlaf gegen den prasselnden Wolkenbruch der Visionen. Aber die Nerven glühen wie brennende Drähte: sein ganzes Wesen wird Elektrizität, zuckendes, zündendes, blitzartig flirrendes Licht.

Ist es ein Wunder, wenn in diesem Wirbel inspirativer Geschwindigkeiten, in diesem unaufhörlichen Sturzbach von rauschenden Gedanken er den harten ebenen Boden unter den Füßen verliert, wenn Nietzsche, der von allen Dämonen des Geistes Zerrissene, nicht mehr weiß, wer er ist, wenn er, der Grenzenlose, seine Grenzen nicht mehr erkennt? Schon lange scheut sich seine Hand (seit sie sich dem Diktat höherer Mächte und nicht mehr dem Ich gehorsam fühlt), unter Briefe seinen eigenen Namen Friedrich Nietzsche zu setzen. Denn der protestantische kleine Pfarrerssohn aus Naumburg, so mag er dunkel fühlen, er ist es längst nicht mehr, der so Ungeheures erlebt, sondern irgendein Wesen, das noch keinen Namen hat, etwas Übergewaltiges, ein neuer Märtyrer der Menschheit. So unterschreibt er immer nur mit symbolischen Zeichen: „Das Untier", „Der Gekreuzigte", „Der Antichrist", „Dionysos", seine letzten Botschaften, seit er sich mit den Mächten, den übergewaltigen, als eins fühlt, selbst nicht mehr als Mensch, sondern als Macht und Sendung. „Ich bin kein Mensch, ich bin Dynamit." „Ich bin ein welthistorisches Ereignis, das die Geschichte der Menschheit in zwei Teile spaltet" – so schreit er in gewaltigster Hybris ins schauerliche Schweigen. Wie Napoleon im brennenden Moskau, vor sich den unendlichen russischen Winter, rings um sich nur jämmerliche Trümmer der gewaltigen Armee, noch immer die monumentalsten, drohendsten Proklamationen erläßt (großartig bis an den Rand der Lächerlichkeit), so verfaßt Nietzsche mitten im brennenden Kreml seines Gehirns die furchtbarsten Pamphlete: er befiehlt, daß der deutsche Kaiser nach Rom komme, damit er ihn füsilieren lasse; er fordert die europäischen Mächte zu einer militärischen Aktion gegen Deutschland auf, das er in eine eiserne Zwangsjacke schließen will. Nie hat apokalyptischere Wut wilder ins Leere gewütet, nie so herrliche Hybris einen Geist über alles Irdische hinausgetrieben. Wie Hammerschläge fallen seine Worte gegen das ganze Weltgebäude: er verlangt, daß der Kalender umgestellt werde von der Geburt Christi auf das Erscheinen seines Antichrists, er stellt sein Bildnis über alle Gestalten der Zeiten – selbst der kranke Wahn Nietzsches ist noch größer als jener aller andern im Geist Geblendeten; auch hier wie in allem durchwaltet ihn das herrlichste, das tödlichste Zuviel.

Nie ist auf einen schaffenden Menschen ein solcher Strom von Inspiration gefallen wie auf Nietzsche in diesem einzigen Herbst. „So ist nie gedichtet, nie gefühlt, nie gelitten worden: so leidet ein Gott, ein Dionysos“ – diese Worte mitten im beginnenden Wahn, sie sind furchtbar wahr. Denn dies kleine Zimmer des vierten Stockes und die Höhle von Sils-Maria, sie beherbergen zugleich mit dem kranken, nervenzuckenden Menschen Friedrich Nietzsche die kühnsten Gedanken, die herrlichsten Worte, die das Jahrhundert an seinem Ende empfunden: der schöpferische Geist hat sich geflüchtet unter das niedere sonnenverbrannte Dach und wirft über einen armen, einen einzigen, namenlosen, scheuen, verlorenen Menschen seine ganz Fülle – unendlich mehr als ein einzelner Mensch ertragen kann. Und in diesem engen Raume, erstickt von Unendlichkeit, taumelt und tappt der erschreckte, der arme irdische Sinn unter der Wucht der Blitzschläge, peitschenden Erleuchtungen und Verkündungen. Ein Gott, so fühlt er ganz wie der geistgeblendete Hölderlin, ein Gott ist über ihm, ein feuriger Gott, dessen Blick die Augen nicht ertragen und dessen Anhauch verbrennt ... immer hebt sich der Zitternde auf, sein Antlitz zu erkennen, und lose stürzen ihm die Gedanken auseinander ... Denn er, der dies Unsagbare fühlt und dichtet und leidet ... ist er – ist er nicht selber Gott ... ist wieder ein Gott der Welt, nachdem er den andern getötet ... Wer, wer ist er? ... Ist er der Gekreuzigte, der tote Gott oder der lebendige ... Der Gott seiner Jugend, Dionysos ... oder ist er beides zugleich, der gekreuzigte Dionysos ... Immer mehr verwirren sich die Gedanken, der Strom braust zu laut von zu viel Licht ... Ist es noch Licht? Ist es nicht Musik? Das kleine Zimmer im vierten Stock der Via Alberto beginnt zu tönen, alle Sphären leuchten und schwingen, alle Himmel sind verklärt ... Oh, welche Musik: die Tränen fluten ihm in den Bart, warm, heiß ... oh, welche göttliche Zärtlichkeit, welches smaragdene Glück ... Und jetzt ... wieviel Helligkeit ... Und unten auf der Straße, alle Menschen lächeln ihm zu ... wie sie aufsehen und ihn grüßen, und die Hökerin dort, sie sucht die schönsten Äpfel aus dem Korbe ... alles beugt sich und neigt sich vor ihm, dem Mörder Gottes, alles jubelt, jubelt ... warum? ... Ja, er weiß, er weiß es, der Antichrist ist erschienen, und sie singen „Hosianna, Hosianna“ ... alles dröhnt, die Welt dröhnt von Jubel, vor Musik ... Und dann plötzlich alles stumm ... Irgend etwas ist gefallen ... Er selbst ist es ja ... hingefallen vor dem Haus ... Irgend jemand trägt ihn hinauf ... jetzt ist er wieder in dem Zimmer ... hat er lange geschlafen, es ist so dunkel ... dort das Klavier, Musik! Musik! ... Und dann plötzlich Menschen im Zimmer ... ist es nicht Overbeck ... aber der ist doch in Basel, und er, er ist ... wo? ... Er weiß es nicht mehr ... Warum sehen sie ihn so fremd, so besorgt an ... und dann ein Wagen, ein Wagen ... wie die Schienen rattern, so seltsam rattern, als wollten sie singen ... ja ... sein Gondellied singen sie, und er singt es mit ihnen ... singt es im unendlichen Dunkel ...

Und dann lange in einem Zimmer ganz anderswo, immer dunkel, immer dunkel. Nie mehr die Sonne, nie mehr das Licht, nicht innen, noch außen. Irgendwo unter ihm reden noch Menschen. Eine Frau – ist es nicht die Schwester? Die ist doch fort, ganz fort im Lamaland? – liest ihm vor aus Büchern ... Bücher? Hat er nicht auch Bücher geschrieben? Irgend jemand antwortet mild. Aber er versteht es nicht mehr. Wem solcher Orkan durch die Seele gebraust, ist taub für alles Menschenwort. Wem der Dämon so tief ins Auge gesehen, der bleibt geblendet.

Der Erzieher zur Freiheit

Größe heißt: Richtung geben.

„Nach dem nächsten europäischen Kriege wird man mich verstehen" – mitten aus den letzten Schriften springt dieses prophetische Wort. Denn wirklich, den wahren Sinn, die historische Notwendigkeit des großen Mahners versteht man erst aus dem gespannten, unsicheren und gefährlichen Zustand unserer Welt um die Jahrhundertwende: in diesem atmosphärischen Genie hat sich der ganze Druck der moralischen Dumpfheit Europas gewaltsam entladen – das herrlichste Gewitter des Geistes vor dem furchtbarsten Gewitter der Geschichte. Nietzsches „weitdenkender" Blick sah die Krise, indes die andern sich an allen gefälligen Feuern der Phrase häuslich wärmten, und sah ihre Ursache: die „nationale Herzenskrätze und Blutvergiftung, um derentwillen sich jetzt in Europa Volk gegen Volk wie mit Quarantänen absperrt", den „Hornviehnationalismus" ohne höheren Gedanken als den selbstischen der Historie, indes ungestüm alle Kräfte schon zu höherer, zu zukünftiger Verbindung drängten. Und zornig bricht die Verkündigung einer Katastrophe aus seinem Mund, wie er die krampfigen Versuche sieht, „die Kleinstaaterei Europas zu verewigen", eine Moral zu verteidigen, die nur auf Interessen und Geschäft beruht. „Dieser absurde Zustand soll nicht mehr lange dauern", schreibt sein Finger feurig an die Wand, „das Eis, das uns trägt, ist so dünn geworden: wir fühlen alle den warmen gefährlichen Atem des Tauwinds". Niemand hat so wie Nietzsche das Knistern im europäischen Gesellschaftsbau gefühlt, niemand so verzweifelt in einer Zeit optimistischer Selbstgefälligkeit den

Schrei zur Flucht, zur Flucht in die Redlichkeit, in die Klarheit, zur Flucht in die höchste intellektuelle Freiheit über Europa hingeschrien. Keiner so stark gefühlt, daß eine Zeit abgelebt und abgestorben war und in tödlicher Krise ein Neues und Gewaltsames beginnt: nun erst wissen wir es mit ihm.

Diese tödliche Krise, er hat sie tödlich vorgedacht, tödlich vorgelebt: das ist seine Größe, sein Heldentum. Und die ungeheure Spannung, die seinen Geist ins Äußerste quälte und schließlich auseinanderriß, band ihn mit höherem Element: sie war nichts anderes als das Fieber unserer Welt, ehe die Blutbeule aufbrach. Immer fliegen ja Sturmvögel des Geistes den großen Revolutionen und Katastrophen voraus, und der dumpfe Glaube des Volkes, der vor Kriegen und Krisen im höheren Element Kometen erscheinen und ihre blutige Bahn ziehen läßt, dieser abergläubische Glaube hat eine Wahrheit im Geist. Nietzsche war ein solches Fanal im höheren Element, das Wetterleuchten vor dem Gewitter, das große Brausen oben in den Bergen, ehe der Sturm in die Täler fällt – keiner hat so meteorologisch sicher wie alles einzelne auch die Gewalt des kommenden Kataklysmas unserer Kultur vorausgefühlt. Aber das ist die ewige Tragik des Geistes, daß seine höhere klare Sphäre der Schau sich nicht mitteilt der dumpfen stockenden Luft ihrer Zeit, daß die Gegenwart niemals fühlt und faßt, wenn über ihr ein Zeichen am Himmel des Geistes steht und die Flügel der Weissagung rauschen. Selbst der klarste Genius des Jahrhunderts war nicht deutlich genug, als daß die Zeit ihn verstanden hätte: wie jener Marathonläufer, der den Untergang des Perserreiches gesehen und, mit pochenden Lungen die vielen Meilen nach Athen rennend, die Botschaft nur in einem einzigen ekstatischen Schrei künden konnte (dann brach ihm das Blut tödlich aus der überhitzten Brust), so konnte Nietzsche die entsetzliche Katastrophe unserer Kultur nur verkünden und nicht verhindern. Nur einen ungeheuren, einen unvergeßlichen ekstatischen Schrei warf er in die Zeit: dann brach ihm der Geist.

Seine wahre Tat aber für uns und alle hat sein bester Leser, Jakob Burckhardt, nach meinem Gefühl am besten ausgesagt, als er ihm schrieb, seine Bücher „vermehrten die Unabhängigkeit in der Welt". Ausdrücklich sagte der kluge, weitwissende Mann: die Unabhängigkeit in der Welt; nicht die Unabhängigkeit der Welt. Denn die Unabhängigkeit existiert immer nur im Individuum, in der Einzahl, sie läßt sich nicht multiplizieren mit den Massen, sie wächst nicht aus Büchern und Bildung: „es gibt keine heroischen Zeitalter, es gibt nur heroische Menschen". Immer ist es der einzelne, der sie mitten in die Welt und immer nur für sich allein errichtet. Denn jeder freie Geist ist ein Alexander, er erobert im Sturm alle Provinzen und Reiche, aber er hat keine Erben: immer verfällt ein Reich der Freiheit an Diadochen und Verwalter, an Kommentatoren und Erklärer, die Sklaven werden am Wort. Nietzsches großartige Unabhängigkeit schenkt darum keine *Lehre* (wie die Schulhaften meinen), sondern eine *Atmosphäre*, die unendlich klare, überhelle, von Leidenschaft durchstürmte Atmosphäre einer dämonischen Natur, die sich in Gewitter und Zerstörung erlöst. Tritt man in seine Bücher, so fühlt man Ozon, elementarische von aller Dumpfheit, Vernebelung und Schwüle entschwängerte Luft: man sieht *frei* in dieser heroischen Landschaft bis in alle Himmel hinauf und atmet eine einzig durchsichtige, messerscharfe Luft, eine Luft für starke Herzen und freie Geister. Immer ist Freiheit Nietzsches letzter Sinn – Sinn seines Lebens und Sinn seines Untergangs: wie die Natur Wirbelstürme und Zyklone, um ihre Überkraft in einer Revolte gegen ihren eigenen Bestand gewaltsam auszulassen, so braucht der Geist von Zeit zu Zeit einen dämonischen Menschen, dessen Übergewalt sich auflehnt gegen die Gemeinschaft des Denkens und die Monotonie der Moral. Einen Menschen, der zerstört und der sich selber zerstört; aber diese heroischen Empörer sind nicht minder Bildner und Bilder des Weltalls als die stillen Gestalter. Zeigen jene die Fülle des Lebens, so deuten diese seine unausdenkbare Weite. Denn immer nur an tragischen Naturen werden wir der Tiefe des Gefühls gewahr. Und nur an den Maßlosen erkennt die Menschheit ihr äußerstes Maß.